Beck'sche Reihe
BsR 393

Dieses Buch erinnert an einen Krieg, der vor einem halben Jahrhundert begann. Er kostete 50 Millionen Menschen das Leben, Soldaten und Zivilisten, zerstörte unschätzbare Werte, materielle und geistige; die Wunden, die er riß, sind kaum vernarbt. Er veränderte die Welt, tiefgreifender als eine Revolution; an seinen Folgen haben wir immer noch zu tragen.

Die folgenden Beiträge deutscher und ausländischer Historiker beschreiben, wie und warum es zu diesem Krieg kam. Sie richten ihren Blick auf Beteiligte, Betroffene, Neutrale. Sie untersuchen das Geschehen von 1939 aus deutscher und polnischer, sowjetischer und britischer, französischer und italienischer Perspektive; sie versetzen sich in die Rolle der baltischen Staaten und der Schweiz; sie konfrontieren den Leser mit der Sicht Spaniens, Japans und der USA. Aus wechselndem Blickwinkel beschreiben sie die Entscheidungen und Reaktionen des Jahres 1939 – fragen, wieweit sie die ‚Entfesselung des Zweiten Weltkriegs' verursachten, beschleunigten, begünstigten oder ermöglichten; ob sie ihn zu verhindern suchten oder fatalistisch hinnahmen; weshalb sie mit ihren Bemühungen scheiterten oder wie es ihnen gelang, zumindest das eigene Land aus den Kriegswirren herauszuhalten.

Die Herausgeber: *Helmut Altrichter* ist Professor für Neuere und Osteuropäische Geschichte, *Josef Becker* Professor für Neuere und Neueste Geschichte an der Universität Augsburg. Weitere Informationen über die Herausgeber und Autoren siehe S. 288ff.

Kriegsausbruch 1939

Beteiligte, Betroffene, Neutrale

Herausgegeben von
Helmut Altrichter und Josef Becker

VERLAG C. H. BECK MÜNCHEN

Mit 4 Karten, 1 Abbildung und 1 Tabelle

CIP-Titelaufnahme der Deutschen Bibliothek

[Kriegsausbruch 1939]
Kriegsausbruch 1939 : Beteiligte, Betroffene, Neutrale / hrsg. von Helmut Altrichter u. Josef Becker. – Orig.-Ausg. – München : Beck, 1989
(Beck'sche Reihe ; 393)
ISBN 3-406-33148-3
NE: Altrichter, Helmut [Hrsg.]; GT

Originalausgabe
ISBN 3 406 33148 3

Umschlagentwurf: Uwe Göbel, München
Umschlagbild: Süddeutscher Verlag, München

Gesamtherstellung: Presse-Druck- und Verlags-GmbH Augsburg
Printed in Germany

Inhalt

Helmut Altrichter
Einleitung

I. Der Anlaß

Dieses Buch erinnert an einen Krieg, der vor einem halben Jahrhundert begann. Er kostete über 50 Millionen Menschen das Leben, Soldaten und Zivilisten, zerstörte unschätzbare Werte, materielle und geistige; die Wunden, die er riß, sind kaum vernarbt. Er veränderte die Welt, tiefgreifender als eine Revolution; an seinen Folgen haben wir immer noch zu tragen.

Es war eine Folge dieses Krieges, daß sein Verursacher ein Viertel seines Staatsgebietes verlor und in vier Besatzungszonen aufgeteilt wurde; aus ihnen gingen zwei selbständige Staaten hervor, die Bundesrepublik und die DDR. Mit Deutschland büßten auch Großbritannien und Frankreich ihre eigenständige weltpolitische Bedeutung ein, Europa hörte auf, Zentrum und Schnittpunkt der internationalen Beziehungen zu sein, ganz wie es kritische Beobachter befürchtet und vorausgesagt hatten.

Zwei vormalige Randstaaten wurden – als weitere Folge des Krieges – zu neuen Weltmächten: die USA und die Sowjetunion. Nur mit amerikanischer Hilfe war es Großbritannien gelungen, den deutschen Angriff zu überstehen, die Wirtschaftskraft und technologische Überlegenheit der USA hatte auch den pazifischen Krieg entschieden, der Einsatz der Atombombe Japan zur Kapitulation gezwungen. Die Sowjetunion erwehrte sich des deutschen Überfalls weitgehend aus eigener Kraft, riß in einer gewaltigen Kraftanstrengung die Initiative an sich, warf den Angreifer zurück und erweiterte ihr Einflußgebiet in Ost- und Südosteuropa beträchtlich. Das ließ sie – trotz riesiger Kriegsverluste – zur zweiten Weltmacht aufsteigen.

Der gemeinsame Gegner hatte sie geeint; doch der Sieg, die

Diskussion der neuen Friedensordnung ließ, was sie trennte, wieder deutlich hervortreten: die Unterschiede in der ideologischen Zielsetzung und politischen Programmatik, in der Staats-, Wirtschafts- und Gesellschaftsverfassung; sie belebten Furcht und Mißtrauen neu. Ein neuer Konflikt, zwischen ‚West' und ‚Ost', verdeckte die Fronten des alten, ein neuer, diesmal ‚Kalter Krieg' teilte die Welt in zwei Lager.

Schließlich – und auch das war eine Folge des Krieges – schlug die Schwäche des alten Zentrums, Europas, auf die Peripherie zurück und löste dort einen Prozeß der Entkolonisierung aus. Die Staaten Asiens und Afrikas befreiten sich aus der Abhängigkeit von ihren europäischen ‚Mutterländern', Großbritanniens und Frankreichs, Belgiens und der Niederlande, Italiens und Portugals, schlugen sich dem westlichen oder sozialistischen Block zu oder bildeten eine eigene, ‚Dritte Welt'. Auch China gelang es, sich aus kolonialer Abhängigkeit zu lösen, die japanische Herrschaft abzuschütteln, wobei der Krieg die kommunistischen Kräfte in der nationalen Befreiungsbewegung stärkte; sie übernahmen 1949 die Macht.

So hatte der Zweite Weltkrieg die alte, europäische Weltordnung zerstört und eine neue geschaffen; in ihr standen sich zwei Blöcke gegenüber und trugen ihre Politik und Weltanschauung auch jenen an, die mit dem Gegensatz ‚Kapitalismus' versus ‚Sozialismus', ‚parlamentarische Demokratie' versus ‚Räterepublik' nichts anzufangen wußten, den unterentwickelten ehemaligen Kolonialländern.

II. Die Zielsetzung

Die folgenden Beiträge beschreiben, wie und warum es zu diesem Krieg, der alles veränderte, kam. Sie richten ihren Blick auf Beteiligte, Betroffene, Neutrale. Sie untersuchen das Geschehen von 1939 aus deutscher und polnischer, sowjetischer und britischer, französischer und italienischer Perspektive; sie versetzen sich in die Rolle der baltischen Staaten und der Schweiz; sie konfrontieren den Leser mit der Sicht Spaniens, Japans und der

USA. Aus wechselndem Blickwinkel beschreiben sie die Entscheidungen und Reaktionen des Jahres 1939 – fragen, wieweit sie die ‚Entfesselung des Zweiten Weltkriegs' verursachten, beschleunigten, begünstigten oder ermöglichten; ob sie ihn zu verhindern suchten oder fatalistisch hinnahmen; weshalb sie mit ihren Bemühungen scheiterten oder wie es ihnen gelang, zumindest das eigene Land aus den Kriegswirren herauszuhalten.

Die Beschreibung dieser Vorgänge wirft andere, neue Probleme auf: Fragen nach den Trägern und Opponenten dieser Politik; nach den Zielen, die sie sich setzten, und den Interessen, die sie verfolgten; nach den Wertvorstellungen und Verhaltensmustern, an denen sie sich orientierten. Die neuen Fragen verlangen nach einer genaueren Untersuchung der getroffenen Entscheidungen und Reaktionen, nach ihrer ‚Einordnung' in die außen- und innen-, wirtschafts- und gesellschaftspolitische Entwicklung des jeweiligen Landes.

Die Antworten, die die Beiträge auf diese Fragen geben, verweisen – allesamt und jede für sich – auf die Problem- und Konfliktlagen, die vor der großen Zäsur des Zweiten Weltkrieges die internationalen Beziehungen bestimmten und die Welt in Atem hielten. Dazu gehörte die fortdauernde erbitterte Rivalität der ‚alten', europäischen Großmächte, Englands und Frankreichs, Deutschlands und Italiens. Ihre Konkurrenz galt, wie schon vor 1914, machtpolitischen Einflußsphären, Märkten und Ressourcen. Sie wurde kaum gemildert, ja letztendlich verschärft durch die Pariser Vorortverträge, die nach dem Ersten Weltkrieg die Welt neu zu ordnen versuchten. Der Kampf gegen die – tatsächlichen und vermeintlichen – Ungerechtigkeiten von ‚Versailles' begünstigte in Italien und Deutschland die Entstehung rechtsradikaler, revisionistischer Massenbewegungen; schlimmer noch, sie kamen in Italien Anfang der 20er Jahre, in Deutschland nach den Erschütterungen der Staats- und Gesellschaftsverfassung durch die Weltwirtschaftskrise an die Macht. Auch in Ostasien hatten die Westmächte das Expansionsstreben Japans nur vorübergehend einzudämmen vermocht; sie lösten damit im Innern eine neue Welle von radikalem Nationalismus aus, der seit Anfang der 30er Jahre die Außenpolitik wieder bestimmte: Japan kehrte zur Expansionspolitik zurück und erweiterte, mit Waffengewalt und ohne sich um Völkerbundssanktionen noch zu scheren, seine Einflußsphäre auf dem chinesischen Festland.

Zusätzliche Brisanz erhielt das Mächtesystem durch einen neuen Außenseiter: die Sowjetunion. Aus der ‚proletarischen Revolution' von 1917 hervorgegangen, beanspruchte sie, ein Staat neuen Typs, eine ‚sozialistische Räterepublik' zu sein; sie sagte den parlamentarischen Staaten des Westens, ja dem ‚kapitalistischen System' überhaupt den baldigen Zusammenbruch voraus; zur Durchsetzung ihrer ‚weltrevolutionären' Ziele hatte sie 1919 einen Dachverband der kommunistischen Parteien, die ‚Kommunistische Internationale', abgekürzt ‚Komintern', geschaffen; gleichzeitig bemühte sie sich, unter Ausnützung der Rivalitäten zwischen den ‚kapitalistischen Staaten', mit diesen ins Geschäft zu kommen, die Anerkennung des neuen Staates zu erreichen, ihm Kredite und Absatzmärkte zu sichern, um den ‚Aufbau des Sozialismus' im Innern vorwärts zu bringen.

III. Die Beiträge

Jede Darstellung der Vorgeschichte des Zweiten Weltkrieges hat mit dem Verursacher zu beginnen: Deutschland. *Josef Beckers* Beitrag gilt der zentralen Frage nach Trägern und Zielen der nationalsozialistischen Politik. Er beschreibt die ‚Machtergreifung' Hitlers als sozialgeschichtliche Pattsituation, in der die sozialdemokratische Arbeiterschaft „noch nicht", die nationalkonservativen Kräfte in Militär und Großgrundbesitz, Besitzbürgertum und Beamtenschaft „nicht mehr" stark genug waren, „die Herrschaft allein oder in einer Koalition auszuüben". Hitler nutzte diesen Freiraum, um auf der Basis seiner Massenbewegung die Alleinherrschaft durchzusetzen. Sie legitimierte sich innenpolitisch durch die Befriedigung fundamentaler Gruppeninteressen: die Arbeiterschaft sah die Arbeitslosigkeit beseitigt; das Kleinbürgertum fand in der propagierten ‚Volksgemeinschaft' neue Sicherheit; die Wirtschaftskreise profitierten vom ökonomischen Aufschwung, und das Militär fand ‚Wehrhoheit' und ‚Wehrbereitschaft' wiederhergestellt. Außenpolitisch gelang es Hitler, die Forderung nach Revision des Versailler Vertrages, in der sich die Weimarer Parteien von rechts bis links einig gewesen waren, schrittweise durchzusetzen. Die Identifizierung mit nationalsozialistischen Teilzielen machte blind für die Methoden, mit denen sie erreicht wurden, gleichzeitig verdrängte man, daß alle ‚Erfolge' nur Schritte zur Verwirklichung eines viel umfassenderen, rassistischen und expansionistischen Programms sein sollten, wie es Hitler in ‚Mein Kampf' entworfen hatte. Sein Ziel war die Durchsetzung und Absicherung der Weltmachtstellung Deutschlands durch Gewinnung von ‚Lebensraum' im Osten, bei gleichzeitiger Ausrottung des Judentums und Versklavung der ‚slawischen Untermenschen'. Die Politik des Jahres 1939 diente diesem Ziel.

Nach der erzwungenen Abtretung der Sudetengebiete und der im März 1939 wider alle Absprachen erfolgten ‚Zerschlagung der Resttschechei' wurde Polen das nächste Opfer dieser Politik. Dem deutschen Angriff, der am 1. September 1939 begann, hielt das Land nur wenige Wochen stand. Die Schwäche war, wie *Władysław Bartoszewski* zeigt, erklärbar. Erst zwei Jahrzehnte zuvor, am Ende des Ersten Weltkrieges, war Polen als unabhängiger Staat – nach 123 Jahren der Nichtexistenz – wieder entstanden. Noch war es dabei, zu sich selbst zu finden, die gewaltigen staatlichen, gesellschaftlichen und wirtschaftlichen Probleme zu lösen. Die politischen Verhältnisse wurden von der übermächtigen Persönlichkeit Piłsudskis geprägt, der 1926 in einem Staatsstreich die Macht übernommen hatte und bis zu seinem Tod (1935) als „milder Diktator" (Bartoszewski) wirkte, ohne das Mehrparteiensystem und die Bürgerrechte völlig abzuschaffen. Auch die Nationalitäten mußten erst noch zu einem Staatsvolk zusammenwachsen; daß nur knapp 70% der Bevölkerung Polen waren, warf erhebliche Probleme auf. Wirtschaftlich war Polen ein rückständiges Agrarland, das mit den hochentwickelten Industriestaaten kaum mithalten konnte und schwer unter der Weltwirtschaftsdepression litt. Und auch außenpolitisch suchte Polen seinen Weg noch, sein Ziel war eine eigenständige Stellung zwischen der UdSSR auf der einen und Deutschland auf der anderen Seite. Diesen Prozeß der „permanenten Entwicklung und des Zusammenwachsens“, mit untrüglichen Zeichen einer gewissen Konsolidierung, unterbrach der deutsche Angriff jäh.

Der Angriff wurde möglich, ja wahrscheinlich, nachdem es der deutschen Außenpolitik am 23./24. August 1939 gelungen war, mit der Sowjetunion einen Nichtangriffspakt abzuschließen; er beseitigte für Berlin die Gefahr, bei einem Angriff auf Polen in einen Zweifrontenkrieg verwickelt zu werden. Zuvor hatten Deutschland und die UdSSR in einer „streng vertraulichen Aussprache“ Osteuropa unter sich aufgeteilt und die Abgrenzung der Interessengebiete „für den Fall einer territorialpolitischen Umgestaltung“ in einem geheimen Zusatzprotokoll festgehalten. Der Vertrag machte aus ehemaligen Todfeinden Verbündete. Mein *eigener* Beitrag versucht zu klären, warum Stalin auf das deutsche Angebot einging. Offenkundig bot es der Sowjetunion gegenüber allen Offerten aus dem Westen entscheidende Vorteile, die Stalin zynisch nutzte: Die Gefahr, selbst in den Konflikt hineingezogen zu werden, schien gebannt, ohne eigenes militärisches Engagement, nur für das Versprechen der Neutralität; der Vertrag sicherte der Sowjetunion außerdem ein Zugriffsrecht auf weite Teile Osteuropas, einen breiten Ländergürtel, der von Finnland über das Baltikum und Ostpolen bis nach Bessarabien im Süden reichte; er versprach Erleichterungen an der fernöstlichen Grenze und ließ die große „innerkapitalistische Auseinandersetzung“ sehr wahrscheinlich werden, die die sowjetische Führung immer vorausgesagt hatte und die ihrer Überzeugung nach zum Zusammenbruch des ganzen „kapitalistischen Systems“ führen mußte. Doch selbst wenn die sowjetische Führung bereit gewesen wäre, dem „Hitlerfaschismus“, dem „schlimmsten Feind der Arbeiter und aller Werktätigen“, entgegenzutreten, sie war dazu kaum in der Lage: Die überstürzte Industrialisierung, die Zwangskollektivierung der Landwirtschaft, Säuberungen und Schauprozesse hatten das Land in ein Chaos gestürzt, das auch der Außenpolitik die Hände band.

So hielt auch die britische Regierung nicht allzu viel von den Moskauer Angeboten einer gemeinsamen Front wider die „Aggressorstaaten“, wie *Sir Julian Bullards* Studie zu entnehmen ist. Das eigene Konzept sah anders aus. Es zielte auf einen Ausgleich, in den auch Deutschland einbezogen werden sollte; nur wenn es gelänge, die Konfliktpunkte vernünftig zu regeln, sei der Friede auf Dauer zu sichern. Nicht zuletzt an der grundsätzlichen Skepsis gegenüber der sowjetischen Politik und an der Hoffnung, mit Deutschland doch noch zu einem Einvernehmen zu kommen, liefen sich die Bündnisgespräche mit Frankreich und der Sowjetunion im Frühjahr und Sommer 1939 immer wieder fest. Mit persönlichem Engagement beschreibt Sir Julian Bullard die Beziehungen Großbritanniens zu den USA und zur Sowjetunion, zu Frankreich, Italien und Deutschland; die Überzeugungen und Persönlichkeiten, die britische Außenpolitik bestimmten; und den Stimmungsumschwung, der im Sommer 1939 die überwältigende Mehrheit des britischen Volkes zur einhelligen Meinung brachte, daß London zu seinem Garantieversprechen gegenüber Polen stehen müsse und der Krieg nicht länger zu vermeiden sei.

In den 20er Jahren war Frankreich den deutschen Forderungen nach einer Revision des Versailler Vertrages mit aller Entschlossenheit entgegengetreten; als deutsche Truppen am 1. September 1939 in Polen einfielen, verkündete Frankreich die Generalmobilmachung und erklärte zusammen mit Großbritannien dem Deutschen Reich am 3. September 1939 den Krieg. Doch die „Scheinfassade“ der nationalen Einheit trog, zeigte Risse; in Wirklichkeit war die Nation uneins, welche weiteren Schritte folgen sollten. Die Argumente, die sich für die Erhaltung des Friedens, für die Vermeidung eines neuen Massenmordens, zumindest für ein zurückhaltendes Agieren Frankreichs einsetzten, die Stimmen, die fragten, ob es sich lohne, „für Danzig und die Polacken zu sterben“, ob Stalin und die Volksfront nicht schlimmer seien als Hitler, ob das nationale Interesse Frankreichs wirklich in Osteuropa liege, kamen, wie *René Girault* zeigt, aus ganz unterschiedlichen Lagern. Ihr Nährboden war eine bis in die zweite Hälfte der 30er Jahre in der Bevölkerung weit verbreitete pazifistische Grundströmung; dann der seit der Mitte des Jahrzehnts immer stärker werdende Antikommunismus; schließlich eine neue politische Strategie, die die machtpolitische, wirtschaftliche und kulturelle Konzentration Frankreichs auf das eigene, vorwiegend afrikanische Kolonialreich forderte.

Im Mai 1939 hatten Deutschland und Italien ein umfassendes militärisches Beistandsabkommen, den sog. ‚Stahlpakt', geschlossen; er verpflichtete beide Seiten im Kriegsfall zu sofortiger und uneingeschränkter Unterstützung und nahm davon auch den Fall nicht aus, daß der Vertragspartner selbst der Angreifer war. Doch die proklamierte „Koordinierung der Außen-, Rüstungs- und Militärpolitik kam nicht einmal in Ansätzen zustande", denn Mussolini ging es mehr um den Mythos als um die Realität der ‚Achse', und Mythos und Realität klafften weit auseinander. So verfolgte Italien auch weiter seine eigenen Ziele und trat im September nicht in den Krieg ein, sondern entschied sich für einen Standpunkt der Neutralität. *Jens Petersen* beschreibt die Eigentümlichkeiten der deutsch-italienischen Beziehungen, verfolgt sie bis zum Juni 1940, als Italien sich doch entschied, dem Krieg beizutreten. Das Land folgte damit nicht nur einem einsamen Entschluß Mussolinis; es erlag dem Erwartungsdruck, den das Regime mit seiner imperialen und kriegerischen Rhetorik aufgebaut hatte und dem es sich nun selbst nicht länger zu entziehen vermochte.

Obwohl Franco der nationalsozialistischen Unterstützung im Bürgerkrieg viel verdankte, trat auch Spanien 1939 nicht in den Krieg ein und blieb ihm bis zum Ende fern. Doch das Bild vom Caudillo als geschicktem Taktierer, dem es gelungen sei, die Deutschen an der Nase herumzuführen und sein eigenes Land aus dem Konflikt herauszuhalten, ist eine Legende. *Walther L. Bernecker* zeigt, gestützt auf eine breite neuere Forschung, daß es eher eine „Neutralität wider Willen" war: Franco war zeitweilig durchaus zum Kriegseintritt bereit, aber die Entscheidung hing nicht von ihm allein ab; die Lage im Innern, nach den Verheerungen des Bürgerkrieges, die Haltung der Deutschen, die vorsichtig Vor- und Nachteile eines spanischen

Kriegseintritts gegeneinander abwogen, und die Haltung der Westalliierten, von deren Getreide- und Erdöllieferungen Spanien abhängig war und die bei Kriegseintritt die spanischen Besitzungen im Mittelmeer und Atlantik bedroht hätten, waren zusätzliche Faktoren. Sie ließen die Haltung Spaniens mehrfach hin und her schwanken, von der im September 1939 erklärten ‚Neutralität' zum Status der ‚Nichtkriegsführung' seit Juni 1940, verbunden mit deutlichem Engagement auf seiten der ‚Achsenmächte', und zurück zur ‚Neutralität' seit Herbst 1942, mit immer wohlwollenderer Haltung gegenüber den Westmächten.

Die im Sommer und Herbst 1939 zwischen Deutschland und der Sowjetunion getroffenen Gebietsabsprachen hatten Estland, Lettland und schließlich auch Litauen der sowjetischen Interessensphäre zugeschlagen. Noch im September und Oktober 1939 zwang die sowjetische Regierung ihren baltischen Nachbarn ‚Beistandspakte' auf, die der Roten Armee weitgehende Stationierungsrechte einräumten. Obwohl Moskau zunächst noch alle Annexionsgerüchte zurückwies, ordnete sie im Sommer darauf die Einsetzung ‚sowjetfreundlicher Regierungen' an. Nur wenig später besetzten sowjetische Truppen die baltischen Staaten, und die unter ihrer Obhut abgehaltenen ‚Wahlen' führten zum gewünschten Ergebnis: Die neuen Parlamente baten um Aufnahme ihrer Länder in die ‚Union der Sozialistischen Sowjetrepubliken'. *Helmut Meyers* detaillierte Studie geht der Frage nach, warum sich die baltischen Staaten – anders als Finnland – den sowjetischen Pressionen nicht widersetzten. Er zeigt, daß es nicht allein an ihrer ökonomischen und militärischen Schwäche lag; die autoritären Regime, die in den 20er und 30er Jahren erst in Litauen, dann in Estland und Lettland die parlamentarische Ordnung beseitigt hatten, waren unfähig, den nationalen Widerstand zu organisieren, ja scheuten sich im Interesse der eigenen Machterhaltung, an den Widerstandswillen der Bevölkerung auch nur zu appellieren.

Wie sich die Schweiz, ganz von kriegführenden Staaten umringt, aus dem europäischen Konflikt herauszuhalten vermochte, ist *Walther Hofers* Thema. Sicher, die Schweiz mußte an ihrer neutralen Haltung Abstriche machen; doch verwunderlicher – so Hofer – war, daß die Aufrechterhaltung der Neutralität überhaupt gelang, als Klein- und Binnenstaat, „auf Gedeih und Verderb [abhängig] von einer alles beherrschenden Hegemonialmacht“. Nicht zuletzt war das auf den guten Zustand der Schweizer Armee und die Demonstration der Abwehrbereitschaft zurückzuführen. Sie überzeugte beide Seiten, daß „eine Umgehungsaktion durch die Schweiz weder Deutschland noch Frankreich nennenswerte Vorteile bieten würde“. Hofer beschreibt die Entwicklung der Schweizer Sonderrolle seit dem Ende des Ersten Weltkriegs, ihr ‚differentielles‘ Verhältnis zum Völkerbund, dem sie zugleich Gastrecht gewährte, die zusätzlichen Probleme, die die nationalsozialistische ‚Machtergreifung‘ mit sich brachte, und die politischen Konzessionen, zu denen man sich gezwungen sah.

Der japanische Angriff auf Pearl Harbor im Dezember 1941 und die nachfolgenden Kriegserklärungen Deutschlands und Italiens an die Vereinigten Staaten von Amerika erweiterten die europäischen und asiatischen Konflikte endgültig zum Zweiten Weltkrieg. Schon vorher hatte die amerikanische Regierung die Gegner der Achsenmächte unterstützt, ja es war Roosevelt, so zeigt *Erich Angermanns* Darstellung, der sich immer mehr zum eigentlichen „Antipoden“ Hitlers entwickelte, seinen Weltherrschaftsplänen das eigene, kaum weniger globale Konzept entgegenhielt: seine Vorstellung der ‚Einen Welt‘, ohne handelspolitische Grenzen, eine außenpolitische Fortsetzung der inneren Neuordnung, des New Deal. Doch bis zum japanischen Überfall hatte Roosevelt die öffentliche Meinung gegen sich; trotz Ablehnung des ‚Hitlerismus‘ hatten im Oktober 1939 noch 95% der Amerikaner einen unprovozierten Kriegseintritt abgelehnt. Erst der 7. Dezember 1941 löste diese isolationistische Grundhaltung auf, und die amerikanische Bevölkerung nahm „sogar mit einer gewissen Begeisterung“ die Herausforderung an.

Schließlich: die japanische Politik. Aus der Nähe betrachtet, waren die Verhältnisse dort ganz anders als in Deutschland und Italien. Japan besaß keinen ‚Führer‘, sondern rasch wechselnde

Regierungen; sie hatten sich obendrein mit Heer und Marine auseinanderzusetzen, die ihre eigene Politik betrieben, ja mit unbotmäßigen Aktionen die Regierung in Zugzwang brachten. Doch was Japan mit Deutschland und Italien verband, war das Ziel: die Bildung eines Großreiches. Die neuen Großräume sollten – anders als die früheren Kolonialreiche – gleichsam eine Erweiterung des Mutterlandes sein: Wie Deutschland nach dem ‚Lebensraum im Osten' und Italien nach der Herrschaft im Mittelmeer und Nordafrika strebten, lagen Japans Expansionsziele auf dem gegenüberliegenden chinesischen Festland. Es war der Imperialismus der ‚Zuspätgekommenen', die ihre Ansprüche anmeldeten, als die Welt bereits aufgeteilt war. *Eberhard Jäckels* Essay ordnet die Politik Japans in diese größeren historischen Zusammenhänge ein.

IV. Editorische Hinweise

Dieser Band geht auf eine Ringvorlesung der Universität Augsburg zurück. Sie widmete sich im Wintersemester 1988/89 und im Sommersemester 1989 diesem Thema. Der Charakter der Vorlesungsreihe verlangte eine exemplarische Beschränkung; nach längerer Überlegung wurden elf Staaten des europäischen und außereuropäischen Raums ausgewählt und Referenten aus der Bundesrepublik, Polen, Großbritannien, Frankreich, Italien und der Schweiz dazu nach Augsburg eingeladen. Besonders leid tat es den Organisatoren, daß die Beneluxstaaten, Skandinavien und der südosteuropäische Raum nicht auch noch durch eigene Studien berücksichtigt werden konnten.

Die rasche Publikation der Beiträge war nur möglich, weil ein Großteil der Referenten bereit war, das Vortragsmanuskript vorfristig abzuschließen und den Herausgebern zur Verfügung zu stellen. Dafür sei ihnen herzlich gedankt.

Zu danken ist auch Frau Helga Keie und Frau Herta Allinger, die Teile des Manuskripts noch einmal abgeschrieben haben.

Ein besonderer Dank aber gilt Frau Susanne Eser M. A., die

bereit war, mit uns zusammen die Beiträge noch einmal durchzusehen, Zitatstellen zu überprüfen, die Schreibweise und die Anmerkungen zu vereinheitlichen. Wenn es gelungen ist, das druckfertige Manuskript pünktlich oder fast pünktlich beim Verlag abzuliefern, so ist das nicht zuletzt ihr Verdienst.

Josef Becker

Weltmacht oder Untergang
Der Weg von Hitlers Reich in den Zweiten Weltkrieg

„Polen hat... heute nacht zum erstenmal auf unserem eigenen Territorium auch durch reguläre Soldaten geschossen. Seit 5.45 Uhr wird jetzt zurückgeschossen."[1]

Dies waren zwei Kernsätze der Rede, mit der Hitler nach Wochen sich zuspitzender internationaler Spannungen am Vormittag des 1. September 1939 im Reichstag den Einmarsch deutscher Truppen in Polen begründete. Nur der ‚Führer und Reichskanzler des Großdeutschen Reiches' und einige wenige Eingeweihte wußten, daß die angeblich regulären Soldaten der polnischen Armee SS-Männer waren und die bei ihrer Aktion zurückgelassenen Toten aus deutschen Konzentrationslagern stammten: Sie waren – im Rahmen einer Aktion mit dem zynisch-makabren Stichwort ‚Konservendose' – unter der Oberleitung Heydrichs, eines der späteren Hauptorganisatoren der sogenannten ‚Endlösung der Judenfrage', in polnische Uniformen gesteckt und bei einem fingierten Überfall auf den Sender Gleiwitz und an zwei anderen Stellen in Oberschlesien ermordet worden.

Zu denjenigen, die eine Ahnung von dem eigentlichen Hintergrund dieser bestellten ‚Grenzzwischenfälle' haben konnten, zählten die Oberbefehlshaber der Teilstreitkräfte der Wehrmacht. Ihnen hatte Hitler knapp drei Wochen zuvor erklärt: „Ich werde propagandistischer Anlaß zur Auslösung des Krieges geben, gleichgültig, ob glaubhaft. Der Sieger wird später nicht danach gefragt, ob er die Wahrheit gesagt hat oder nicht."[2] „Propagandistischer Anlaß" – das zielte einerseits auf das Ausland, vor allem aber auf die Deutschen. „Jedermann [ist] gegen den Krieg", notierte in der Reichshauptstadt ein amerikanischer Journalist noch am 31. August 1939, und am Vormittag des 1. September stellte er fest, wo 1914 begeisterte Menschenmassen dem Kaiser und den mobilisierten Truppen zujubelten, fahre jetzt Hitler auf dem Weg zum Reichstag durch nahezu menschenleere Straßen, in denen die wenigen Passanten zumeist in schweigender Apathie auf den Autokonvoi des ‚Führers' blickten[3], der dann im Reichstag für seine Rede einen „befehlsmäßigen, aber dünnen Beifall"[4] erhielt.

Diese Momentaufnahmen vom Kriegsausbruch 1939 führen auf die zentralen Fragen hin, denen ich mich im Rahmen meines Vortrags zuwenden will. Zum einen: Wenn das deutsche Volk nach einer jahrelangen politischen Disziplinierung und Einschüchterung in seiner Mehrheit mit einer Mischung aus dumpfer Apathie und fatalistischer Loyalität auf den Kriegsausbruch reagierte und wenn selbst im Reichstag am 1. September bei den NS-Abgeordneten und hohen NS-Funktionären nicht sehr viel von dem rauschhaften Kriegsenthusiasmus von 1914 zu spüren war, wo sind dann die eigentlichen Träger und Motoren der Außenpolitik zu finden, die das nationalsozialistische Reich in den Zweiten Weltkrieg führten? Gab es für sie ein einheitliches Konzept und ein gemeinsames außenpolitisches Programm, dessen Realisierung planmäßig angestrebt wurde? Oder bestand für einzelne gesellschaftliche und politische Gruppen nur eine Teilidentität der Interessen und Ziele, die Hitler dann stufenweise nutzen konnte, um schließlich mit den Machtmitteln einer totalitären Diktatur seine eigenen Visionen zu verwirklichen? War Hitler etwa – so die Interpretation der orthodox-marxistischen Geschichtsschreibung in der DDR und Sowjetunion – lediglich Agent des deutschen Monopolkapitals und hat er mit der Politik des Dritten Reiches zunächst nichts anderes versucht, als im Dienst der Monopole einen kontinentalen Wirtschaftsgroßraum direkt oder indirekt zu beherrschen? Antworten auf diese Fragen werden wir nur finden, wenn wir wenigstens rasch einen Blick werfen auf die Herrschaftsstruktur des Dritten Reiches und auf die deutsche Außenpolitik seit dem Ersten Weltkrieg.

Ich skizziere knapp und notwendigerweise verkürzend: Hitler kam 1933 in einer politischen Pattsituation an die Macht.[5] Das Patt war – sozialgeschichtlich gesehen – vor allem das Resultat von Bevölkerungsentwicklung und industrieller Revolution seit dem 19. Jahrhundert und fand auf der politischen Ebene seinen Ausdruck in dem Gegensatz zwischen der SPD als der ‚Verfassungspartei' der demokratischen Arbeiternehmerschaft einerseits und den politischen Organisationen und institutionellen Machtbastionen der traditionellen preußisch-deutschen Führungsschichten andererseits – Militär und Großgrundbesitz, Besitzbürgertum und Beamtenschaft. Diese – schlagwortartig formuliert – nationalkonservativen Kräfte erwiesen sich in der Krise der Weimarer Republik als nicht mehr, die sozialdemokratische Arbeiterschaft als noch nicht stark genug, um die Herrschaft allein oder in einer Koalition auszuüben. Dieses politisch-soziale Patt gab Hitler nach 1933 den Freiraum, auf der Basis seiner Massenbewegung seine Alleinherrschaft durchzusetzen und die Rolle eines obersten Schiedsrichters über die rivalisierenden Gruppen und konkurrierenden Interessen zu übernehmen.

Die Alleinherrschaft fand schon nach wenigen Jahren für die Mehrzahl der Deutschen ihre Legitimation durch die Befriedigung fundamentaler Gruppeninteressen: bei dem in der Weltwirtschaftskrise verelendeten Anhang der NSDAP wie generell in der Arbeiterschaft und im Kleinbürgertum durch die Beseitigung der Arbeitslosigkeit und die tendenzielle soziale Egalisierung im Zeichen der sogenannten ‚Volksgemeinschaft'; in der Wirtschaft durch die Absicherung gegen die soziale Revolution, durch ökonomischen Aufschwung und außenwirtschaftliche Expansion; im Militär durch die Proklamation von Wehrhoheit und Aufrüstung; und bei allen Gruppen: durch die Wiederherstellung der deutschen Großmachtposition mit nichtkriegerischen Mitteln.

Außenpolitisches Hauptziel der Parteien der Weimarer Republik – und zwar von der KPD auf dem linken Flügel bis hin zur Deutschnationalen Volkspartei als der Vertretung der alten nationalkonservativen Eliten – war die Revision des Versailler Vertrags von 1919. Er hatte die von den Deutschen nicht verstandene und nicht akzeptierte Niederlage des Ersten Weltkriegs besiegelt und den Verlust der von Bismarck begründeten Weltmachtstellung sanktioniert, ohne daß er Deutschland auf Dauer die Rückkehr zu einer Großmachtposition verbaut hätte.

Revision von Versailles: Das bedeutete in dieser Reihenfolge für die Weimarer Republik zunächst die Beendigung der Reparationszahlungen, deren letzte Rate im Jahre 1988 fällig sein sollte; zweitens Wiedergewinnung der militärischen Gleichberechtigung und damit definitive Wiederherstellung der nationalen Souveränität; drittens territoriale Revision, und zwar vor allem gegenüber Polen.

Das erste Ziel – das Ende der Reparationen – erreichte die Weimarer Republik noch während der Weltwirtschaftskrise 1932. Im gleichen Jahr wurde dem Deutschen Reich prinzipiell die militärische Gleichberechtigung zugestanden, ohne daß sie vor der Machtübernahme durch den Nationalsozialismus praktisch realisiert werden konnte. Völlig offen geblieben war in der Zeit der Weimarer Republik das Problem der territorialen Revision des Versailler Vertrags. Sie wurde im Rahmen des Völkerbundes primär mit friedlichen, wirtschaftlichen Mitteln angestrebt, ohne daß allerdings selbst der langjährige Außenminister und Friedensnobelpreisträger Stresemann den Einsatz der bewaffneten Macht gegenüber Polen zur Durchsetzung der deutschen Territorialforderungen (etwa im Falle eines polnisch-sowjetischen Konflikts) prinzipiell ausgeschlossen hätte. Generell zielte die offizielle deutsche Außenpolitik der Weimarer Republik bis zum Sturz des Kabinetts Brüning im Frühjahr 1932 auf den Wiedergewinn einer deutschen Vormachtposition in Mitteleuropa, nicht auf Hegemonie. Das Ziel der kontinentalen Hegemonie hätte sofort die britische Gegnerschaft provoziert, weil dann das ökonomische, militärische und politische Machtpotential des Deutschen Reiches auch durch eine Allianz aller anderen europäischen Großmächte nicht mehr hätte ausbalanciert werden können.

Überblicken wir die nationalsozialistische Außenpolitik zwischen 1933 und dem Kriegsausbruch 1939, sehen wir, daß sie in weiten Teilen als eine Fortsetzung der Weimarer Revisionspolitik, allerdings unter grundsätzlicher und definitiver Abkehr von der Politik der kollektiven Sicherheit des Völkerbundes, verstanden werden konnte. Hier nur die wichtigsten Etappen:

1935 Rückkehr des Saargebiets auf der Grundlage einer im Versailler Vertrag vorgesehenen Volksabstimmung, Wiedereinführung der allgemeinen Wehrpflicht und Arrangement mit Großbritannien über die deutsche Seerüstung;

1936 Wiederherstellung der deutschen Militärhoheit im Rheinland und Remilitarisierung des Rheinlandes;

1938 Anschluß Österreichs und Gewinn der Sudetengebiete;

1939 Angliederung des Memelgebiets als letzter nichtkriegerischer Territorialgewinn, der mit dem Prinzip des Selbstbestimmungsrechts der Völker legitimiert werden konnte.

Der Anschluß Österreichs 1938 (der keine offene Forderung der Weimarer Revisionspolitik darstellte, aber einem Ziel starker politischer Kräfte links, in der Mitte und rechts im Deutschen Reich wie in Österreich entsprach) und der Gewinn der Sudetengebiete 1938 hat das Maximum an Machtzuwachs markiert, den die Versailler Siegermächte der deutschen Revisionspolitik zuzugestehen bereit waren. In der Kombination von Raum, Bevölkerungszahl und wirtschaftlichem Potential konnte das Dritte Reich 1938 als der mächtigste Staat auf dem europäischen Kontinent gelten. Versailles war – sieht man von der Kolonialfrage und dem einen Hauptproblem der Weimarer Revisionsforderungen, der Frage der deutsch-polnischen Grenze ab – ausgelöscht, das Trauma der Niederlage von 1918 schien der Vergangenheit anzugehören. Ein demokratischer Reichskanzler der Weimarer Republik notierte in seinem Tagebuch nach dem Einzug Hitlers in das jubelnde Wien: „Deutschland hat nun doch zum Schluß den Weltkrieg gewonnen.“[6]

Wäre Hitler im Herbst 1938 nach seinem Triumph auf der Münchner Konferenz gestorben, er wäre wohl für die Mehrheit der Deutschen als ein Staatsmann vom Format Bismarcks, ja von noch größerem historischen Rang in die Geschichte eingegangen. Es ist bedrückend, festzustellen, daß an dieser Einschätzung auch die Existenz von Konzentrationslagern, die Diskriminierung der Juden und das von oben gelenkte Pogrom der sogenannten ‚Reichskristallnacht' kaum etwas geändert hätten.

Die immense Popularität Hitlers in allen Bevölkerungsschichten nach der Verwirklichung des großdeutschen Traums hat allerdings nicht verhindert, daß Bruchlinien deutlich wurden in der Allianz zwischen dem nationalsozialistischen ‚Führer' und den nationalkonservativen Eliten in Staat und Militär, die 1933 geglaubt hatten, sich Hitler ‚engagieren' zu können.

Noch vor dem Anschluß Österreichs war der bisherige konservative Außenminister von Neurath durch den nationalsozialistischen Außenpolitiker Ribbentrop abgelöst worden; den Reichskriegsminister von Blomberg hatte Hitler ebenso entlassen wie den Oberbefehlshaber des Heeres von Fritsch – neuer Oberbefehlshaber des Heeres wurde Hitler selbst. Als klar wurde, daß Hitler seine Territorialforderungen gegenüber der Tschechoslowakei auf kriegerischem Wege durchzusetzen suchte, formierte sich im Auswärtigen Amt unter der Leitung des Staatssekretärs Ernst von Weizsäcker (des Vaters unseres heutigen Bundespräsidenten) eine Oppositionsgruppe; der Chef des Generalstabs des Heeres Beck demissionierte nach dem Scheitern seiner Bemühungen, Hitler von einem militärischen Konfrontationskurs während der Sudetenkrise abzuhalten, und wurde danach zu einer leitenden Figur im militärischen Widerstand.

Beide Vertreter des nationalkonservativen Lagers hatten die bisherige Revisionspolitik mitgetragen, Beck in den vergangenen Jahren sogar ein besonders dynamisches Tempo der deutschen Wiederaufrüstung gefordert.

Weizsäckers wie Becks Opposition richtete sich nicht gegen das Ziel des Gewinns der Sudetengebiete. Beide waren der Überzeugung, daß die ČSR in ihrer damaligen Gestalt – als trennender Keil zwischen Breslau und Dresden im Norden und München und Wien im Süden – für Deutschland „unerträglich" sei.[7] Diese Auffassung entsprach den geostrategischen Maßstäben traditioneller europäischer Großmacht- und Machtstaatspolitik, war aber natürlich mit den Prinzipien des nationalen Selbstbestimmungsrechts (mit dem die deutsche Politik bei ihren Forderungen nach den Sudetengebieten operierte) nicht in Einklang zu bringen. Was Beck und Weizsäcker zu verhindern suchten, war eine Politik, die auf eine militärische Konfrontation mit der ČSR und im Gefolge davon auf einen erneuten Krieg mit den Westmächten hinauslief. Beck war überzeugt, daß ein mitteleuropäischer Revisionskrieg nicht isoliert werden könne. Dann drohe aber – so argumentierte der Generalstabschef – ein langer Abnützungskrieg wie 1914, bei dem sich Frankreich und England auf die enormen wirtschaftlichen Ressourcen der USA stützen könnten, die schließlich als Koalitionspartner von England und Frankreich in einem neuen Weltkrieg das *finis Germaniae*, den Untergang des Deutschen Reichs, herbeiführen würden.

Beck trat von der Leitung des Generalstabs zurück, weil er die militärische Mitverantwortung für Hitlers Kurs nicht glaubte übernehmen zu können. Weizsäcker blieb im Amt und suchte seine diplomatischen Möglichkeiten zu nutzen, um Hitler für ein – wie er sich einmal ausdrückte – „chemisches Verfahren" gegenüber der Tschechoslowakei zu gewinnen, das heißt für eine Politik wirtschaftlicher Pressionen und der Ausnutzung der ethnisch-nationalen Gegensätze in dem 1918 gegründeten Vielvölkerstaat, um durch dessen Selbstauflösung das Ziel der deutschen Politik auf nichtkriegerischem Weg zu erreichen. Als Hitler im Frühjahr 1939 die militärische Zerschlagung der sogenannten ‚Resttschechei' befahl und tatsächlich ohne ein militärisches Eingreifen der Westmächte erfolgreich abschloß – Böhmen und Mähren wurden ein sogenanntes ‚Reichsprotektorat', die Slowakei ein von Berlin abhängiger Satellitenstaat –, war die

Opposition der nationalkonservativen Antikriegspartei in den alten Eliten gescheitert. Hitlers Vabanquespiel hatte nicht sofort zum befürchteten europäischen Krieg geführt; aber die Zertrümmerung der Tschechoslowakei hatte jenen Punkt markiert, an dem den Westmächten endgültig deutlich wurde, daß Hitler nicht auf die bloße Revision von Versailles im Sinne des Selbstbestimmungsrechts der Völker und auf eine deutsche Vormachtposition in Mitteleuropa zusteuerte, sondern auf die Hegemonie auf dem Kontinent. Die britische und französische Garantieerklärung für die polnische Unabhängigkeit war die unmittelbare Reaktion, die damit verbundene Automatik der Ausweitung eines deutsch-polnischen Konfliktes zu einem europäischen Krieg die direkte Konsequenz. Mit einer Phasenverschiebung von wenigen Monaten sollten sich die Befürchtungen der nationalkonservativen Antikriegspartei bestätigen.

In einer partiellen Identität der außenpolitischen Ziele hatten die nationalkonservativen Allianzpartner des NS-Regimes die Voraussetzungen für dessen expansive Politik mitgeschaffen. Die Selbstgleichschaltung der Wehrmacht mit der NS-Politik hatte die Wende von der Revisions- zur Expansionspolitik überhaupt erst ermöglicht. Männer wie Beck waren nicht bereit, die schon kurz nach der Machtergreifung von Hitler angekündigte Expansionspolitik mitzutragen, weil sie über ihre begrenzten Revisionsziele hinausging und mit Mitteln verfolgt wurde, die sie im nationalen Interesse für nicht vertretbar hielten. Es ist bis heute eine unter Historikern umstrittene Frage, welche Rolle bei dem Antikriegskurs von Weizsäcker und Beck etwa opportunistische Motive bzw. das Verantwortungsbewußtsein des außenpolitischen und militärischen Fachmanns oder auch grundsätzliche ethische Motive spielten. Der Hinweis ist nicht uninteressant, daß das Gewicht moralisch-religiöser Bedenken bei der Bildung der nationalkonservativen Antikriegspartei 1937/38 von ausländischen Historikern gelegentlich höher eingeschätzt wird als von führenden deutschen Spezialisten.

Die Teilidentität von Interessen, Zielen und Methoden war – ähnlich wie bei den Eliten in Militär und hoher Bürokratie – auch ein Charakteristikum des Verhältnisses von Wirtschaft und Nationalsozialismus. Seit dem ‚Schwarzen Donnerstag' an der New Yorker Börse im Oktober 1929 hatte der Trend zu protektionistischer Abschottung nationaler Volkswirtschaften oder zum Aufbau von Großwirtschaftsräumen weltweit dramatisch zugenommen – in den USA wie im britischen Commonwealth, in Europa wie in Asien, wo sich Japan seit 1931 anschickte, in der Mandschurei und in China die schmale Basis an Rohstoffressourcen und Siedlungsraum, den die japanischen Inseln boten, und damit auch den japanischen Binnenmarkt gewaltsam zu vergrößern. Noch in der Zeit der Weimarer Republik, schon in der Ära Stresemanns, waren erste Weichen gestellt worden für eine deutsche Wirtschaftsoffensive in Richtung Balkan, die dann zu einer Hauptstoßrichtung der Berliner Wirtschafts- und Handelspolitik im Dienste der NS-Wehrwirtschaftspolitik werden sollten. Neben den ‚Großdeutschen Wirtschaftsraum' unter Einschluß von Österreich und der ČSR sollte ein ‚Großwirtschaftsraum Südosteuropa' treten, der nicht nur wertvolle Rohstoffe wie das für eine moderne Kriegsführung unentbehrliche Erdöl sichern, sondern auch die Defizite der landwirtschaftlichen Produktion im Reich verringern sollte. Die Zurückdrängung der bisherigen französischen und britischen Wirtschaftseinflüsse in den Donauländern – dies war bereits ein Ziel der Weimarer Außenwirtschaftspolitik – erreichte nach dem Anschluß Österreichs ihren Höhepunkt: Sie sicherte Deutschland die Verflechtung der Wirtschaft der Donauländer mit dem Reich im Sinne einer Ergänzungsökonomie, in der Deutschland als Anbieter und Lieferant „praktisch ein Marktdiktat" und damit auch den maßgeblichen politischen Einfluß ausüben konnte.[9]

Zum Zeitpunkt, als diese wirtschaftlich-politische Dominanz des Dritten Reichs in der Donauregion feststand, war aber bereits erkennbar geworden, daß eine Deckungsgleichheit der Ziele und Interessen von Wirtschaft und Reichsführung nur teilweise bestand – der Rücktritt des als ‚Finanzmagier' legendären Reichswirtschaftsministers Hjalmar Schacht hatte schon 1937 die Unterwerfung der Industrie unter das NS-System besiegelt. Schacht hatte in der Tradition liberaler Imperialisten und in der Hoffnung auf britische Konzessionen in der Kolonialfrage gegen die kontinentalen Autarkieziele der nationalsozialistischen Wirtschaftspolitik opponiert und den Kurs einer begrenzten Wiedereingliederung Deutschlands in die Weltwirtschaft empfohlen, um der ökonomischen Probleme im Gefolge der forcierten Aufrüstung Herr zu werden. Die Eingliederung in Welthandel und Weltwirtschaft war aber nur realisierbar bei einer Verlangsamung des Rüstungstempos (was weder die Militärs noch Hitler wollten). Ein Abbremsen des Tempos der sogenannten ‚Wiederwehrhaftmachung' mußte aber notwendigerweise die Fähigkeit zum Führen eines Krieges zunichte machen, der mehr war als ein lokalisierbarer Revisionskrieg – insbesondere, als die britische Regierung seit 1937 mit einer beschleunigten Nachrüstung für ihre bisherige Appeasementpolitik die militärische Fähigkeit zum Containment, zum Eindämmen der Revisionspolitik des Dritten Reichs zu gewinnen suchte.

Die politische Entmachtung der Industrie war derjenigen der Wehrmacht vorangegangen. Zu den Voraussetzungen der innenpolitischen Durchsetzung des NS-Regimes nach 1933 zählte indessen ebenso die breite Unterstützung der Führungsschichten der Wirtschaft wie der Militärs und der breiten Masse der Bevölkerung – „bei unterschiedlichen Graden der Identifizierung mit den nationalsozialistischen Zielsetzungen oder der Distanzierung von ihnen" [10].

Mit diesen Feststellungen K. D. Erdmanns lassen sich die Resultate einer jahrelangen wissenschaftlichen Debatte resümieren, in der auch nichtdogmatische Marxisten zu dem Resultat gelangten, daß die Außenpolitik des Dritten Reichs mit der orthodox-marxistischen Agententheorie nicht erklärbar ist – Hitler also nicht als bloßer Handlanger der deutschen Monopole fungierte. Wenn wir aber vom Primat der Politik und der Unterordnung wirtschaftlicher Faktoren unter politisch-ideologische

Ansprüche und Interessen im Dritten Reich ausgehen können[11] – gab es für diese Politik ein großangelegtes Programm, ein strategisches Konzept, oder war die Expansionspolitik nach 1933 nicht primär von Improvisationen und dem Reagieren auf sich wandelnde und so nicht vorhergesehene internationale Konstellationen bestimmt?

V. Hitler und sein außenpolitisches Programm

Die Kontroverse über diese Fragen hat die wissenschaftliche Diskussion über die Ära Hitler in der deutschen und internationalen Historikerzunft seit einem Vierteljahrhundert wesentlich mitbestimmt, wobei erst in den letzten Jahren eine gewisse Annäherung der Standpunkte zu registrieren ist.[12] Ich will auf diese Diskussionen nicht näher eingehen, sondern ganz knapp meinen eigenen Standpunkt umreißen:

1. Es gibt keine große außenpolitische Entscheidung in den Jahren nach 1933, die gegen den Willen Hitlers gefällt worden wäre. Hitler konnte seinen Willen natürlich nur da durchsetzen, wo die strukturellen Voraussetzungen dies ermöglichten – sei es auf der nationalen Ebene (ich erinnere hier nur an die skizzierte Funktion der nationalkonservativen Eliten), sei es im Rahmen des internationalen Staatensystems.

2. Es gibt bei kaum einem der großen revolutionären Veränderer in unserer neuesten Geschichte eine vergleichbare Kontinuität in den Äußerungen über die außenpolitischen Zielsetzungen wie bei Hitler seit der Niederschrift von ‚Mein Kampf' in der Landsberger Haft nach dem gescheiterten Marsch auf die Feldherrnhalle 1923. Sie lassen die Rekonstruktion eines außenpolitischen Programms zu, an dessen Grundlinien Hitler bis zuletzt festgehalten hat.

Wie sah nun dieses außenpolitische Programm aus?[13] Unmittelbar nach 1918 steht bei dem ehemaligen Frontsoldaten Hitler der Gedanke des Revanchekrieges und damit der Revision des Vertrages von Versailles im Vordergrund. In seiner Programmschrift ‚Mein Kampf' und in seinem sogenannten ‚Zweiten

Buch' von 1928, das erst nach 1945 aus den Archiven publiziert wurde, setzte sich Hitler ganz entschieden von der Revisionspolitik der demokratischen Parteien der Weimarer Republik mit ihrer begrenzten Zielsetzung und ihrem politisch-wirtschaftlichen, nichtkriegerischen Instrumentarium ab. Nicht Revision, sondern Expansion erhob Hitler Mitte der 1920er Jahre zum Leitbegriff seines außenpolitischen Konzepts. Es resümierte sich in dem Kernsatz seiner Programmschrift ‚Mein Kampf': „Deutschland wird entweder Weltmacht oder überhaupt nicht sein."

Weltmacht aber – so war Hitler nach den Erfahrungen des Ersten Weltkrieges überzeugt – konnte das Reich in der Mitte Europas nur werden, wenn es seine Nahrungs-, Rohstoff- und Siedlungsbasis erheblich erweiterte und geostrategisch durch einen ausreichenden Territorialgewinn im Osten Europas, im europäischen Teil der Sowjetunion, unverwundbar machte. Erreichbar war dies natürlich nur durch Krieg; Kriege aber waren in Hitlers sozialdarwinistischen Vorstellungen vom Gang der Geschichte unausweichlich und für die zur Herrschaft berufenen Völker und Eliten notwendig. Entsprechend seinem universalen rassistischen Konzept waren die Deutschen als germanisches Herrenvolk zur Hegemonie in Europa, ja zur Weltmacht berufen. Zeige sich das deutsche Volk aber dieser Berufung nicht gewachsen, so äußerte Hitler einmal zu einem ausländischen Staatsmann, dann „solle es vergehen", und er werde ihm „keine Träne nachweinen".[14]

Den Weg des Deutschen Reichs zur Weltmacht skizzierte Hitler in den 20er Jahren in mehreren Etappen:

In einer ersten Phase sollte Deutschland innenpolitisch im Sinne des Nationalsozialismus konsolidiert, militärisch aufgerüstet und außenpolitisch durch Verständigung oder Bündnisse mit England und Italien abgeschirmt werden. Das Stillhalten Englands bzw. eine eventuelle Allianz mit dem Inselreich hoffte Hitler durch den vorläufigen Verzicht auf maritime Großrüstung, durch das Aufschieben von Kolonialforderungen und das Ausspielen der antikommunistischen Karte erreichen zu können.

Die erste wie die zweite Phase dieses Konzepts für die Gewinnung einer Weltmachtposition waren bestimmt durch Hitlers Überzeugung: „England wünscht kein Deutschland als Weltmacht, Frankreich aber keine Macht, die Deutschland heißt." Dementsprechend sollte in der zweiten Phase der diplomatisch isolierte französische ‚Erbfeind' militärisch niedergeworfen und Deutschland so der Rücken freigekämpft werden für die Verwirklichung der dritten Etappe in diesem Lebensraum-Konzept: für den rassischen Vernichtungs- und Eroberungskrieg gegen die Sowjetunion. Er sollte einem ‚Germanischen Reich deutscher Nation' die kontinentale Basis schaffen, die es wehrwirtschaftlich autark und strategisch unangreifbar machte.

Erst von der sicheren Basis einer unbestrittenen Hegemonie über den europäischen Kontinent aus (also anders als in der Zeit des Wilhelminischen Kaiserreichs vor 1914) sollte ein kolonialer Ergänzungsraum in Afrika gewonnen werden und durch die Schaffung einer starken Flotte mit Stützpunkten im Atlantik Deutschland neben England, den USA und Japan zu einer von vier Weltmächten aufsteigen. In einer weiteren Stufe und einer späteren Generation – so Hitlers Vorstellung in den 20er Jahren – würde dann die Entscheidung um die Weltherrschaft zwischen Deutschland und den USA fallen.

Zum Verständnis dieses außenpolitischen Programms sind zwei Bemerkungen am Platz:

1. Hitler griff mit dem Gedanken der Ostraum-Expansion auf Vorstellungen extrem imperialistischer Kreise des Deutschen Kaiserreiches zurück, die nach den russischen Revolutionen ihre Kriegsziele nahezu erreicht sahen: Das ehemalige Zarenreich war im Zerfall begriffen, deutsche Truppen standen rund 100 km vor St. Petersburg, sie hatten das Baltikum und den größten Teil von Weißrußland wie die gesamte Ukraine besetzt und kontrollierten Teile des Kaukasus. Hitlers Traum vom deutschen Ostraum-Imperium zwischen Memel, Ural und Kaukasus schien 1918 schon einmal Realität zu werden.

2. Hitler hat seinen außenpolitischen Etappenplan – erst kontinentale Hegemonie, dann überseeische Expansion – natürlich

nicht im Sinne eines exakten Fahrplans mit genauen Zeitvorgaben und ohne überraschende Weichenstellungen oder erzwungene Umwege verfolgt. Er bewies immer und in einem bemerkenswerten Umfang taktische Anpassungsfähigkeit, ohne indessen je die beiden Grundkonstanten seines politischen Denkens wie seiner praktischen Politik in Frage stellen zu lassen: den Lebensraumimperialismus und den antisemitischen Rassismus.

Hitlers taktische Flexibilität in der Verfolgung seines außenpolitischen Programms belegt nichts schlagender als seine Haltung gegenüber Polen und der Sowjetunion: 1934 Abschluß eines Nichtangriffspaktes mit Polen, der in krassem Gegensatz zur Weimarer Revisionspolitik stand und dem NS-Führer aus konservativen Kreisen den Vorwurf territorialer Verzichtpolitik, ja des Landesverrats einbrachte; 1939 der Krieg gegen Polen – nicht wegen des Korridors, Danzigs und Ostoberschlesiens, sondern weil die Warschauer Regierung nicht bereit war, zum Satelliten des ‚Großdeutschen Reichs' zu werden mit der vagen Aussicht für Polen, an der Seite Hitlers in einem deutschen Expansionskrieg gegen die Sowjetunion Kompensationen in der Ukraine für Gebietsverluste im Westen an Deutschland zu finden.

Noch spektakulärer: 1939 am 23. August in der Konkurrenz mit Großbritannien und Frankreich der Abschluß des Nichtangriffspakts mit der in der NS-Propaganda als „jüdisch-bolschewistischer Erzfeind" des Nationalsozialismus und Europas gebrandmarkten UdSSR. Der außenpolitische Coup sicherte das Reich gegen das Risiko eines Zweifrontenkrieges und gegen drohende Mängel in der Rohstoff- und Lebensmittelversorgung. Stalin gab Hitler damit freie Hand für die Unterwerfung und vierte Teilung Polens und so für die Entfesselung des großen europäischen Krieges, für den Hitler sein Reich seit Jahren militärisch und wirtschaftlich vorzubereiten gesucht hatte[15] und der zwei Jahre später durch den japanischen Überfall auf Pearl Harbor und Hitlers Kriegserklärung an die USA endgültig die Dimension eines Weltkrieges annahm.

Architekt des deutsch-sowjetischen Vertrages war im übrigen Reichsaußenminister Ribbentrop.[16] Er hatte zu Hitlers Lebensraumpolitik im Osten ein antibritisches und antiamerikanisches Alternativkonzept auf der Grundlage imperialistischer Vorstellungen des Wilhelminischen Kaiserreiches entwickelt, nach dem Deutschland seine Zukunft nicht im Osten, sondern in Afrika suchen sollte. Ribbentrop war 1938/39 – wie sich zeigte: zurecht – überzeugt, daß England in der Tradition seiner Balance-of-power-Politik dem ‚Großdeutschen Reich' nie freie Hand im Osten geben werde, weil dies zu der von den britischen Regierungen seit Jahrhunderten bekämpften Hegemonie einer einzigen europäischen Macht auf dem Kontinent führen mußte. Der Reichsaußenminister baute auf ein „weltpolitisches Dreieck Berlin–Tokio–Rom". In ihm sollte Japan die Rolle des Bedrohungsfaktors für die USA und Großbritannien in Ost- und Südostasien übernehmen, Deutschland mit Italien als Juniorpartner in Europa dominieren und Berlin gemeinsam mit Rom kolonialen Expansionsraum in Afrika finden. Der Pakt mit der Sowjetunion fügte sich bei Ribbentrop in die Vision eines euroasiatischen Kontinentalblocks „von Gibraltar bis Yokohama". In ihm sollte sich das Schwergewicht der sowjetischen Interessen auf Asien verlagern mit Ausnahme der pazifischen Regionen, die in dem hegemonialen Bereich Japans verbleiben bzw. in ihn fallen sollten. Noch in den bis 1945 belegbaren Versuchen Ribbentrops, Hitler zu einem Separatfrieden mit der UdSSR zu bewegen, wirkt dieses Konzept nach.

Hitler hat gewiß nicht Ribbentrops bedurft, um sich 1939 an der – wie Weizsäcker es damals ausdrückte – „Parforcejagd" mit den Westmächten um die Gunst Stalins zu beteiligen. Für ihn war die Alternative seines Außenministers nur ein taktisches Aushilfsmittel, das nach dem Sieg in Polen und den Blitzfeldzügen in Norwegen und im Westen 1940 seine Dienste getan hatte. Der Überfall auf die Sowjetunion im Sommer 1941 (um einige keineswegs kriegsentscheidende Wochen durch das Eingreifen deutscher Truppen in den italienischen Parallelkrieg im Mittelmeerraum verzögert) ging weder auf eine subjektive Furcht Hitlers vor einer drohenden sowjetischen Intervention zugunsten Großbritanniens zurück, noch lag sein ausschlaggebendes Motiv in dem Wunsch Hitlers, den letzten potentiellen Festlanddegen Englands auszuschalten. Der Krieg gegen die Sowjetunion bedeutete vor allem den Versuch, die niemals preisgegebenen Hauptziele Hitlers zu verwirklichen – die Eroberung eines ‚Lebensraumes' von riesigen Dimensionen für ein ‚Germanisches Reich deutscher Nation' und die Lösung der sogenannten ‚Judenfrage'.

Das geschah gegenüber den slawischen Völkern in Polen und der UdSSR unter Rückgriff auf die negativsten Traditionen der neueren Geschichte der europäischen Staaten – durch die Übertragung der Methoden der rassischen Unterdrückungs-, Versklavungs- und Ausrottungspolitik aus der überseeischen Expansionsphase Europas seit dem 16. Jahrhundert auf einen innereuropäischen Krieg. Das geschah gegenüber den europäischen Juden in der historisch singulären Mordmaschinerie der sogenannten ‚Endlösung der Judenfrage'. Beides war schon in den Schriften und anderen Äußerungen Hitlers seit den 20er Jahren angelegt und greifbar. Wie es auch in der mörderischen Konsequenz von Hitlers sozialdarwinistischen Grundüberzeugungen lag, daß er nach der Niederlage seiner Expansionspolitik auf den Schlachtfeldern von Moskau, El Alamein und Stalingrad in der Schlußphase seines Krieges die elementaren Lebensgrundlagen des eigenen Volkes zu zerstören befahl, weil sich dieses deutsche Volk „als das schwächere erwiesen" habe und dem „stärkeren Ostvolk ausschließlich die Zukunft" gehöre.[17]

VI. „Weltmacht oder Untergang"

„Weltmacht oder Untergang" – Hitlers programmatische Alternative für die deutsche Politik nach 1918 – war nicht die Option der 37% der deutschen Wähler, die dem NS-Führer auf dem Höhepunkt seiner Erfolge vor 1933 bei freien Wahlen, aber im Zeichen ökonomischer Verelendung während der Weltwirtschaftskrise ihre Stimme gegeben hatten. Die Alleinherrschaft Hitlers in einem totalitären Regime war indessen kein bloßer ‚Betriebsunfall' der Geschichte des preußisch-deutschen Nationalstaats. „Weltmacht oder Niedergang" – in dieser Parole hatte vor 1914 die Überzeugung in den wilhelminischen Führungsschichten ihren Ausdruck gefunden, daß die ungünstige geostrategische Lage des Reichs im Zentrum des europäischen Kontinents, daß seine begrenzten wirtschaftlich-demographischen Ressourcen und damit sein beschränktes Militärpotential auf Dauer eine Gefährdung der ‚latenten Hegemonie' darstellten, die Bismarck für das deutsche Reich errungen hatte.

Eine Generation, die in einem nahezu sozialdarwinistischen Kult der Macht, des Machtstaats und der Machtpolitik aufgewachsen war, konnte die Vorstellung nicht ertragen, daß sich das Reich Bismarcks und Wilhelms II. in der internationalen Politik mit der Rolle einer sekundären Macht bescheiden müsse, die nur mehr im Kielwasser von St. Petersburg oder London steuerte. Die Reichsgründung hätten die Deutschen als einen überflüssigen Jugendstreich besser unterlassen, wenn sie nicht bereit waren, den Griff nach der Weltmacht zu wagen – in dieser Sentenz drückte sich eine vor 1914 weit über die Führungsklassen in Politik, Militär und Wirtschaft hinaus verbreitete Stimmung aus. Eine vollgültige Weltmacht zu werden und den Niedergang der Bismarckschen Machtposition zu vermeiden – dieses Ziel hat den außenpolitischen Risikokurs des Kaiserreichs hinein in den Ersten Weltkrieg bestimmt. Das Trauma des Versailler Vertrags von 1919 als das Trauma eines nicht akzeptierten und nicht verstandenen Verlusts der Weltmachtstellung (mit seinen verhängnisvollen Konsequenzen für die Stabilität der Weimarer Republik) belegt eine der fatalen Hypotheken des Bismarck-Reiches für die Entwicklung zwischen 1918 und 1933. Noch die Lähmung der oppositionellen Militärs nach Hitlers Erfolgen 1938/41, der Jubel der Bevölkerung nach den Siegen über Polen, Frankreich und in der Anfangsphase des Rußlandfeldzuges machen u. a. deutlich, daß man zu kurz greifen würde, wollte man die historische Betrachtung des Kriegsausbruches 1939 und seiner Voraussetzungen auf die Zeit ab 1933 beschränken.

Der „kurze Weg" (E. Jäckel) des Deutschen Reiches in den Zweiten Weltkrieg beginnt mit der Machtergreifung 1933 und er wurde zum Weg ohne Umkehr, nachdem Hitler seine persönliche Macht und die seiner Partei seit 1934 definitiv konsolidiert hatte. Der „lange Weg“ in den militärischen Konflikt reicht – ähnlich wie bei Italien oder Japan – zurück in die Zeit der späten Nationalstaatsgründungen bzw. der partiellen politischen Modernisierung der 1860er Jahre. Er verläuft über den Einstieg in die imperialistische Konkurrenz mit Großbritannien, Rußland, Frankreich und den USA im ausgehenden 19. Jahrhundert nicht als Einbahnstraße, aber nicht ohne die innere historische Logik der Geschichte des Aufstiegs und des Wettbewerbs von Machtstaaten. Im Machtstaatsdenken, wie es sich schon in der bürgerlich-liberalen Revolution von 1848/49 abgezeichnet und dann maßgeblich für die preußisch-deutschen Eliten seit der Gründung des Bismarck-Reiches entwickelt hatte, liegt eines der Elemente der Kontinuität über die Zäsur des Jahres 1933 hinaus, ist eine der Voraussetzungen greifbar, auf denen Hitler seine Politik – mit ihrer vor allem in der Judenpolitik extremen Radikalisierung früherer Tendenzen – aufbauen konnte. Wenn am 1. September Bundespräsident von Weizsäkker der Entfesselung des Zweiten Weltkrieges durch einen Staatsbesuch in Polen gedenkt, ist dies nicht nur ein symbolischer Akt für eine grundlegende Änderung in den Beziehungen zweier Länder und Völker, deren nationalstaatliches Schicksal leidvoll miteinander verknüpft war. Es wird zugleich – ähnlich wie Willy Brandts Gedenken an die Opfer des Warschauer Ghetto-Aufstandes während der deutschen Okkupation – ein Zeichen der Abkehr vom machtstaatlichen Denken und ein Ausdruck der humanen Maßstäbe politischen Handelns sein, die vor 40 Jahren zu den Fundamenten unseres Grundgesetzes wurden.

Władysław Bartoszewski

Polen: Die innen- und außenpolitische Lage im Sommer 1939

Die polnische Republik der Zwischenkriegszeit umfaßte (laut Angaben vom 1. September 1939) ein Gebiet von 389720 qkm; sie war damit 77000 qkm größer als die jetzige Volksrepublik Polen und hatte eine Bevölkerung von fast 35 Millionen Einwohnern. Das damalige Polen kann man zwar kaum als Nationalitätenstaat bezeichnen, aber es war auch kein reiner Nationalstaat der Polen. Nimmt man die Muttersprache als Kriterium, so waren ungefähr 69% der Staatsbürger polnischer Nationalität, 14% Ukrainer, rund 9% Juden, rund 5% Weißruthenen, ungefähr 2,5% Deutsche; alle anderen Nationalitäten machten nicht mehr als 1% aus.[1] Zu 65% war die Bevölkerung römisch-katholisch, zu 10% katholisch des byzantinischen Ritus, ungefähr 12% orthodox, 2,6% evangelisch (lutherische und reformierte Kirche zusammengerechnet); um 10% gaben mosaischen Glauben als Religionszugehörigkeit an, weniger als 1% andere Konfessionen.

Die polnische Republik der Zwischenkriegszeit war im Zustand der permanenten Entwicklung und des Zusammenwachsens – nach 123 Jahren der Nichtexistenz eines einheitlichen polnischen Staates. Er war bis zum Ende des 18. Jahrhunderts dreimal geteilt, zuletzt 1795 völlig liquidiert worden; erst nach dem Ersten Weltkrieg wurde ein unabhängiges Polen wiedererrichtet. Vor der Neugründung waren die Polen gezwungen gewesen, mehr als sechs Generationen lang als Bürger der drei Teilungsmächte – Rußland, Österreich und Preußen, später des Deutschen Reiches – zu leben, mit allen daraus resultierenden Konsequenzen, wie zum Beispiel die Wehrpflicht und die Zwangsteilnahme an den Kriegen, die von diesen Staaten geführt worden sind.

Von den ‚Vierzehn Punkten' der Kriegsziele der Vereinigten Staaten, die Präsident Wilson in der Endphase des Ersten Weltkrieges formulierte, hatte Punkt 13 gelautet: „Ein unabhängiger polnischer Staat soll geschaffen werden, der alle von unbestreitbar polnischer Bevölkerung bewohnten Gebiete umfaßt, ein freier und sicherer Zugang zum Meer soll ihm gewährleistet werden." Die erste Aufgabe des formell dann am 11. November 1918 wiedererrichteten polnischen Staates war, den politischen Zusammenschluß mindestens der Gebiete zu erreichen, die zu dem mit Gewalt aufgelösten Staat des 18. Jahrhunderts gehört hatten. Gewaltige nationale, politische, wirtschaftliche und kulturelle Aufgaben waren in möglichst kurzer Zeit zu lösen, um aus Randgebieten der drei großen, jedoch im Ersten Weltkrieg geschlagenen Mächte einen lebensfähigen, einheitlichen Staat zu bilden.

In den 30er Jahren, also in den letzten Jahren des Friedens vor dem Zweiten Weltkrieg, waren die Polen – die ehemaligen Bürger der drei Staaten und ihre Nachkommen – weitgehend politisch, psychologisch und kulturell integriert. Das reformierte einheitliche Bildungs- und Erziehungssystem und die Wehrpflicht in der neuen polnischen Armee haben ebenso dazu beigetragen wie in starkem Maße die Zugehörigkeit zur römisch-katholischen Kirche, deren Mitglieder die Staatsbürger polnischer Nationalität zu 93 bis 95% waren. Charakteristisch für die Polen von damals war ein tief geprägtes Geschichtsbewußtsein; besonders in der zahlenmäßig starken jüngeren Generation (Polen hatte damals den größten Geburtenzuwachs in Europa) war das Trauma der Teilung und Nichtexistenz des Staates vollständig überwunden, man identifizierte sich mit dem Staat, ohne daß die Unterschiede in den politischen Meinungen verschwanden, was oft als eine Besonderheit des polnischen Patriotismus angesehen wurde.

Das Polen der Zwischenkriegszeit war in starkem Maße durch die Persönlichkeit von Josef Piłsudski geprägt. Piłsudski, Sohn kleiner Gutsbesitzer aus dem polnisch-litauischen Gebiet – ein engagierter Sozialist der ersten Stunde, in den 90er Jahren des 19. Jahrhunderts in der geheimen Sozialistischen Partei auf dem polnischen Gebiet unter russischer Herrschaft aktiv, später Schöpfer der polnischen Legionen bei der österreichischen Armee im Ersten Weltkrieg, obwohl militärischer Autodidakt – galt bei vielen als politisches Genie, von anderen wurde er dagegen politisch völlig abgelehnt. Als erster Vorsteher *(Naczelnik)* des polnischen Staates 1919–1922, später ein paarmal kurz Premierminister und längere Zeit Minister für Armeeangelegenheiten, wurde Piłsudski nach dem durch das Parlament nachträglich akzeptierten Staatsstreich vom Mai 1926 zum milden Diktator, jedoch mehr auf de Gaullesche als auf mittelosteuropäische Weise, in einem Staat mit Mehrparteiensystem und weitgehenden Bürgerfreiheiten.

Sein letztes politisches Lebenswerk war die neue polnische Verfassung, die knapp drei Wochen vor seinem Tod am 23. April 1935 gesetzlich verabschiedet wurde. Für den von Piłsudski akzeptierten Entwurf der Verfassung waren moderne antiliberale Theorien ebenso maßgebend wie amerikanische Vorbilder und die ‚Sechs-Gewalten-Lehre'. Diese gliederte die Staatsgewalt – im Gegensatz zu der klassischen Lehre von Montesquieu – in sechs Funktionen auf: das Staatspräsidium, die Regierung, den militärischen Oberbefehl, den Sejm (erste Kammer), den Senat (zweite Kammer) und die Rechtsprechung. Damit blieb der Grundsatz der parlamentarischen Verantwortung der Regierung erhalten; darüber hinaus wurde aber der Staatspräsident bei allen wichtigeren Staatsakten von der Verpflichtung zur Gegenzeichnung des Ministerpräsidenten entbunden.

I. Das politische Leben

1. Die Parlamentswahlen 1930–1938

In den letzten nach der alten Verfassung durchgeführten Wahlen im Jahr 1930 waren im Sejm noch mehrere Parteien vertreten; der Piłsudski-Block errang 247 der 444 Mandate, die Linksparteien 102 Mandate, die Rechtsopposition 62 Mandate, die nationalen Minderheiten insgesamt 33 Mandate. In den ersten Wahlen nach der neuen Verfassung im September 1935 mit einer die Parteien völlig zurückdrängenden neuen Wahlordnung wurden 208 Abgeordnete gewählt; 153 von ihnen gehörten dem Regierungslager an – und das bei dem negativen Rekord, der in der Geschichte des polnischen Parlamentarismus niedrigsten Wahlbeteiligung von 46,5%. Die gesamte Opposition von rechts bis links, von der Nationaldemokratie bis zu den Kommunisten hatte nämlich zum Wahlboykott aufgerufen. Die zweite Parlamentskammer – der Senat – mit seinen 96 Sitzen setzte sich aufgrund der neuen Wahlordnung aus 64 gewählten und 32 ernannten Senatoren zusammen. Unter den ernannten Senatoren waren zwei Vertreter der deutschen Minderheit in Polen, Erwin Hasbach und Rudolf Wiesner.

Bei den letzten Vorkriegswahlen zum vorzeitig aufgelösten Parlament im November 1938 und bei viel höherer Wahlbeteiligung als drei Jahre vorher, nämlich 67,1%, entfielen 80% auf das Regierungslager – die neuorganisierte Partei, das ‚Lager der Nationalen Einigung' *(Obóz Zjednoczenia Narodowego, OZN)*; aber es wurden auch 18 Ukrainer, 1 Weißruthene, 1 Russe und 5 Juden gewählt. Unter den jetzt vom Staatspräsidenten ernannten Mitgliedern des Senats befanden sich Erwin Hasbach und ein Vertreter des deutschen Mittelstandes in Polen, Maximilian Wambeck.[2] Ein viel umfassenderes und genaueres Bild der Einstellung der Massen ergaben die im Winter 1938/39 durchgeführten Kommunalwahlen. Die Wahlordnung, nach der in den Kommunen gewählt wurde, war völlig demokratisch und die Wahl selbst, nebenbei bemerkt, die letzte freie Äußerung der politischen Meinung vor dem Zweiten Weltkrieg. Dabei erhielt die regierende Gruppe, das ‚Lager der Nationalen Einigung', in den mittleren und größeren polnischen Städten (über 25000 Einwohner) nicht mehr als 30% der Stimmen. In der Hauptstadt Warschau errang die Regierungspartei 39 von 100 Mandaten, was als persönlicher Erfolg des sehr populären Staatspräsidenten Starzynski galt, dagegen erhielten die Sozialdemokraten und ähnlich gesinnte linksliberale Gruppen hier 43, die ebenfalls in Opposition stehende ‚Nationale Partei' 11 Mandate. In der zweitgrößten Stadt Łódź (Lodsch) gewann die ‚Polnische Sozialistische Partei' in einem Wahlblock mit der jüdischen Arbeiterpartei ‚Bund' mit 46 von 72 Stadtratssitzen die absolute Mehrheit. Ähnlich war es in Piotrków (Petrikau) und in Gdynia (Gdingen); in Kraków (Krakau) erhielt der sozialistische Block die relative Mehrheit von 35% der Stimmen. Auch in Poznań (Posen) und Toruń (Thorn) siegte nicht der Regierungsblock, sondern die ‚Nationale Partei', in Poznań sogar mit dem niederschmetternden Ergebnis von 74% der Stimmen.

Zu den merkwürdig paradoxen Erscheinungen des damaligen politischen Lebens gehörte also, daß die zerstreuten Kräfte der linken und rechten Opposition spürbaren Einfluß auf die öffentliche Meinung besaßen, andererseits jedoch keine Regierungsverantwortung getragen haben. Das war u. a. zweifellos auch die Folge des Boykotts der Wahl zum Parlament, 1935 genauso wie 1938 – einer sicher umstrittenen Entscheidung der ganzen Opposition.

2. Die politischen Parteien

An dieser Stelle scheint es mir angebracht, auf das breite innenpolitische Spektrum der polnischen Parteienlandschaft in der Zeit vor Ausbruch des Zweiten Weltkrieges einzugehen. Fängt man links an, so muß man darauf hinweisen, daß die Kommunistische Partei in Polen illegal war; wenn sie sich gelegentlich – unter der Tarnung verschiedener Wählerinitiativen – an den Parlamentswahlen beteiligte, tat sie das mit sehr geringem Erfolg und errang nur einige wenige der damals 444 Abgeordnetensitze. Historiker schätzen die Mitgliederzahl der Kommunistischen Partei in Polen für die gesamte Zwischenkriegszeit auf 10000 bis 15000.

Die ‚Polnische Sozialistische Partei' *(Polska Partia Socialistiycsna, PPS)*, in der Emigration 1892 gegründet, im Untergrund tätig und Mitglied der Sozialistischen Internationale, war immer eindeutig patriotisch und demokratisch gesinnt und genoß das Vertrauen relativ großer Gruppen der Arbeiter und kleinen Angestellten.

Als gemäßigte Linkspartei kann auch die erst im Jahr 1938

gegründete ‚Demokratische Partei‘ *(Stronnictwo Demokratyczne, SD)* eingestuft werden, die überwiegend liberal gesinnte Intellektuelle und fortschrittliche Freiberufler anzog. Sie hatte eine meinungsbildende, aber keine zahlenmäßige oder statistische Kraft.

Die größte und wichtigste Partei der politischen Mitte war zweifellos die ‚Bauernpartei‘ *(Stronnictwo Ludowe, SL)*, sie war 1895 in Galizien gegründet worden. Wie aus dem Namen ersichtlich, hatte die Partei ihre Wählerschaft zum großen Teil auf dem Lande, wo damals immerhin fast zwei Drittel der polnischen Bürger gelebt haben.

1937 gruppierten sich in Polen auch die christlich-sozialen Kräfte um und gründeten eine christlich-demokratische ‚Partei der Arbeit‘ *(Stronnictwo Pracy, SP)*, ein Zusammenschluß zweier früher bestehender kleinerer Parteien. Diese Partei hatte zwar im polnischen Ost-Oberschlesien wie in Pommerellen und in einigen mittelgroßen Städten Zentralpolens gewissen Einfluß, war aber in keinem Fall eine konkurrenzfähige Massenpartei.

Auf der rechten Seite des politischen Spektrums stand eine ganz kleine und in der allgemeinen Skala einflußlose ‚Konservative Partei‘ *(Stronnictwo Konserwatywne)*; sie wurde 1937 gegründet, mit einigen Adeligen und begabten politischen Publizisten als Mitglieder.

Eine beachtliche Kraft präsentierte dagegen die ‚Nationale Partei‘ *(Stronnictwo Narodowe, SN)*, die in den Jahren 1922–1936 an der Regierung beteiligt war. Sie stand in entschiedener Opposition zu allen sozialistischen und demokratischen Parteien und Gruppen, aber auch, wie oben schon gesagt, zur regierenden Piłsudski-Nachfolgergruppe. Die ‚Nationale Partei‘ war großpolnisch gesinnt, traditionell antideutsch und antijüdisch, mit der gleichzeitigen Tendenz zur Polonisierung der slawischen Minderheiten in Polen.

1934 wurde die ‚Nationale Partei‘ durch die Abspaltung einer Gruppe junger Akademiker und Studenten geschwächt, die das sogenannte ‚National-Radikale Lager‘ *(Obóz Narodowo-Radykalny, ONR)* gegründet haben. Diese in der Zielsetzung faschistische Organisation wurde zwar durch das polnische Innenministerium innerhalb von zwei Monaten verboten und aufgelöst, sie betätigte sich jedoch illegal weiter.

Das polnische politische Modell der Vorkriegszeit kann man also durchaus mit der Praxis der Adenauer-Zeit in der Bundesrepublik vergleichen: Links- und rechtsextreme Parteien waren verboten, weil sie als verfassungswidrig galten.

3. Die nationalen Minderheiten

Die nationalen Minderheiten Polens haben mehrere eigene Parteien gehabt, obwohl ein Teil ihrer potentiellen Wähler selbstverständlich auch allgemeine polnische Parteien unterstützte. So waren Juden zum Beispiel in mehreren Parteien engagiert, in zionistischen, in konservativ-religiösen und in der sozialistischen Arbeiterpartei ‚Bund'.

Auch die deutsche Minderheit in Polen hatte keine einheitliche politische Organisation. Unter den verschiedenen Parteien, Vereinen und Verbänden gewann in den letzten Vorkriegsjahren die fast ungetarnt nationalsozialistisch gewordene ‚Jungdeutsche Partei' mit 30000 Mitgliedern an Bedeutung; ihr Vorsitzender war der bereits genannte Senator Rudolf Wiesner.

Erwähnenswert ist noch die ‚Deutsche Partei' von Senator Erwin Hasbach mit nationalkonservativer Ausrichtung und die eindeutig anti-nationalsozialistisch ausgerichtete ‚Deutsche Christliche Volkspartei' (DCHVP) unter Eduard Pant (gest. 1938), die besonders in Schlesien einflußreich war.

In Stadt und Bezirk von Łódź haben die deutschen Sozialisten eine nicht unbedeutende Rolle gespielt; sie blieben bis zum letzten Moment aktiv, als der Angriff des nationalsozialistischen Deutschland auf Polen erfolgte. Ihre Organisation war die ‚Deutsche Sozialistische Arbeiterpartei' (DSAP) unter Emil Zerbe. Auf lokaler Ebene haben sie mit den polnischen und jüdischen Sozialisten gut zusammengearbeitet. Mit Sitz in Łódź existierte in Polen auch ein ‚Deutscher Kultur- und Wirtschaftsbund' unter Hans Kohnert, der immer pragmatisch auf die Zusammenarbeit mit der polnischen Regierung ausgerichtet war.

Die regierende Partei der Piłsudski-Erben, seit Anfang 1937

in Form des genannten ‚Lagers der Nationalen Einigung' *(OZN)* organisiert, war Träger der sogenannten Staatsideologie ohne weltanschaulich bedingtes Programm; sie suchte ihre Anhänger in der politischen Mitte und in der letzten Vorkriegszeit auch bei Splittergruppen, die sich von der Nationalen Partei getrennt hatten. Schon nach Piłsudskis Tod hat ein Teil seiner politischen Erben sich ziemlich weit mit dem rechten Lager arrangiert, unter anderem auch auf der Ebene des wirtschaftlichen Antisemitismus, was der eigentlichen Einstellung Piłsudskis völlig fremd war. Der polnische politisch, wirtschaftlich oder auch religiös bedingte Antisemitismus war in keiner Weise mit der NS-deutschen Theorie und Praxis zu vergleichen; aber man muß alle Erscheinungen dieser Art nicht nur als moralischen, sondern auch als politischen Fehler bezeichnen, der dem polnischen Ruf in den westlichen Demokratien sicherlich geschadet hat.

Die Politik der letzten Vorkriegsjahre besaß für die nationalen Minderheiten weder ein umfassendes Programm noch hatte sie eine glückliche Hand. Die zahlenmäßig stärkste und bestorganisierte Minderheit in Polen, die Ukrainer (über 4,5 Millionen) geriet infolgedessen immer mehr in Gegensatz zum Staat und wurde extremen nationalen Tendenzen hörig. Was in den früheren Jahren durch die Gewährung der weitgehenden Autonomie möglich war, erschien in der letzten Vorkriegszeit schon als politisch und psychologisch völlig unrealistisch. Gegenüber der weißruthenischen Minderheit hatte man im stillen und in Anbetracht ihrer noch wenig entwickelten politischen Mündigkeit auf eine Politik der milden Polonisierung gesetzt – ein sehr kompliziertes und wenig erfolgversprechendes Bemühen, schon wegen der Zugehörigkeit der weißruthenischen, überwiegend bäuerlichen Bevölkerung zur orthodoxen und nicht zur katholischen Kirche. Die deutsche Minderheit in Polen, auf mindestens 750000 Menschen geschätzt, befand sich in den verschiedenen Woiwodschaften des Staates in unterschiedlicher Lage. Dem musterhaften Zusammenleben der Deutschen und Polen in der Stadt und im Bezirk Łódź stehen die wachsenden Spannungen in Pommerellen gegenüber. Auch im polnischen Ost-Oberschlesien war die Politik gegenüber der deutschen Minderheit nicht konsequent. Selbstverständlich hat die Entwicklung im Dritten Reich rechtsnationale Tendenzen in der Gesinnung der polnischen Deutschen gefördert; dies wurde in der Öffentlichkeit, auch von offizieller polnischer Seite, jedoch so lange verharmlost und verschwiegen, wie die bilateralen Beziehungen mit dem Dritten Reich scheinbar korrekt verliefen, also bis 1938.

II. Die wirtschaftliche Lage

Die wirtschaftliche Situation des jungen polnischen Staates war ziemlich kompliziert. Ende der 20er Jahre hatte man eine gewisse Stabilität auf niedrigem Niveau erreicht und bereits vorher, im April 1924, eine gesunde Währung, den polnischen Złoty, eingeführt.

Im Rahmen der 1925 gesetzlich eingeführten Agrarreform bekamen bis 1938 rund eine halbe Million Bauernfamilien Land zugeteilt. Auch wenn die Agrarfrage noch weit von einer Lösung entfernt war, gehörte die Agrarreform zweifellos zu den positiven Erscheinungen im Wirtschaftsleben der jungen polnischen Republik.

Die dritte bemerkenswerte Errungenschaft der polnischen Wirtschaft war der Ausbau des Hafens in Gdynia (Gdingen) in der Nähe von Danzig; die Durchführung erfolgte ‚in amerikanischem Tempo'. 1922 war Gdynia noch ein Fischerdorf, seit 1923 wurde der Hafen ausgebaut, und 1930 hatte die Stadt bereits 35 000 Einwohner. Der Güterumschlag in dem neuen Hafen betrug 1928 schon zwei Millionen Tonnen und überflügelte bereits 1933 mit sechs Millionen Tonnen den Umschlag des Danziger Hafens. Der Ausbau der Stadt und des Hafens Gdynia galt in der polnischen öffentlichen Meinung als Symbol für wirtschaftliche Leistungsfähigkeit des neuen Staates.[3]

Die Weltwirtschaftskrise der 30er Jahre traf Polen sehr hart. Das lag in erster Linie an seiner Wirtschafts- und Gesellschaftsstruktur, die die Polen von den Teilungsmächten, insbesondere vom zaristischen Rußland und von Österreich, geerbt hatten.

Das Polen der 20er Jahre war ein kaum industrialisiertes, noch sehr rückständiges Agrarland, das mit den kapitalistischen und hochentwickelten Staaten überhaupt nicht konkurrieren konnte. Das Nationaleinkommen sank in den ersten Jahren der Weltwirtschaftsdepression um ein Viertel. Die Bauern hatten am meisten zu leiden; sie konnten weder neue Maschinen kaufen noch ihre Schulden bezahlen oder gar neue Felder erwerben. Inzwischen nahm die Bevölkerung zu; 1919 hatte Polen 26 Millionen Einwohner, 1939 bereits fast 35 Millionen.

Der Größe und der Bevölkerungszahl nach stand Polen in Europa an sechster Stelle, wirtschaftlich jedoch rangierte es auf Platz 15. In den beiden letzten Vorkriegsjahren schien die Krise überwunden; im Jahr 1937 hatte die Produktionshöhe in mehreren Industriezweigen wieder das Niveau des besten Jahres vor der Krise, 1928, erreicht. Der Konsumindex war jedoch 1938 weiterhin niedrig, weil der Lebensstandard auf relativ niedrigem Niveau stand. Die wirtschaftliche Belebung hatte zwar die Arbeitslosigkeit eingedämmt, das Problem aber noch nicht gelöst.

Der erneute wirtschaftliche Aufschwung der Jahre 1936–1939 war im ganzen Land deutlich spürbar – dabei spielten sowohl der staatliche Interventionismus als auch die Verbesserung der landwirtschaftlichen Konjunktur eine wichtige Rolle. Ein Konjunkturprogramm und ein vierjähriger Investitionsplan wurden aufgestellt, große Investitionsvorhaben in Angriff genommen. Durch den Bau des Zentralen Industriereviers (COP) in Kleinpolen wurden in den Jahren 1937 bis 1939 allein hier 100 000 neue Arbeitsplätze geschaffen. Durch Handelsverträge stieg der Export. 1938 war der polnische Außenhandelsumsatz um 40% höher als 1935. Der vierjährige Investitionsplan, der vom 1. Juli 1936 bis zum 30. Juni 1940 laufen sollte, war bereits im März 1939 erfüllt, also ein Jahr und drei Monate vor dem festgelegten Termin. So erarbeitete man einen neuen Dreijahresplan und begann mit der Realisierung. Das geschah in schon angespannter Zeit; der Krieg stand drohend bevor.

Zu den Investitionsvorhaben zählten auch Rüstungsaufträge: Die Luftwaffe und die Flotte mußten modernisiert und ausgebaut werden. Polen gab in den Jahren 1936 bis 1939 um 50%

des Gesamthaushaltes für die Verteidigung des Landes aus. Diese riesige Anstrengung war im Vergleich zum Notwendigen noch viel zuwenig. Zum Vergleich: Deutschland gab in den Jahren 1933 bis 1939 dreißigmal mehr für militärische Zwecke aus als Polen (6,7 Milliarden Złoty). Nur die kleine polnische Kriegsmarine war modern, die Panzerwaffe war unzureichend, die Luftwaffe zwar auf hohem technischen Niveau, aber viel zu klein. So hatte die polnische Luftwaffe zum Beispiel maximal 500 Kampfflugzeuge der ersten Linie gegenüber 2400 Flugzeugen der deutschen Luftwaffe. Die Gesamtzahl der polnischen Militärmaschinen betrug damals um 1350, die der Deutschen um 4250. Bei der unterschiedlichen Größe der Länder waren auch die demographischen Möglichkeiten in bezug auf die statistische Anzahl der Wehrpflichtigen in Deutschland und Polen nicht zu vergleichen[4].

Dazu kam die hoffnungslose geopolitische Lage: Abgesehen vom Tatra-Gebirge im Süden besaß Polen auf allen Seiten geographisch offene, leicht zugängliche Grenzgebiete. Dazu kam die geringe Entfernung der großen Industriezentren und der meisten Großstädte von der deutschen Grenze, besonders im Südwesten und im Norden. Ohne einen starken und handlungsfähigen Bündnispartner ließ diese Situation überhaupt keine wirksame Verteidigung des Landes gegen eine materielle Übermacht zu.

III. Die außenpolitische Situation

Die polnische Außenpolitik hat sich traditionell nach Frankreich hin orientiert; schon 1921 hatten Polen und Frankreich einen Bündnisvertrag geschlossen, in dem Frankreich die Garantie für die damalige polnische Westgrenze übernahm. Doch Marschall Piłsudski schöpfte als einer der wenigen Europäer schon Anfang der 30er Jahre Verdacht, ob auf Frankreich noch unbedingt Verlaß sei. So versuchte er, einen neuen außenpolitischen Kurs einzuschlagen. Seiner Meinung nach konnte Polens Sicherheit allein durch eine Verstärkung seiner eigenen Streitkräfte garantiert werden, nur so könne es sich zwischen der Sowjetunion und Deutschland behaupten.

Zunächst mußte Piłsudski Zeit gewinnen. Er verstand es, die Spannungen zur Sowjetunion relativ früh abzubauen; 1932 schloß Polen einen Nichtangriffspakt mit der UdSSR. Dadurch war die polnische Regierung in der Lage, den deutschen Forderungen nach Grenzrevision und Aufrüstung schärfer entgegenzutreten. Ziel Piłsudskis und seines Außenministers Józef Beck war, „ein von Frankreich weniger abhängiges Polen zur Führungsmacht in Ostmitteleuropa und zum Kristallisationskern eines von der Ostsee bis zur Adria reichenden ‚Dritten Europa' in einer Art Riegelfunktion gegen den expansiven Kommunismus der Sowjetunion und gegen den revisionistischen deutschen Nationalismus zu erheben".[5]

Die Machtübernahme in Deutschland schien die außenpolitische Bedrohung Polens zu vergrößern. Die erste kleine Machtprobe betraf die „Freie Stadt Danzig", die trotz ihres Status zu 90 % deutsch war, auch wenn Polen dort offiziell stark vertreten war mit einer eigenen Post, Recht an Hafen und Eisenbahn und einer kleinen Garnison auf der Westerplatte nahe der Hafenausfahrt, deren Stärke vom Völkerbund festgelegt worden war. Der Senat von Danzig schränkte herausfordernd die Rechte der polnischen Hafenpolizei ein, daraufhin sandte Piłsudski vertragswidrig ein Regiment Soldaten zur Verstärkung auf die Westerplatte. Vorläufig brauchte Hitler, der erst zwei Monate an der Regierung war, noch Ruhe im Osten. Nach Pressionen des Völkerbunds zog Piłsudski das Regiment nach zehn Tagen wieder zurück.[6]

1. Der polnisch-deutsche Nichtangriffspakt von 1934

Im Mai 1933 und später im Herbst des Jahres hat Hitler – sicher aus taktischen Gründen – seine Verständigungsbereitschaft mit Polen angekündigt. Am 26. Januar 1934 haben Polen und Deutschland das auf zehn Jahre befristete Nichtangriffsabkommen geschlossen, das von beiden Seiten als nützlicher Waffenstillstand gewertet wurde.

Dieser plötzliche Schritt fand weder in Polen noch in NS-Deutschland die ungeteilte Zustimmung der überraschten Bevölkerung. Auch in England und besonders in Frankreich gewann man den völlig falschen Eindruck, daß sich Piłsudski Hitler und seinen Ideen verbunden fühlte. Für Hitler lag die Wirkung des Vertrags mit Polen darin, daß die bestehende außenpolitische Isolierung des Dritten Reichs an einer wesentlichen Stelle durchbrochen wurde. Der Vertrag bewirkte ganz sachlich für einige Jahre eine gewisse Verbesserung der Atmosphäre.

„Größere Objektivität in der Berichterstattung und die Pflege eines gutnachbarlichen Tons konnten von heilsamer Wirkung sein, auch wo sie anbefohlen und nicht spontan waren. Das Abkommen mit den verfeindeten Nachbarn hatte die Chance, eine befreiende Tat zu werden, eine staatsmännische Leistung gerade auch insofern, als sie sich über populäre Vorurteile und starre Denkkategorien hinwegsetzte. Die Tatsache allerdings, daß Hitler es war, der das Abkommen mit Polen schloß, machte die Versöhnung von Anfang an nicht recht vertrauenserweckend, zumal die herkömmlichen Gefühle auf beiden Seiten ohnehin gegen den Pakt sprachen."[7]

In der polnischen Presse, die nicht zensiert wurde, kam von rechts und links die Kritik zum Ausdruck.

2. Die Zuspitzung der internationalen Lage

Nach dem Tode Piłsudskis im Mai 1935 bemühte sich der polnische Außenminister Beck intensiv, das bestehende Bündnis mit Frankreich wieder zu beleben. Im April 1936 erreichte er, daß der alte bilaterale Beistandspakt wieder als uneingeschränkt gültig angesehen wurde. Frankreich garantierte Polen günstige Kredite für die Rüstungsziele, was allerdings durch die damalige Abwertung des Franc mehr politische als wirtschaftliche Bedeutung hatte. Die Verschärfung der internationalen Lage in der Zeit des Spanischen Bürgerkriegs ab Sommer 1936 war für Polen eine erneute Prüfung. Trotz grundsätzlich antisowjetischer Haltung lehnte Polen den Beitritt zu dem am 25. November 1936 geschaffenen Antikomintern-Pakt kategorisch ab.

Die Erklärungen Hitlers im November 1937 und im Februar 1938, den Status quo der Freien Stadt Danzig respektieren zu wollen, wirkten beruhigend auf Polen. Aber schon kurz danach sollte die deutsche Seite ihre Karten aufdecken und die Träume der polnischen Politiker von der Schaffung eines neutralen Blocks der kleineren Staaten Ostmitteleuropas zum Zusammenbruch bringen.

Der Anschluß Österreichs im März 1938 und noch vielmehr die Münchner Entscheidung vom 29. September 1938 verschlechterten die polnische Situation weiter. Ganz anders wurde in der polnischen öffentlichen Meinung der Druck bewertet, den die polnische Regierung ihrerseits auf die Tschechoslowakei ausübte; parallel zu und im Anschluß an das deutsche Vorgehen versuchte Warschau, das seit langem bestehende Problem der polnischen Minderheit in dem sogenannten Teschener Gebiet (240000 Menschen auf einem Territorium von 1000 qkm Größe) zugunsten Polens zu lösen. Zwar hatte die Prager Regierung bereits im Mai 1938 der polnischen Regierung versprochen, die Frage der polnischen Minderheit im Teschener Gebiet analog dem sudetendeutschen Problem zu behandeln; doch der Vollzug dieses Versprechens, die Abtrennung des Teschener Gebietes (mit den Städten Freistadt, Karwin und Oderberg) am 1. Oktober 1938 und seine Angliederung an Polen hat zweifellos einen schlechten Eindruck bei den demokratischen westlichen Verbündeten Polens gemacht[8]. In Berlin dagegen wurde dieser polnische Schritt als politisch unerwünschte, weil selbständige polnische Entscheidung verstanden. Die deutsche Politik fand sich nur deswegen so leicht damit ab, weil dort bereits eine andere – den Polen noch nicht bekannte – globale Lösung beschlossene Sache war.

Hitlers aggressive Politik gegenüber Polen wurde am 24. Oktober 1938 klar: Hitler schlug den Anschluß Danzigs an das Reich und die Schaffung einer exterritorialen Verkehrslinie durch den sogenannten ‚Korridor' vor, bei gleichzeitiger Grenzgarantie. Die Besprechungen wurden mit dem polnischen Außenminister Beck auf dem Obersalzberg und mit Ribbentrop in Warschau im Januar 1939 fortgesetzt. Józef Beck lehnte die

Vorschläge schließlich ganz deutlich ab, das hinderte Hitler aber nicht daran, sie ultimativ am 21. März 1939 in einer Unterredung zwischen Ribbentrop und dem polnischen Botschafter Lipski zu wiederholen.[9] Damals konnte man noch nicht wissen, daß bereits am 24. November 1938 der Chef des Oberkommandos der Wehrmacht, Wilhelm Keitel, einen Nachtrag zur „Führer-Weisung" vom 21. Oktober 1938 unterschrieben hatte, indem es hieß: Es „sind auch Vorbereitungen zu treffen, daß der Freistaat Danzig überraschend von deutschen Truppen besetzt werden kann ... Voraussetzung ist eine handstreichartige Besetzung von Danzig unter Ausnützung einer politisch günstigen Lage, nicht als Krieg gegen Polen ... Die Besetzung durch das Heer hat von Ostpreußen aus zu erfolgen." [10]

Nach der Aufteilung der Tschechoslowakei und der faktischen Liquidierung der Souveränität dieses Landes am 14./15. März 1939 mußten alle deutschen Vorschläge noch weniger glaubwürdig wirken als vorher. Es schien klar zutage zu treten, daß die gegenüber den Tschechen so erfolgreiche Methode des Mißbrauchs der deutschen Minorität zum Zweck einer inneren Zerstörung eines Nachbarstaates jetzt durch Hitlers Politik auf Polen angewandt werden sollte. Nachdem Hitler-Deutschland durch den Einmarsch in die Tschechoslowakei das Münchner Abkommen gebrochen hatte und die Engländer gleichzeitig einen Konsultationspakt vorschlugen, lehnte die polnische Regierung die deutschen Danzig-Vorschläge am 26. März 1939 ganz klar ab. Mit dieser Ablehnung begann eine verstärkte diplomatische Aktivität und ein Nervenkrieg. Die Meldungen über die akuten deutsch-polnischen Spannungen veranlaßten Premierminister Chamberlain zu einem schnellen und ungewöhnlichen Schritt: In der Garantieerklärung für Polen vom 31. März 1939 hielt London fest: „Im Falle irgendeiner Handlung, welche die Unabhängigkeit Polens klar bedroht und gegen welche die polnische Regierung es dementsprechend für notwendig erachtet, mit ihren nationalen Kräften Widerstand zu leisten, würde sich die Regierung Seiner Majestät sofort verpflichtet fühlen, der polnischen Regierung alle in ihren Kräften stehende Hilfe zu leisten."[11]

In der deutschen Kriegsplanung wurde der Überfall auf Polen als ‚Fall Weiß' getarnt und in den Akten des OKW, des Oberkommandos der Wehrmacht, unter dem Datum des 3. April 1939 geführt. Schon an diesem Tag war in einem Befehl festgehalten, die Durchführung des ‚Fall Weiß' müsse jederzeit ab dem 1. September 1939 möglich sein.

3. Die letzten Rettungsversuche auf internationaler Ebene

Die Lage spitzte sich zu: Am 2. April wollte der polnische Außenminister in London die einseitige britische Garantie durch einen bilateralen Beistandspakt erweitern. Er hatte den Auftrag, nur eine geheime Vereinbarung zu erreichen, um Hitler nicht unnötig zu reizen. Aber Beck unterschrieb am 6. April 1939 öffentlich den vorläufigen polnisch-britischen Beistandsvertrag.

Hitler nahm im Reichstag öffentlich Stellung dazu: Am 28. April warf er der englischen Regierung „unprovozierte Einkreisungspolitik" und der polnischen Regierung den einseitigen Bruch des deutsch-polnischen Paktes von 1934 vor. In dieser Rede veröffentlichte er auch zum ersten Mal die Vorschläge über Danzig, die er der polnischen Regierung seit Oktober 1938 gemacht hatte.[12] Polen zögerte nicht lange mit der Antwort: Der polnische Außenminister Beck erklärte am 5. Mai 1939 in einer Rede im Parlament, die durch den Hörfunk im ganzen Land live übertragen und gehört wurde, daß für Polen der Frieden ein kostbares Gut sei, aber nicht der Frieden um jeden Preis: Die Ehre der polnischen Nation stünde höher.

Für Polen war die Situation zu diesem Zeitpunkt außerordentlich bedrohlich geworden. Die Sowjetregierung hatte am 10. März 1939 angedeutet, daß sie zu Verhandlungen mit Deutschland bereit sei; am 3. Mai 1939 wurde diese Bereitschaft durch die Demission des westlich orientierten Außenministers Litvinov, der jüdischer Herkunft war, bekräftigt.[13] Aber weder das polnische Außenministerium noch die Mehrheit der westlichen Diplomaten sahen in diesem Schritt schon eine sowjetrussische Offerte an Hitler.

Das Protokoll von Hitlers Ausführungen vor den obersten

Befehlshabern der Wehrmacht am 23. Mai 1939 zeigt deutlich seine damaligen Vorstellungen: „Nach sechs Jahren ist die heutige Lage folgende: Nationalpolitische Einigung der Deutschen ist erfolgt außer kleinen Ausnahmen. Weitere Erfolge können ohne Blutvergießen nicht mehr erzwungen werden ... Danzig ist nicht das Objekt, um das es geht. Es handelt sich für uns um die Erweiterung des Lebensraumes im Osten ... Das Problem Polen ist von der Auseinandersetzung mit dem Westen nicht zu trennen. Es entfällt also die Frage, Polen zu schonen, und bleibt der Entschluß, bei erster passender Gelegenheit Polen anzugreifen. An eine Wiederholung der Tschechei ist nicht zu glauben. Es wird zum Kampf kommen. Aufgabe ist es, Polen zu isolieren. Das Gelingen der Isolierung ist entscheidend."[14] Die politische Isolierung Polens gelang weitgehend, aber nicht vollständig.

Einen Tag vor der Unterzeichnung des für Europa folgenreichen deutsch-sowjetrussischen Nichtangriffspaktes versammelten sich am 22. August die Heeresgruppen- und Armeeführer der drei Wehrmachtsteile auf dem Obersalzberg. Das Gedächtnisprotokoll von Generaloberst Halder hält die Worte des „Führers" fest: „Wir müssen mit rücksichtsloser Entschlossenheit das Wagnis auf uns nehmen. Der Politiker muß ebenso wie der Feldherr ein Wagnis auf sich nehmen. Wir stehen vor der harten Alternative zu schlagen oder früher oder später mit Sicherheit vernichtet zu werden. Eiserne, unerschütterliche Haltung aller Verantwortlichen. Ziel: Vernichtung Polens – Beseitigung seiner lebendigen Kraft. Es handelt sich nicht um Erreichen einer bestimmten Linie oder einer neuen Grenze, sondern um Vernichtung des Feindes, die auf immer neuen Wegen angestrebt werden muß."[15] Die sachliche Analyse dieser Texte erklärt zweifellos viel von den später angewandten Methoden der Kriegführung in Polen und der Behandlung der polnischen Bevölkerung.

Am 23. August 1939 wurde der deutsch-sowjetische Nichtangriffspakt abgeschlossen. Er enthielt ein „geheimes Zusatzprotokoll", eine Teilungsvereinbarung über die Interessensphären Deutschlands und der Sowjetunion für den Fall, daß die polnischen Republik ausgelöscht würde. Am 25. August 1939 unterzeichnete die polnische Regierung definitiv den Beistandspakt mit Großbritannien; ihr war die Bedeutung der deutsch-sowjetischen Vereinbarung jetzt schemenhaft bekannt. Die britische Regierung wollte ihren Entschluß, Polen militärisch zu unterstützen, weltöffentlich machen und auf diese Weise Hitler warnen. Durch diesen Schachzug erreichten Polen und Großbritannien immerhin, daß Hitler am Abend des 25. August seinen bereits gegebenen Befehl, mit den Operationen am 26. August zu beginnen, zurücknahm und später auf den 1. September 1939 festlegte.[16]

IV. Die Reaktion auf den Kriegsausbruch

Alle polnischen Parteien, auch die in der schärfsten Opposition zur Regierung stehenden Gruppen und Gruppierungen, haben im Frühjahr 1939 völlig und eindeutig die Entscheidung der Regierung zur Verteidigung der Souveränität Polens begrüßt. Es ist wortwörtlich keine einzige politische Partei oder Gruppierung bekannt, die damals anderer Meinung gewesen wäre. Auch die polnischen Juden haben selbstverständlich den Verteidigungskrieg gegen die Bedrohung Polens durch Hitler-Deutschland positiv bewertet und von Anfang an opferbereit akzeptiert.

In den breiten Massen herrschte der Geist der Solidarität und die tiefe Überzeugung, daß man für die gerechte Sache kämpfen müsse. Die Verteidigung des bedrohten Vaterlandes galt allen als gerechte Sache, andere politische Kriegsziele wurden anfangs nicht formuliert. Das allgemeine, überall verständliche Ziel war die Verteidigung der Integrität des Landes. Als verständliche Begleiterscheinung etablierte sich jedoch schon in den ersten Kriegstagen das Bewußtsein, daß das zukünftige Polen andere, sicherere Grenzen haben müsse. Man verwies dabei u. a. auf die Grenze im Norden (gegenüber Ostpeußen), deren Unsicherheit sich erwiesen habe und die künftig so nicht mehr tolerierbar sei.

Mit den ersten Schüssen des Schulschiffes der deutschen Kriegsmarine ‚Schleswig Holstein' auf die Westerplatte bei

Danzig um 4.45 Uhr früh am 1. September 1939 fing der blutigste Weltkrieg an, der in Europa bis zum 8. Mai 1945 und auf dem fernöstlichen Kriegsschauplatz noch länger bis zum August 1945 dauern sollte. Nach dem Krieg zugänglich gewordene Archivdokumentationen haben bewiesen, daß auch eine polnische Nachgiebigkeit 1939 den Krieg nicht hätte vermeiden können.

Für Polen „beendete die Kriegskatastrophe" – wie das Gotthold Rhode, ein Deutscher aus Posen, geboren 1916 und ehemaliger polnischer Staatsbürger, nüchtern bewertet – „nicht nur den Zeitraum polnischer Geschichte, in dem das Geschick des polnischen Volkes und seines Staates entscheidend von ihm selbst gestaltet werden konnte. Sie riß weite Kreise des polnischen Volkes auch in furchtbarer Weise aus Vorstellungen heraus, die ihm in einer Zeit der Politik der Stärke und der faits accomplis suggeriert worden waren. Dieser Schock der Septembertage 1939, der außerhalb Polens kaum nachempfunden werden kann, beeinflußt auch des Verhältnis des polnischen Volkes zu seiner Geschichte, die ihm zum Teil noch immer als Bestätigung eigener Größe und einer besonderen Sendung innerhalb Europas, zum Teil aber auch als Beweis eines tragischen Irrwegs durch Jahrhunderte hindurch erscheint."[17] Das geschichtsbewußte heutige Polen versteht Hitlers damalige Entscheidung als Ursache einer Kettenreaktion, die die jetzige politische Spaltung in Europa und den jetzigen politischen Zustand der mittel- und osteuropäischen Länder, einschließlich des Schicksals der Deutschen, die in der Deutschen Demokratischen Republik leben, zur logischen Folge hatte.

Der deutsche Historiker mittlerer Generation, Jörg K. Hoensch, Jahrgang 1935, beurteilt die Lage so: „Als die krisenhafte Zuspitzung der gesamteuropäischen Lage im Sommer 1939 der polnischen Staatsnation die erneute Gefährdung ihrer Eigenstaatlichkeit bewußt machte, rückte sie trotz aller trennenden sozioökonomischen und ideologischen Gräben zu einer unverbrüchlichen Einheit zusammen. In den zwanzig Jahren der Zweiten Republik war Polen über die alten Teilungsgrenzen und die einstige Teilgebietshaltung hinweg zu einem modernen

Staatswesen zusammengewachsen, das zwar bei der – durch die Weltwirtschaftskrise zusätzlich erschwerten – Modernisierung seiner Wirtschafts- und Sozialordnung und bei der Integration der Nationalitäten weitgehend versagt, aber der Bevölkerung ein lebendiges, unzerstörbares Nationalbewußtsein, Einsatz- und Opferbereitschaft sowie Vertrauen in die politische und militärische Führung vermittelt hatte. Dem rücksichtslosen Expansionswillen Hitlers und der Skrupellosigkeit Stalins konnte Polen aber auch im Bündnis mit den Westmächten nicht standhalten – mit der leichtsinnigen Auslösung des Zweiten Weltkriegs, der trotz tapferer militärischer Gegenwehr raschen Zerschlagung und Aufteilung sowie der von der deutschen Lebensraum- und Rassenideologie diktierten unbarmherzigen deutschen Besatzungspolitik begann die leidvollste Phase der polnischen Geschichte.“ [18]

Helmut Altrichter

Unauflösbare Widersprüche
Die sowjetische Politik und der Kriegsausbruch

Faschismus sei „Konterrevolution", „zügellosester Chauvinismus", „die wütendste Offensive des Kapitals gegen die werktätigen Massen". Faschismus sei der „schlimmste Feind der Arbeiter und aller Werktätigen" und der deutsche Nationalsozialismus seine „reaktionärste Abart". Dieses „rasende" Regime „rottet in den Gefängnissen und Konzentrationslagern die Blüte der Arbeiterklasse, ihre Führer und Organisatoren aus. Es hat die Gewerkschaften, die Genossenschaften und alle legalen Organisationen der Arbeiter und auch alle anderen nichtfaschistischen, politischen und kulturellen Organisationen vernichtet. Es hat den Arbeitern die elementarsten Rechte der Verteidigung ihrer Interessen geraubt. Es hat ein kulturell hochstehendes Land in geistige Finsternis gestürzt und in einen Herd der Barbarei und des Krieges verwandelt. Der deutsche Faschismus ist der Hauptanstifter eines neuen imperialistischen Krieges". So hatte der VII. Weltkongreß der Kommunistischen Internationale im Sommer 1935 seine Stellung zum nationalsozialistischen Deutschland umrissen und die Entlarvung, Isolierung und den Sturz des „Hitlerfaschismus" zur wichtigsten taktischen Aufgabe aller kommunistischen Parteien erklärt.[1]

Vor diesem Hintergrund läßt sich erahnen, welche Verwirrung am 24. August 1939 die Nachricht der ›Pravda‹ ausgelöst haben muß, daß die sowjetische Regierung in der Nacht zuvor mit eben diesem nationalsozialistischen Deutschland ein Abkommen geschlossen hatte. Dem sogleich veröffentlichten Vertragstext war zu entnehmen, daß beide Teile sich künftig „jeder aggressiven Handlung" gegeneinander enthalten und sich an keiner Mächtegruppierung beteiligen wollten, die sich direkt oder indirekt gegen den anderen richtete. Streitigkeiten sollten

„auf dem Wege freundschaftlichen Meinungsaustausches" bereinigt werden. Der Vertrag war gleich auf 10 Jahre geschlossen und sollte sich automatisch um weitere 5 Jahre verlängern, wenn er nicht ein Jahr vor Ablauf von einer der beiden Seiten gekündigt wurde.[2] War Faschismus nicht eben noch „die offene, terroristische Diktatur" gewesen, der deutsche Faschismus der „Stoßtrupp der internationalen Konterrevolution", der barbarische Folterknecht der Arbeiterklasse, der „Hauptanstifter des imperialistischen Krieges"? Und beanspruchte die Sowjetunion nicht, das „große Vaterland aller Werktätigen", ein „Bollwerk" für die Verteidigung der Rechte des Weltproletariats, für die Erhaltung von Frieden und nationaler Unabhängigkeit zu sein?[3] Wie konnte es dann zwischen beiden ein „freundschaftliches" Einvernehmen geben?[4] Nicht nur die kommunistische Welt war irritiert.

Die Irritation wäre zweifellos noch sehr viel größer gewesen, wenn man gewußt hätte, daß die vertragschließenden Parteien zuvor „in einer streng vertraulichen Aussprache" Osteuropa unter sich aufgeteilt hatten. Für „den Fall einer territorial-politischen Umgestaltung", so vereinbarten sie in einem geheimen Zusatzprotokoll, sollten Finnland, Estland und Lettland, Polen östlich des Narew, der Weichsel und des San sowie Bessarabien im Südosten Europas zur sowjetischen, das übrige Mittel- und Nordosteuropa zur deutschen Interessensphäre gehören. Ob bei einer Neuordnung der Grenzen ein polnischer Reststaat erhalten oder Polen ganz von der Landkarte radiert werden sollte, wollten die beiden Regierungen zu gegebener Zeit prüfen und auf dem Wege einer freundschaftlichen Verständigung entscheiden. Das alles waren keine bloßen Planspiele. Der deutsche Überfall auf Polen stand unmittelbar bevor, und der Nichtangriffspakt mit der Sowjetunion sollte den Rücken freihalten, falls die Westmächte ihre Drohung wahrmachten und Polen zur Seite traten. Anders als in früheren Verträgen[5] hatte die Sowjetunion ihre unbedingte Neutralität, auch für den Fall, daß Deutschland der Aggressor war, zugesichert, und weil Hitler die Zeit drängte, trat der Vertrag – ebenfalls wider die völkerrechtliche Praxis – sofort in Kraft, nicht erst nach seiner Ratifizierung.

Die Sowjetunion hielt ihre Vertragsverpflichtungen ein und demonstrierte – kaum einen Monat später – vor aller Welt ihre neue Partnerschaft mit dem Dritten Reich: Am 17. September 1939 marschierte die Rote Armee auf ganzer Front in Ostpolen ein, und 11 Tage später schlossen Deutschland und die UdSSR einen „Grenz- und Freundschaftsvertrag": Zynisch konstatierten sie darin das „Auseinanderfallen des bisherigen Polnischen Staates" und verkündeten, daß es nun „ausschließlich" ihre Aufgabe sei, Ruhe und Ordnung in diesen Gebieten wiederherzustellen. Die von ihnen vorgenommene Abgrenzung der Interessensphären[6] sei „endgültig", „jegliche Einmischung dritter Mächte" unerwünscht. In einem anschließenden Notenwechsel vereinbarte man auch den kräftigen Ausbau der Wirtschaftsbeziehungen. Zur Grundlage dafür wurde das am 11. Februar 1940 abgeschlossene deutsch-sowjetische Wirtschaftsabkommen: Es sicherte Hitler umfangreiche sowjetische Lieferungen von Rohstoffen und Nahrungsmitteln im Austausch gegen Maschinen und Rüstungsgüter aus Deutschland. Sie erlaubten Hitler den Aufbau von Vorratslagern, die zu Kriegsbeginn noch gefehlt hatten, so daß die Bevorratung – dank sowjetischer Lieferungen – während des ganzen Krieges nie so gut war wie zum Zeitpunkt des Überfalls auf die Sowjetunion im Juni 1941.[7]

Nichtangriffspakt, Grenz- und Freundschaftsvertrag, Wirtschaftsabkommen – was blieb da noch von der Faschismustheorie und -kritik der Kommunistischen Internationale, wie sie in den 20er und 30er Jahren formuliert und lautstark verkündet worden war? Warum hatte sie aufgehört, der sowjetischen Außenpolitik als Leitlinie zu dienen? Welche Ziele verfolgte die Sowjetunion nun, im Pakt mit dem nationalsozialistischen Deutschland? Bei der Beantwortung dieser zugegebenermaßen komplexen Fragen müssen wir etwas ausholen, zunächst – in einem ersten Teil – ein klein wenig ausführlicher über die kommunistische Faschismusdiskussion reden. Sodann soll – in einem zweiten Teil – von Zielen und Prioritäten der sowjetischen Außenpolitik die Rede sein. Da die sowjetische Außenpolitik von der Lage im Innern nur schwer zu trennen ist, werde ich auch sie – in einem dritten Teil – kurz darzustellen versuchen.

Manche Widersprüche der sowjetischen Politik werden sich dabei auflösen, andere bleiben. Sie hingen mit den Geburtsfehlern dieses Staates zusammen. Von ihnen wollen wir im abschließenden – vierten – Teil sprechen.

I. Der Nationalsozialismus und die Kommunistische Internationale

1919 hatten sich in Moskau kommunistische Parteien und Gruppierungen zu einem Dachverband, der Kommunistischen Internationale zusammengeschlossen. Ihr gemeinsames Ziel war die Verwirklichung der proletarischen Weltrevolution und die Ersetzung der bürgerlichen Demokratien durch Räterepubliken nach dem Vorbild der Sowjetunion. Strategie und Taktik sollten auf ‚Weltkongressen' besprochen und aufeinander abgestimmt werden. Die Weltkongresse wählten ein ‚Exekutivkomitee'; es hatte in der Zeit zwischen den Kongressen die Arbeit der nationalen kommunistischen Parteien zu leiten, die als ‚Sektionen' der Kommunistischen Internationale beigetreten waren.[8] So entwickelte sich aus bescheidenen Anfängen ein zentralistischer Apparat mit Sitz in Moskau.

1919 hatte man geglaubt, schon unmittelbar vor der großen Wende zu stehen, der Weltgegensatz zwischen bürgerlichem und proletarischem Lager spitze sich immer mehr zu, das alte Europa sause „in tollem Tempo" der kommunistischen Revolution entgegen.[9] Anfang der 20er Jahre verflogen diese Hoffnungen allmählich, statt dessen sah sich die Komintern mit einem Phänomen konfrontiert, das in ihrem Weltszenarium nicht vorgesehen war: mit antimarxistischen (und antiliberalen) Massenorganisationen, die sich revolutionärer Kampfmethoden bedienten. Sie ergriffen in Italien – unter dem Namen Faschismus – die Macht und erhielten auch in Deutschland – unter dem Namen Nationalsozialismus – kräftigen Zulauf.

Die Komintern war irritiert, doch sehr schnell fügte sie den Faschismus und seine deutsche Variante in ihr Weltbild ein: Der Faschismus sei nichts anderes als ein Instrument der kapitalistischen „Gegenoffensive". Bei der Verteidigung des bürgerlichen Staates waren die traditionellen bürgerlichen Parteien und Gruppierungen der sozialistischen Herausforderung nicht mehr gewachsen gewesen; so entstand eine bürgerliche Partei neuen Typs, der Faschismus. Faschismus sei nur eine andere Ausformung bürgerlicher Herrschaft, zwischen bürgerlicher Demokratie und faschistischer Diktatur bestünde kein „prinzipieller Unterschied". War der Faschismus aber nur Ausdruck der Krise des bürgerlich-kapitalistischen Systems, so bestand für die Komintern auch kein Anlaß, Strategie und Taktik zu überprüfen.

Seit der Niederlage des deutschen Rechtsradikalismus im Hitler-Putsch 1923 meinte man auch, vor seiner generellen Überschätzung warnen zu müssen. Für Zinov'ev, den damaligen Vorsitzenden des Exekutivkomitees der Komintern, schrumpfte der italienische Faschismus „historisch gesehen" zur bloßen „Komödie", und „Hitler und Co." hielt er mehr für „Narren und Spaßmacher" als für „ernsthafte Politiker". Die Stimmen mehrten sich, die den Umstand, daß die Faschisten in Italien die Macht ergreifen und behaupten konnten, mit der relativen Unterentwicklung des Landes erklärten. In hochentwikkelten kapitalistischen Staaten habe der Faschismus klassischer italienischer Ausprägung dagegen kaum eine Chance. Diese Auffassung setzte sich in der zweiten Hälfte der 20er Jahre immer mehr fest, und so wurden die Kommunisten vom Wiederaufstieg des Nationalsozialismus Anfang der 30er Jahre völlig überrascht.[10]

Die revolutionäre Welle war, wie gesagt, Anfang der 20er Jahre langsam verebbt, und Mitte des Jahrzehnts mußte auch die Kominternführung eingestehen, daß sich die Verhältnisse weitgehend wieder stabilisiert hatten. Nur wenige Jahre später – 1928/29 – sah man jedoch erneut eine „revolutionäre Situation" heranreifen. Die europäische Nachkriegsentwicklung sei in ihre „dritte", möglicherweise entscheidende Periode eingetreten: Die Radikalisierung innerhalb des europäischen Proletariats nehme immer mehr zu, die organisierte Arbeiterschaft setze zu einem neuen Sturm auf das kapitalistische System an. Nun sei es auch an der Zeit, sich von den „Rechtsabweichlern" innerhalb der kommunistischen Bewegung zu trennen, die den revolutionären Trend der Zeit nicht erkannten, die Notwendigkeit des immer härter werdenden Klassenkampfes leugneten und weiterhin einen „versöhnlerischen" Kurs zu steuern versuchten.

Ebenso wichtig, ja fast noch wichtiger war es aus der Sicht der Kominternführung, sich von der Sozialdemokratie abzusetzen: Sie spalte die Arbeiterbewegung, schwäche damit die Sache der Revolution und helfe, unter der „Maske" des Sozialismus die bürgerliche Herrschaft aufrechtzuerhalten. In den hochentwickelten kapitalistischen Ländern sei sie und nicht der klassische Faschismus die wichtigste Stütze des Monopolkapitals, deshalb müsse auch sie und nicht der klassische Rechtsradikalismus zum Hauptfeind erklärt werden. Mit der Übernahme von faschistischen Funktionen, der Sicherung bürgerlicher Herrschaft gegen den Ansturm des Weltproletariats würden die Sozialdemokraten selbst zu Faschisten. Die neue Generallinie galt insbesondere für Deutschland. Mit den „Sozialfaschisten von der SPD" sollte es keine Gemeinsamkeiten geben, sie waren als „Hauptfeind der Arbeiterklasse" kompromißlos zu bekämpfen. Durch den Umstand, daß just zur gleichen Zeit der kometenhafte Wiederaufstieg der NSDAP begann, ließ man sich nicht beirren. Zu fest war die Überzeugung, daß ihre Erfolge in einem hochentwickelten Land nicht von Dauer sein könnten. So feierte man die Verluste der SPD bei den Reichstagswahlen von 1930 und 1932, noch mehr die eigenen Gewinne, sah beide als Bestätigung für die Richtigkeit des Kurses. Selbst vor punktuellen Aktionseinheiten mit den Nationalsozialisten gegen das Weimarer System schreckte man nicht zurück, nicht ohne gleichzeitig mit steter Regelmäßigkeit den demnächst zu erwartenden „Zerfall" der nationalsozialistischen Bewegung vorauszusagen.

Selbst als im Januar 1933 das völlig Unerwartete dann doch geschah und Hindenburg Hitler zum Reichskanzler berief, beharrte man auf der Richtigkeit der eigenen Taktik. Hitler, so sagte die ›Pravda‹ in einer ersten Reaktion, sei die „letzte Karte" der Bourgeoisie. Wie alle nachfolgenden Stellungnahmen ging sie davon aus, daß die nationalsozialistische ‚Machtergreifung' den Untergang des kapitalistischen Systems nicht aufhalten, sondern beschleunigen würde; zu tief sei die ökonomische Krise, zu mächtig das Anschwellen der revolutionären Massenbewegung. Man rechnete mit baldigen Konflikten und Machtkämpfen, die das bürgerliche Lager schwächen, und Schlägen gegen die organisierte Arbeiterschaft, die nur deren Kampfbereitschaft steigern würden. So sei der Faschismus ein letztes Aufbäumen, ein Übergangsstadium, an dessen Ende – notwendig – der Zusammenbruch der bürgerlichen Herrschaft, der Bankrott des kapitalistischen Systems, der Triumph des Sozialismus stehen werde.[11]

Daß es Hitler gelingen könnte, die organisierte Arbeiterschaft, SPD und KPD binnen weniger Monate völlig auszuschalten, schien den Kominternstrategen undenkbar. Und auch die außenpolitischen Gefahren wurden eher unterschätzt. Zwar wußte man um Hitlers Revisions-, Expansions- und ‚Lebensraum'-Programm und warnte früh vor einem neuen „imperialistischen Krieg". Doch beruhigte man sich gleichzeitig: Die Hitlersche Außenpolitik beschleunige die „revolutionäre Krise", werde Deutschland rasch in die Isolation führen, und eine Verwirklichung des Ostprogramms würde das „internationale Proletariat" aus Solidarität mit der Sowjetunion ohnehin niemals zulassen.

An der Grundeinschätzung der Komintern hatte sich nichts geändert, Faschisten und Nationalsozialisten galten weiterhin als bloße „Werkzeuge" und „Handlanger" der „am meisten reaktionären, chauvinistischen und imperialistischen Elemente des Finanzkapitals"; Faschismus blieb eine „Form bürgerlicher Klassenherrschaft".[12] Immerhin räumte der VII. Weltkongreß der Komintern zwei Jahre später vorsichtig ein, daß der Machtantritt des Faschismus wohl doch mehr war als nur ein Wechsel von einer bürgerlichen Regierung zur anderen; es sei ein schwerer Fehler gewesen, die Bedeutung der verschiedenen Formen bürgerlicher Herrschaft, die Unterschiede zwischen bürgerlicher Demokratie und offener terroristischer Diktatur zu unterschätzen. Er distanzierte sich gleichzeitig von der Bezeichnung der Sozialdemokratie als „Sozialfaschisten" und forderte ein breites Bündnis der antifaschistischen Kräfte als Voraussetzung für den Sturz der Diktatur.[13]

Die Korrekturen waren halbherzig: Weiterhin gab man der Sozialdemokratie die Hauptschuld an der nationalsozialistischen Machtergreifung, der ideologische Kampf mit ihr sollte fortgesetzt werden, und am Ziel, der proletarischen Revolution, der Errichtung der Diktatur des Proletariats und der Ersetzung der parlamentarischen Demokratie durch ein Rätesystem nach bolschewistischem Muster, hatte sich nichts geändert. Vor allem kamen die Korrekturen, kam der Ruf nach einer ‚Volksfront' zu spät: Die sozialdemokratischen und kommunistischen Parteiorganisationen waren inzwischen zerschlagen, die bürgerlichen ebenso, und Ersatzkräfte des Widerstands nicht in Sicht. Noch bevor der neue Kurs richtig greifen konnte, endete er auch schon wieder. Mit dem Abschluß des Hitler-Stalin-Paktes stellte die Komintern ihren antifaschistischen Kampf ein, und die Sozialdemokratie und die bürgerlichen Staaten des Westens wurden wieder zum Hauptfeind.

Zog man Bilanz über zwei Jahrzehnte kommunistischer Faschismusdiskussion, so fiel sie negativ aus: Die Zuordnung des Faschismus als Form und Instrument bürgerlicher Herrschaft unterschätzte seine Eigenständigkeit und Eigendynamik. Die Prognose, daß er in hochentwickelten Ländern kaum eine Chance haben würde, erwies sich als voreilig. Die Konzentration des politischen Kampfes auf den sozialdemokratischen „Hauptfeind" half mit bei der Zerstörung der Weimarer Demokratie, sie erschwerte die Bildung einer antifaschistischen Front und erleichterte Hitler den Weg zur Macht. Alle Kurskorrekturen kamen zu spät, an Überzeugungskraft fehlte es ihnen obendrein. Solche theoretischen Bemühungen waren ungeeignet, der Politik länger als Leitlinie zu dienen.

Liegt darin eine Erklärung für die Wende, die die sowjetische Außenpolitik 1939 vollzog? Die Erklärung wäre zu einfach. Denn schon für die zweite Hälfte der 20er Jahre läßt sich zeigen, daß nicht die Theoriediskussionen der Komintern die Praxis der sowjetischen Politik bestimmten, sondern umgekehrt die

Interessen der sowjetischen Politik die kommunistischen Theoriediskussionen.

II. Ziele und Prioritäten der sowjetischen Außenpolitik

Die Bolschewiki waren im Winter 1917/18 mit der Überzeugung angetreten, auf herkömmliche Außenpolitik verzichten zu können. Appelle an die Völker, an die internationale Solidarität des Proletariats sollten die bisherige Geheimdiplomatie ersetzen. Als Trockij im November 1917 den Posten eines Volkskommissars des Äußeren übernahm, meinte er, man werde nur noch „einige revolutionäre Proklamationen" erlassen und dann „die Bude (gemeint war das Außenkommissariat) schließen".[14] Doch die Appelle verhallten ungehört, man hatte die internationale Solidarität des Proletariats überschätzt.

Die Revolutionierung der internationalen Beziehungen blieb aus und das Volkskommissariat des Äußeren erhalten. Die Anerkennung des neuen Staates durchzusetzen und geregelte Beziehungen zur kapitalistischen Welt aufzubauen, wurde seit Ende des Bürgerkriegs zu seiner wichtigsten Aufgabe. Trotz aller weltanschaulichen Unterschiede und mit den Mitteln der traditionellen Diplomatie. Das große Ziel der Revolution war zwar nicht aufgegeben, doch sich in entsprechenden Appellen an die Völker und das Weltproletariat zu wenden, übernahm nun die Komintern.

Die Existenzsicherung des Sowjetstaates besaß dabei eindeutig Vorrang. Schon Lenin hatte so entschieden, als er im Winter 1917/18 den Separatfrieden mit Deutschland durchsetzte. Gegen den heftigen Prostest der Parteilinken, die ihm vorwarfen, mit dem Kapital zu paktieren und die Revolution zu verraten. Erneut galt diese Linie seit 1921, als man sich darum bemühte, das von Krieg und Bürgerkrieg zerstörte Land wieder aufzubauen, auch westliche Hilfe sollte dafür gewonnen werden. Durch den Abschluß eines Vertrages mit Deutschland, im April 1922 in Rapallo, gelang es erstmals, die Isolierung zu durchbrechen: Über die Regelung der diplomatischen Beziehungen hinaus wurden der Ausbau der Wirtschaftskontakte und – streng geheim – die Zusammenarbeit von Reichswehr und Roter Armee vereinbart.

Noch während der 20er Jahre gelang es der sowjetischen Diplomatie, die Anerkennung ihres Staates durch die wichtigsten europäischen Länder zu erreichen; Sowjetrußland beteiligte sich an Abrüstungsgesprächen, trat 1928 dem Kriegsächtungspakt bei und setzte ihn zusammen mit seinen westlichen Anrainerstaaten sogar vorfristig in Kraft; mit der Türkei, Afghanistan, Litauen und Persien wurden Nichtangriffsverträge abgeschlossen; 1931/32 folgten ähnliche Abkommen mit Finnland, Lettland, Estland, Polen und Frankreich. Auch unter Stalin hatte die Existenzsicherung Sowjetrußlands unbedingten Vorrang. Als die Parteilinke 1927 an den weltrevolutionären Auftrag erinnerte und vor einer allzu starken Konzentration auf die Sowjetunion und nur auf die Sowjetunion warnte, hielt Stalin ihr entgegen: Nur der sei ein Revolutionär und Internationalist, der „vorbehaltlos, ohne zu schwanken, ohne Bedingungen zu stellen, bereit ist, die UdSSR zu schützen“ [15]; nur so sei die internationale revolutionäre Bewegung voranzubringen.

Der Primat der Sicherheitspolitik prägte auch das Verhältnis zu faschistischen Staaten: Man versuchte, mit ihnen auszukommen. Im November 1923 hatte man in Moskau mit großer Befriedigung Mussolinis Absichtserklärung zur Kenntnis genommen, die Sowjetunion anzuerkennen. In der zweiten Hälfte der 20er Jahre hatten sich beide Seiten wiederholt um einen Ausbau der Wirtschaftsbeziehungen bemüht. Und im September 1933 schloß die Sowjetunion mit Italien einen Nichtangriffs- und Neutralitätsvertrag, nicht ohne darauf hinzuweisen, daß sie mit allen Staaten – ganz unabhängig vom politischen System – friedliche Beziehungen wünsche.

Mit der gleichen Grundeinstellung gab man Berlin – nach dem 30. Januar 1933 – zu verstehen, daß die Unterschiede in der Weltanschauung die guten deutsch-sowjetischen Beziehungen in keiner Weise zu stören brauchten: Die Sowjetunion beachte strikt den Grundsatz der Nichteinmischung in die inneren Angelegenheiten anderer Staaten. Der sowjetische Außenkommissar Litvinov hatte im Dezember 1932 dem Präsidialkabinett des Generals von Schleicher versichert, er fände es nur „natürlich", wenn man die Kommunisten in Deutschland so behandle, wie man in Rußland Staatsfeinde zu behandeln pflege;[16] und er bekräftigte diese Maxime im Folgejahr mit der noch drastischeren Formel: „Was geht es uns an, wenn ihr eure Kommunisten erschießt." [17] Nicht, daß man ‚Mein Kampf' nicht gelesen und die heftigen Angriffe der NSDAP auf Marxismus und Bolschewismus nicht registriert hätte. Aber man war bereit, sie als „parteipolitische Agitation" abzuhaken; sie brauchten die zwischenstaatlichen Beziehungen nicht zu tangieren, wenn sich die Hitlerregierung dabei von anderem, „staatspolitischem Denken" leiten ließ.[18]

Erst als die antisowjetische Agitation nicht aufhörte, als Deutschland im Januar 1934 mit dem Erzfeind Polen einen Nichtangriffspakt schloß, als Hitler es im März ablehnte, zusammen mit der Sowjetunion die Sicherheit und die Unverletzlichkeit der baltischen Staaten zu garantieren, und im Herbst des gleichen Jahren auch einen von Frankreich vorgeschlagenen Garantiepakt für die Grenzen in Osteuropa verwarf, erst da setzten sich in der sowjetischen Führung diejenigen durch, die ein neues Sicherheitskonzept forderten. Es war ein erster Schritt in diese Richtung, als man sich entschloß, dem Völkerbund beizutreten, den Deutschland und Japan soeben verlassen hatten. Der Friede sei „unteilbar", so fügte Litvinov im Januar 1935 gleichsam erklärend hinzu, und könne nur in gemeinsamen Anstrengungen und mit materiellen Garantien, in einem System der kollektiven Sicherheit, gewahrt werden. Im darauffolgenden Frühjahr schloß die Sowjetunion mit Frankreich und der Tschechoslowakei einen Beistandsvertrag. Der Expansion des nationalsozialistischen Deutschland schienen damit enge Grenzen gesetzt.[19]

Das neue sowjetische Engagement für die Völkerbundidee stieß auf Vorbehalte und Skepsis. In den westlichen Hauptstädten, vor allem in London, hatte man nicht vergessen, daß Lenin die Mitglieder des Völkerbundes mal als „tolle Hunde", mal als „kapitalistische Räuber" bezeichnet hatte; von Stalin stammte die Charakterisierung des Bundes als „Organisation zur Bemäntelung von Kriegsvorbereitungen“, und er bescheinigte ihm nach wie vor „kolossale Mängel“[20]. Der Verdacht lag nahe, daß es der Sowjetunion – anders als vorgegeben – nicht um den allgemeinen Frieden, sondern nur um die eigene Sicherheit ging; wie sonst ließ sich erklären, daß man weiterhin und mit steter Regelmäßigkeit von der „Unvermeidbarkeit eines neuen imperialistischen Krieges“ sprach, zu Befreiungskriegen in den Kolonialländern aufrief und dem kapitalistischen System den Untergang voraussagte.

Aus Sicht der britischen Regierung war die sowjetische Politik doppelbödig und kaum geeignet, den Frieden sicherer zu machen. Ihr eigenes Konzept sah anders aus: Ein dauerhafter Frieden setzte einen allgemeinen Interessenausgleich voraus; auch Deutschland durfte davon nicht ausgenommen werden. Wo seine Kritik am Versailler System berechtigt war, war sie zu berücksichtigen. Nachdem die USA dem Völkerbund nicht angehörten und Deutschland wie Japan ausgetreten waren, schien er als Forum eines allgemeinen Interessenausgleichs, eines ‚general settlement‘, weniger denn je geeignet. Er lief Gefahr, Instrument der Ausgrenzung und Blockbildung zu werden, deren Eigendynamik – wie die Zeit vor dem Ersten Weltkrieg gezeigt hatte – dann kaum mehr zu beherrschen war. Einem solchen Prozeß versuchte sich die britische Regierung mit aller Kraft zu widersetzen, aus wohlverstandenem nationalen Eigeninteresse; denn einen neuen Weltkrieg, so befürchtete man in London, würde das Commonwealth, würde die britische Großmachtstellung nicht überstehen.[21]

Aus ihrer Sicht war es nur konsequent, wenn sie die deutsche Wiederbewaffnung und den Einmarsch ins entmilitarisierte Rheinland hinnahm; auf Dauer war Deutschland die Großmachtstellung nicht zu bestreiten. Mit gleichem Ziel schloß sie mit Deutschland ein Abkommen zur Begrenzung der Flottenrüstung und bemühte sich in Montreux um eine Regelung der Meerengenfrage. Im spanischen Bürgerkrieg versuchte sie, wenn auch vergeblich, den Grundsatz der strikten Nichteinmischung durchzusetzen. Der italienische Angriff auf Abessinien hatte die Schwäche von Völkerbunds-Sanktionen vor Augen geführt; nachträglich erkannte die britische Regierung die italienische Herrschaft in Abessinien an und bemühte sich um einen Interessenausgleich im Mittelmeer. Sie tolerierte den Anschluß Österreichs an Deutschland, schließlich hatte die überwiegende Mehrheit der österreichischen Bevölkerung 1918/19 den Anschluß gewünscht, und sie gestand Hitler in München die Abtretung der Sudetengebiete zu, nach dem Grundsatz des Selbstbestimmungsrechtes der Völker.

Soviel Entgegenkommen gegenüber den „faschistischen Mächten" rief in Moskau wachsende Unruhe hervor. Vergeblich hatte Litvinov im März 1938 gewarnt, die passive Haltung der Westmächte wie im Falle Österreichs begünstige die Aggressoren. Vergeblich hatte er sich wenig später darum bemüht, bei der Regelung der Sudetenfrage mitzusprechen. Mit Berufung auf den Beistandspakt von 1935 versicherte man der tschechoslowakischen Regierung im Frühjahr, daß die Sowjetunion ihren vertraglichen Verpflichtungen nachkommen werde. Ob sie tatsächlich dazu bereit war, ist fraglich,[22] aber daß sie in München nicht einmal an den Konferenztisch gebeten wurde, war ihr ein alarmierendes Zeichen. Deutsch-britische Kontakte und deutsch-französische Ausgleichsbemühungen verstärkten noch das sowjetische Mißtrauen. Nun schien nicht mehr ausgeschlossen, daß die UdSSR bald einer geschlossenen Front der kapitalistischen Staaten in Europa gegenüberstand, ja, daß die Westmächte sich mit Hitler einigten und ihm freie Hand gaben für die Verwirklichung seiner ostpolitischen Vorstellungen.

Die Isolation, in die die sowjetische Außenpolitik offenkundig geraten war, war um so bedrohlicher, als sich auch an der fernöstlichen Grenze die Ereignisse dramatisch zugespitzt hatten. Seit 1937 drang Japan in China vor. Der Völkerbund hatte eine – im November 1937 in Brüssel tagende – Fernostkonferenz angeregt, doch Japan erschien nicht, und die Verurteilung der japanischen Expansionspolitik blieb folgenlos. Da die Großmächte nicht zu einer Aufgabe ihrer abwartenden Haltung zu bewegen waren, ging die japanische Aggression weiter. Ein Übergreifen der Kämpfe auf die Mongolei (die mit der UdSSR ein Beistandsabkommen abgeschlossen hatte) oder die Sowjetunion selbst schien nicht mehr ausgeschlossen. Im Sommer 1938 kam es zu ersten schweren, wochenlang andauernden Grenzkonflikten, die sich im Folgejahr an anderer Stelle fortsetzen sollten. Der westliche und der östliche Schauplatz waren aus sowjetischer Sicht nicht isoliert zu sehen: Schließlich hatten sich Deutschland und Japan 1936 zum Antikominternpakt zusammengeschlossen, dem im Folgejahr auch Italien beitrat.

In seiner großen Rede vor den Delegierten des 18. Parteitags brachte Stalin am 10. März 1939 die sowjetischen Befürchtungen und Ängste zum Ausdruck. Er verurteilte nicht nur die „Aggressorstaaten" Deutschland, Japan und Italien, die die gesamte Nachkriegsordnung über den Haufen warfen. Er kritisierte auch England, Frankreich und die USA, die mit ihrer passiven Haltung die Aggressionen begünstigen würden. Ja, er unterstellte ihnen in aller Öffentlichkeit, den japanischen Vorstoß in China nicht ungern zu sehen und Deutschland insgeheim gegen die Sowjetunion lenken zu wollen, China und die UdSSR gleichsam als Prellböcke benutzen zu wollen, um zu gegebener Zeit und nach Schwächung beider Seiten mit frischen Kräften auf dem Schauplatz zu erscheinen und die Friedensbedingungen zu diktieren. Warnend fügte er hinzu, die Sowjetunion wolle friedliche und sachliche Beziehungen zu allen Ländern und werde es zu verhindern wissen, daß sie von „Kriegsprovokateuren, die es gewohnt sind, sich von anderen die Kastanien aus dem Feuer holen zu lassen", in einen Konflikt hineingezogen werde.[23]

Wenige Tage später erhielten die Stalinschen Äußerungen neue, unerwartete Aktualität: Deutsche Truppen marschierten in Prag ein. Die Westmächte, England und Frankreich nahmen auch diesen Schritt hin, selbst wenn sie im Gegenzug nun ein Garantieversprechen für die Unabhängigkeit Polens, Rumäniens, Griechenlands und der Türkei abgaben, was Hitler von jedem weiteren expansiven Schritt abhalten sollte. Als sie nun ihrerseits die Sowjetunion aufforderten, ebenfalls eine Garantieerklärung für die osteuropäischen Staaten abzugeben, setzte Stalin alles auf eine Karte: In Verhandlungen, die sich bis in den

Sommer 1939 hinzogen, forderte er 1. statt der vorgeschlagenen Garantieerklärung ein festes Beistandsabkommen zwischen der Sowjetunion, Großbritannien und Frankreich; 2. ein Durchmarschrecht für die Rote Armee durch Polen und Rumänien; 3. ein sowjetisches Interventionsrecht auch für den Fall, daß Deutschland nicht direkt in einen Nachbarstaat einmarschierte, sondern nur eine „indirekte Aggression" vorlag; und 4. feste Militärabsprachen, ohne die – wie der französisch-sowjetische Beistandsvertrag gezeigt habe – politische Willenserklärungen unwirksam blieben.[24]

Anfang Mai wurde Außenkommissar Litvinov, der am prononciertesten in der sowjetischen Regierung für die Anlehnung an den Westen und das Konzept der kollektiven Sicherheit eingetreten war, durch Molotov ersetzt. Das Signal war unübersehbar. Schon vorher hatte Moskau die Kontakte nach Berlin verstärkt, seit Herbst 1938 laufende Wirtschaftsverhandlungen boten dafür einen guten Ansatz. Seit Frühsommer 1939 war beiden Seiten klar, daß es um mehr ging. Die Verhandlungen mit den Westmächten zeigten der Sowjetunion immer deutlicher, daß Großbritannien äußerstenfalls bereit war, mit der UdSSR ein Beistandsabkommen abzuschließen. Ein Durchmarschrecht durch Polen – gegen den erklärten polnischen Willen – kam für London dagegen nicht in Frage, noch weniger ein Interventionsrecht bei „indirekter Aggression"; es hätte unter der Vorgabe nationalsozialistischer Infiltration einem sowjetischen Einmarsch Tür und Tor geöffnet. Auch die Militärverhandlungen hatten deshalb kaum Aussicht auf Erfolg.

So griff Stalin das deutsche Angebot auf. Es hatte für die Sowjetunion erhebliche Vorteile: 1. verlangte es von der Sowjetunion zum Schutz ihrer Sicherheit kein militärisches Engagement, sondern nur Neutralität; 2. für den Fall eines deutschen Angriffs auf Polen und einer nachfolgenden territorialen Neuordnung sicherte es der Sowjetunion das Zugriffsrecht auf Bessarabien, Ostpolen, die baltischen Staaten und Finnland, Gebiete, die sie im und nach dem Ersten Weltkrieg verloren hatte; 3. schuf es auch Erleichterung in Fernost, da Deutschland versprach, auf seinen japanischen Partner mäßigend einzuwirken;

schließlich aber wurde 4. mit dem Pakt nicht nur der deutsche Angriff auf Polen, sondern auch eine große innerkapitalistische Auseinandersetzung sehr wahrscheinlich, die die Sowjetunion immer vorausgesagt hatte und die nach ihrer Ansicht zum Zusammenbruch des gesamten kapitalistischen Systems führen mußte. So bot der Pakt mit Hitler die seltene Gelegenheit, das Nahziel der Existenzsicherung Sowjetrußlands mit dem Fernziel der Weltrevolution eng zu verbinden, wobei die Faschismustheorie der Komintern als Grundlage dienen konnte: Da sie keinen „prinzipiellen Unterschied" zwischen faschistischer Diktatur und parlamentarischer Demokratie machte, war auch gleich, mit wem man gegen wen koalierte.[25]

An den eingegangenen Vertragsverpflichtungen hielt die sowjetische Seite nicht nur strikt fest. Besorgt, daß an ihrer Bündnistreue nur ja keine Zweifel aufkamen, tat sie mehr als nur das Notwendige: Von den Wirtschaftsbeziehungen war schon die Rede; politisch unterstützte sie nun das Dritte Reich, indem sie die Westmächte für Ausbruch und Fortsetzung des Krieges verantwortlich machte; der Grundsatz der Nichteinmischung in die inneren Angelegenheiten des anderen wurde konsequent beachtet; zugunsten der verfolgten deutschen Kommunisten ihren neuen Einfluß einzusetzen, kam der sowjetischen Seite nicht in den Sinn, ja man scheute sich nicht einmal, deutsche Kommunisten aus sowjetischen Gefängnissen an die Gestapo auszuliefern.

III. Die Lage im Innern

Als Mitglied der sowjetischen Sektion hatte Manuil'skij im Sommer 1935 dem VII. Weltkongreß der Komintern einen Überblick über die innere Entwicklung der UdSSR gegeben. Seit dem letzten Weltkongreß (1928), so wußte er zu berichten, habe sich Großes, Außergewöhnliches ereignet: „der endgültige und unumstößliche Sieg des Sozialismus in der Sowjetunion". Die damals begonnene „sozialistische Industrialisierung" machte aus einem ökonomisch und technisch rückständigen Agrarland ein „großes fortgeschrittenes Industrieland". Auf dem Lande siegte die Kollektivierung, schuf eine „mechanisierte Großlandwirtschaft auf sozialistischer Grundlage", löste das Getreideproblem und verhalf der Viehzucht zu einem Aufschwung. So besserte sich die materielle Lage der Werktätigen „radikal", ihr kulturelles Niveau hob sich „ungeheuer". Der Sowjetstaat erfuhr eine „Erweiterung und Festigung" seines sozialen Fundaments und war dabei, zusätzliche Maßnahmen zur Demokratisierung der staatlichen Ordnung einzuleiten: mit der Gewährung eines gleichen, direkten und geheimen Wahlrechts. Mit diesem Sieg des Sozialismus in der Sowjetunion, so Manuil'skijs Resümee, verschob sich das Verhältnis der Klassen im Weltmaßstab zugunsten des Sozialismus; die Sowjetunion wurde zu einer „mächtigen, staatlich-politischen, wirtschaftlichen und kulturellen, auf die Weltpolitik einwirkenden Kraft" und zum „Anziehungs- und Sammelpunkt aller Völker"[26]. Es wäre nicht schwer, der Zustandsbeschreibung Manuil'skijs ähnliche Äußerungen Dimitrovs aus dem Jahr 1937 oder Stalins aus dem Jahr 1939 an die Seite zu stellen.

Tatsächlich war es der sowjetischen Führung seit Ende der 20er Jahre gelungen, langgehegte Überlegungen wahrzumachen und die Industrieproduktion erheblich zu steigern. Nach offiziellen Angaben wuchs sie bis Anfang der 40er Jahre fast auf das Sechsfache im Vergleich mit 1928; westliche Schätzungen liegen darunter, sprechen aber immer noch vom Drei- bis Viereinhalbfachen.[27] Vor allem die Schwer- und Grundstoffindustrie wurde dabei gefördert. In sie floß der Großteil der Investitionen, für sie erschloß man neue Standorte, und im Osten entstand ein ganz neues Zentrum, als Verbindung der Erzvorkommen des Ural mit den westsibirischen Kohlevorkommen des Kuznecker Beckens. Gigantische Großbetriebe, Stahl- und Maschinenfabriken, Eisenbahnbauten und Kraftwerke waren der ganze Stolz dieser Jahre, das Traktorenwerk von Stalingrad, die Schienenverbindung zwischen Sibirien und Turkestan (Turksib) oder das Wasserkraftwerk am Dnjepr (das größte seiner Art in der Welt) waren dafür typische Beispiele. Bis zum Ausbruch des Krieges hatte die Sowjetunion (im Volumen der Industrieproduktion)

Deutschland, Großbritannien und Frankreich überholt und war auf den zweiten Rang hinter den Vereinigten Staaten vorgerückt.

In der Landwirtschaft waren 240000 Kollektivwirtschaften an die Stelle der 25 Millionen bäuerlichen Einzelbetriebe getreten. Jede von ihnen hatte knapp 500 ha Saatfläche; in der Anfangsphase hatte man sogar auf noch größere Betriebe gesetzt, Vorzeigekolchosen mit bis zu 10000 ha eingerichtet und weitere mit bis zu 50000 ha geplant. Mit der Verstaatlichung des Agrarsektors gelang es, den Besitzindividualismus der Bauern zu brechen, bäuerliche und proletarische Arbeitsweise einander anzunähern und die landwirtschaftliche Produktion in das sozialistische Planungssystem einzugliedern; auch in diesem Punkt hatten die Bolschewiki alte Ziele endlich verwirklichen können.

Doch es waren Erfolge mit schwerwiegenden Mängeln, mit neuen, unvorhergesehenen Problemen und riesigen sozialen Kosten. Denn so imponierend das industrielle Wachstum auf den ersten Blick erschien, es war vor allem ein Mengenwachstum, zurückzuführen auf den gewaltigen Einsatz von Menschen und Material; die industrielle Produktivität blieb (verglichen mit westlichen Staaten) gering, und die Qualitätseinbrüche waren enorm. Die gesamte Landwirtschaft hielt mit der industriellen Entwicklung nicht Schritt, im Gegenteil: Die Kollektivierung stürzte das Land in ein Chaos. Weil alle maschinellen Voraussetzungen fehlten, blieb der Anspruch, den Bauern die Vorzüge einer rationelleren, sozialistischen Großlandwirtschaft zu demonstrieren, uneingelöst und das Produktionsniveau der meisten Kollektivwirtschaften erschreckend niedrig. Mißwirtschaft und Fehlplanung regierten die Tagesordnung. Die unmittelbaren Einbußen bei Getreide, Milch und Fleisch waren gewaltig, und in der landwirtschaftlichen Pro-Kopf-Produktion wurden erst in den 50er Jahren die Zahlen von 1928 wieder erreicht.[28] Außerdem hatten die Bauern nur mit Gewalt zur Aufgabe ihres privat genutzten Ackers und zum Beitritt in die neugegründeten Kolchosen gebracht werden können. Gruppen der kommunistischen Jugendorganisation (*Komsomol*), Brigaden bewaffneter Industriearbeiter, Abteilungen der Miliz, der Geheimpolizei (*ČK*) und der Roten Armee überschwemmten seit Ende der 20er Jahre das Land, Klassenkampfparolen auf den Lippen. Formell galt der Druck nur den ausbeuterischen, getreidehortenden Großbauern, den „Kulaken", tatsächlich richtete er sich gegen die gesamte Bauernschaft. Dorfversammlungen hatten „freiwillig" die Kollektivierung des Bodens zu beschließen, wer sich widersetzte, galt als „Kulak" oder „Kulakenknecht"; er mußte mit Verhaftung und Deportation rechnen.

Teilweise rächten sich die Bauern auf ihre Weise, schlachteten, bevor sie den Kollektivwirtschaften beitraten, ihr Vieh ab, was den Bestand an Pferden, Rindern, Schweinen und Schafen bis 1934 auf weniger als die Hälfte reduzierte. Mit dem Ausfall an Zugkraft und Düngemittel ging der Hektarertrag zurück, und die Bruttoproduktion stagnierte. Wenn trotzdem mehr Getreide auf den Markt kam und für den Export bereitgestellt werden konnte, so lag das allein am rigorosen staatlichen Zugriff. Er entzog es – fast ohne Entgelt – den neugegründeten Kolchosen. Doch auch dieser ‚Erfolg' sollte sich rächen. Nach der kläglichen Ernte von 1932 suchte eine furchtbare Hungersnot das Land heim. Besonders die Ukraine und die angrenzenden Gebiete nördlich des Kaukasus und an der unteren Wolga waren davon betroffen. Ohne noch Vorräte zu besitzen, verhungerten vermutlich über 5 Millionen Menschen. Die neue Politik hatte den Staat in eine Krise gestürzt, die tiefer ging als jene, die man vorgab, lösen zu wollen.

Die Kollektivierung führte zu Umschichtungsprozessen in der Gesamtgesellschaft. Millionen von Bauern strömten in die Städte. Zwischen 1929 und 1939 hat sich die städtische Bevölkerung verdoppelt. Die entstehende Industrie nahm sie alle auf, die latente agrargesellschaftliche Arbeitslosigkeit verschwand. Doch die neue Entwicklung schuf auch neue Probleme. Vom Lande kamen vor allem ungelernte Arbeitskräfte. Das Atmosphärische der Fabriken, der Umgang mit Geräten und Maschinen, die speziellen Formen der industriellen Arbeitsdisziplin – das alles war für sie neu. Die Ausfälle, die durch unsachgemäße

Bedienung verursacht wurden, waren erheblich, die Qualitätseinbußen enorm. Und die katastrophalen Versorgungs- und Wohnverhältnisse trugen das Ihre dazu bei, die Fluktuation, den Wechsel von Arbeitsplatz zu Arbeitsplatz, hoch zu halten.

Die Regierung versuchte, mit materiellen Anreizen gegenzusteuern. Sie änderte das Tarifsystem, wo es ging, wurde von Zeit- auf Stück-(Akkord-)Lohn umgestellt, Fachkräfte sollten sehr viel mehr verdienen als Ungelernte; ein differenziertes Prämiensystem ergänzte das normale Tarifsystem; und Parolen gegen die Gleichmacherei rechtfertigten die enormen Einkommensunterschiede. Propagandistische Werbekampagnen, die den Einsatzwillen und die Opferbereitschaft der Arbeiter steigern sollten, begleiteten diese Entwicklung. Das Mittel waren ‚Sozialistische Wettbewerbe', wobei Betriebe untereinander oder auch einzelne Arbeitsgruppen (sog. ‚Stoßarbeiterbrigaden') mit anderen Brigaden um die Erzielung möglichst hoher Mengen und Qualitäten wetteiferten.[29] Doch immer weniger verließ sich die Regierung nur auf positive Sanktionen. Um der Desorganisation in den Betrieben Herr zu werden und die Arbeitsmoral zu heben, wurden die Kompetenzen der Betriebsleitung erweitert. Mit Hilfe der Arbeitsbücher und neueingeführten ‚Inlandspässe' sollten die Fluktuation bekämpft und die Freizügigkeit der Arbeiter und Bauern eingeschränkt, am besten ganz aufgehoben werden. Vor allem aber wurden die Disziplinarordnungen erheblich verschärft. Wer gegen sie verstieß, mußte mit harten, ja drakonischen Strafen rechnen. In schweren Fällen konnten Fehler und Mängel als „Sabotage" ausgelegt werden, und Arbeiter, die verspätet am Arbeitsplatz erschienen, wegblieben oder ihn vorzeitig verließen, galten als „Arbeitsdeserteure" – ein Delikt, das seit Ende der 30er Jahre nicht nur disziplinar-, sondern strafrechtliche Folgen nach sich ziehen konnte. Drei Disziplinarverstöße oder drei Verspätungen von mehr als 20 Minuten im Monat genügten fortan für eine fristlose Entlassung, und die Entlassung war oft nicht das Ende; Ausweisung aus der Betriebswohnung, Verlust des Sozialversicherungsschutzes, ja Deportation und Einweisung in ein Zwangsarbeitslager standen drohend im Hintergrund.

Wie um von eigenen Fehlern abzulenken und andere dafür haftbar zu machen, begann die Staatsführung eine Jagd nach „Spionen" und „Vaterlandsverrätern". Überall wurden sie „entdeckt", in der Stadt und auf dem Land, in Betrieben und Kolchosen, in Partei- und Staatsorganen. Erst waren die Kulaken an allem Schuld gewesen, dann wurde der Leitung der Kohlengrube von Schachty der Prozeß gemacht, wenig später standen „Eisenbahnsaboteure" und eine angebliche „Vereinigung zur Befreiung der Ukraine" vor Gericht, die Kette der Prozesse riß nun nicht mehr ab. Die Führung, Stalin, sprach von einer notwendigen Entwicklung: Im Zuge der „Neuordnung der Volkswirtschaft auf der Basis des Sozialismus" verschärfte sich der Klassenkampf.

Mitte des Jahrzehnts erklärte sie diese Periode für abgeschlossen, der Kapitalismus sei zerschlagen und die sozialistische Gesellschaftsordnung im wesentlichen verwirklicht; die Sowjetunion sollte eine neue Verfassung erhalten mit einem allgemeineren, gleichen, geheimen und direkten Wahlrecht. Doch als Manuil'skij im Sommer 1935 dem Kominternkongreß diese Reformen ankündigte, bahnte sich bereits eine neue Terrorwelle an, schlimmer als je zuvor: die Zeit der ‚Großen Säuberungen'.[30] Hatte Stalin bis Ende der 20er Jahre seine Widersacher und Konkurrenten um die Macht ausgeschaltet, so wurden sie nun liquidiert. Von jenen fünf, die Lenin 1922 in seinem sog. ‚Testament' neben Stalin als die führenden Köpfe der Partei und möglichen Nachfolger nannte (Trockij, Kamenev und Zinov'ev, Bucharin und Pjatakov), starb keiner eines natürlichen Todes. Als letzten traf Trockij 1940 in Mexiko der Eispickel eines NKVD-Agenten. Wir wissen aus der Geheimrede Chruščevs, daß von den 138, die der 17. Parteitag (1934) als Mitglieder und Kandidaten ins Zentralkomitee gewählt hatte, 70% die Jahre 1937/38 nicht überlebten und von den 1966 Parteitagsdelegierten 1108 wegen „konterrevolutionärer Verbrechen" verhaftet wurden. Doch die Säuberungen betrafen nicht nur die Spitze: Die Zahl der Parteimitglieder fiel von 3,5 (1933) auf 1,9 (1938) Millionen, und Zehntausende von ihnen bezahlten die Zugehörigkeit zur Partei mit ihrem Leben.

Schon früh, im Mai 1937, hatten die Säuberungen auch die Armee erfaßt. Die spektakuläre Verhaftung, Aburteilung und Liquidierung Tuchačevskijs wegen Hoch- und Landesverrats machte den Anfang. Der damals gerade 45jährige – seit 1918 Parteimitglied, erfolgreicher Heerführer im Bürgerkrieg, 1934 ins Zentralkomitee gewählt, seit 1935 Marschall der Sowjetunion und 1936 zum stellvertretenden Volkskommissar der Verteidigung ernannt – galt als Schöpfer der modernen Roten Armee. Sein Fall riß fast die ganze militärische Führungsspitze mit in den Abgrund: 3 (von 5) Marschälle, 13 (von 15) Armeekommandeure, 110 (von 195) Korpskommandeure und über die Hälfte aller Divisions- und Brigadekommandeure wurden wie Tuchačevskij verhaftet und zum großen Teil hingerichtet. Das gleiche Schicksal erlebten die Führungskader der Militärverwaltung: alle 11 Stellvertreter des Verteidigungskommissars, 75 (von 80) Mitglieder des Militärrates, alle Wehrkreiskommandeure. Man schätzt, daß den Säuberungen bis zu 40% aller Offiziere, darunter 80 bis 90% aller Generäle und Obersten zum Opfer fielen.[31] In den obersten Rängen der Roten Armee waren die Verluste der Jahre 1937/38 höher als die während des Zweiten Weltkriegs, so konnte man jüngst auch in einer sowjetischen Zeitung lesen.[32]

Wenn Zahlen auch den Schrecken des Terrors nicht wiedergeben können, so lassen sie zumindest das Ausmaß erahnen: Bis zu 1 Million Menschen wurden in den Großen Säuberungen liquidiert, 5 bis 7 Millionen verhaftet und in Zwangsarbeitslager gesteckt. Diese Zahlen hat Roy Medwedjew im Januar dieses Jahres in ›Moscow News‹ genannt, sie decken sich mit neueren westlichen Schätzungen.[33] Die Zahl der Arbeitslager war in den 30er Jahren auf über 100 gestiegen, wie ein Netz überzogen sie das ganze Land.

Mit einem Wort: Das Bild von der Sowjetunion als ruhendem Pol in einer von Krisen geschüttelten kapitalistischen Welt, wie es Sowjet- und Kominternführung einmütig in den 30er Jahren immer wieder beschworen, war ein Wunschtraum, daß man mit prosperierender Wirtschaft und demokratischer Verfassung die Vorzüge eines sozialistischen Systems auch nach außen demonstrieren konnte, ebenfalls. Die Wirkungen, die von der Lage im Innern auf die eigene Außenpolitik und die internationalen Beziehungen ausgingen, sahen völlig anders aus: Die schwere innere Krise band der sowjetischen Führung die Hände.

Selbst wenn sie es gewollt hätte, war sie 1938 kaum in der Lage, der Tschechoslowakei beizustehen. Die Schwäche im Inneren legte der Sowjetführung auch 1939 nahe, jede Gefahr, in einen Konflikt hineingezogen zu werden, zu vermeiden; unter diesem Gesichtspunkt betrachtet, bot der Pakt mit Hitler gegenüber jedem Bündnis mit dem Westen Vorteile. An der Linie der bedingungslosen Risikovermeidung hielt die Sowjetführung auch 1940/41 fest, selbst als die Warnungen vor einem deutschen Angriff immer lauter wurden. Alle diese Umstände widersprechen auch den Mutmaßungen, Stalin hätte für 1942 selbst den Angriff geplant und Hitler sei ihm nur zuvorgekommen. Diese Präventivkriegsthesen sind in der Fachdiskussion oft genug widerlegt worden, wenn sie immer wieder hochkochen, verdanken sie das nicht neuen Argumenten.[34]

Kaum weniger bedeutend waren die Wirkungen, die von der innersowjetischen Entwicklung auf die internationalen Beziehungen ausgingen. Dazu gehörte, daß der Terror der 30er Jahre die sowjetische Politik moralisch diskreditierte; er verstärkte die westlichen Vorbehalte und belastete alle (seit Mitte der 30er Jahre von der Sowjetunion ausgehenden) Bemühungen um eine gemeinsame antifaschistische Front schwer. Mit den selbstverschuldeten Wirtschaftsproblemen und erst recht nach den Säuberungen in der Armee hatte die Sowjetunion in westlichen Augen aufgehört, ein Machtfaktor zu sein; bei den Bündnisverhandlungen 1939 mit Großbritannien und Frankreich spielte dieses Moment eine nicht unerhebliche Rolle. Auch Hitler ging, wie wir wissen, 1941 davon aus, daß die Sowjetunion kein ernsthafter Gegner sein werde.[35]

Die Betrachtung der Lage im Innern, der Zielsetzungen der Außenpolitik und der Faschismusdiskussion der Komintern kann helfen, die Entscheidung des Jahres 1939 einsichtiger zu machen. Problematisch bleibt sie dennoch. Sie ist Ausdruck jener Grundwidersprüche zwischen Ziel und Methode, Anspruch und Wirklichkeit, die die sowjetische Politik seit 1917 belasten.

Man begann eine proletarische Revolution in einem Staat, der – die eigenen Kriterien ernstgenommen – nicht „reif" dafür war. Die Hoffnung, die anderen Länder würden nachziehen und die Gewichte „im Weltmaßstab" wieder zurechtrücken, trog. So war man gezwungen, sich mit der kapitalistischen Welt zu arrangieren, ohne das Ziel der „Weltrevolution" aufzugeben. Ein schwieriger, ja – wie sich zeigen sollte – unmöglicher Balanceakt.

Die Entscheidung, am Ziel des Sozialismus festzuhalten und ihn zunächst „in einem Lande" aufzubauen, hatte schwerwiegende innenpolitische Konsequenzen. Denn überzeugt, daß ein sozialistisches System eine hochentwickelte Industrie und mechanisierte landwirtschaftliche Großbetriebe voraussetzte, entschied man sich in der zweiten Hälfte der 20er Jahre, beides zu schaffen, und zwar in kürzester Frist. Es war eine Politik gegen den Willen der überwältigenden Mehrheit der Bevölkerung, auf die eine marxistische Politik ja eigentlich aufbauen sollte.

Doch alle Widerstände wurden als „konterrevolutionär" erstickt, für die Entwicklungsprobleme nicht Fehlplanung, sondern „Sabotage" verantwortlich gemacht. Der sich nun voll entfaltende Staatsterror erfaßte alle, die sich innerhalb und außerhalb der Partei dem eingeschlagenen Kurs, Stalins Kurs, widersetzten; oder Kurswechsel nicht rasch genug mitvollzogen; oder den Kampf der Führung um die Steigerung der Produktivität nicht nachhaltig genug unterstützten; oder ihren Kampf gegen Spione, Saboteure und Vaterlandsverräter, oder, oder, oder. Grenzen waren dabei kaum mehr zu ziehen.

Prekär wie die innenpolitische Lage war, mußte die Außenpolitik strikt auf Sicherheit und Risikovermeidung setzen. Sie klammerte sich dabei an das Diktum, daß der Gegensatz zwischen Proletariat und Bourgeoisie das Weltgeschehen bestimme, die Krisenerscheinungen im Kapitalismus immer mehr zunähmen, der Untergang der bürgerlichen Gesellschaftsordnung in Reichweite liege und dem Sozialismus sowjetischer Prägung die Zukunft gehöre. Diesen Grundannahmen wurde alles ein- und untergeordnet, auch das neue Phänomen antimarxistischer und antiliberaler Massenbewegungen, die sich revolutionärer Schlagworte und Kampfmethoden bedienten. Man unterschätzte damit deren Eigendynamik, die „prinzipielle" Gleichsetzung von bürgerlicher Demokratie und Faschismus erwies sich als verhängnisvoll und bereitete den Boden für die 1939 beschlossene Zusammenarbeit.

Im Teufelskreis der Widersprüche zerfiel die aufklärerische Idee einer gerechteren, freieren, humaneren Gesellschaft. Die Behauptung entwicklungsgeschichtlicher Notwendigkeit rechtfertigte voluntaristische Entscheidungen, das Versprechen künftiger Freiheit ein terroristisches Zwangssystem und die Aussicht auf eine kommunistische Zukunft den Pakt mit den „Folterknechten der Arbeiterklasse". Erst nach Stalins Tod begann man, das Verhältnis von Staat und Gesellschaft, Zielen und Mitteln, Anspruch und Wirklichkeit neu zu überdenken. Einen zweiten großen Anlauf erleben wir mit. Die begonnene Entwicklung stimmt hoffnungsvoll.

Julian Bullard

„Muß es sein? Es muß sein!" Großbritannien und der Kriegsausbruch

I. 1938 und 1939 – ein Kontrast

„Der schwer gefaßte Entschluß" – die mysteriöse Überschrift, die Ludwig van Beethoven dem 4. Satz seines letzten Streichquartetts (F-Dur, Op. 135) gab, bietet einen Ausgangspunkt für diese kurze Studie der nationalen Gefühlslage in Großbritannien während der letzten Friedensmonate vor 50 Jahren. „Muß es seyn?" schrieb er neben den *Grave*-Satz und „Es muß seyn!" neben das folgende *Allegro*. Der Rhythmus der Worte scheint den Komponisten angeregt zu haben (aus den Worten „Es muß sein" machte er einen Kanon), aber Musikologen streiten noch, was genau er damit ausdrücken wollte. Wie auch immer, für mich drücken Frage und Antwort sehr gut die Haltung der britischen Regierung und des britischen Volkes in zwei wichtigen Phasen der Krise vor 50 Jahren aus: zur Zeit des Münchner Abkommens und zur Zeit des Ausbruchs des Krieges elf Monate später. Damit meine ich, daß es im September 1938 der Wunsch des britischen Premierministers war, den die überwältigende Mehrheit des britischen Volkes teilte, einen Krieg mit Deutschland um nahezu jeden Preis zu verhindern („Muß es sein?"); aber im September 1939 hatte die Nation insgesamt, vielleicht sogar Neville Chamberlain selbst, den Schluß gezogen, daß ein Krieg nicht länger vermeidbar war („Es muß sein!").

Die Gründe für diesen Wechsel der nationalen Stimmungslage sind vielfältig und komplex, und ich werde sogleich damit beginnen, sie zu erörtern. Doch zuerst sollen ein, zwei Details den Kontrast verdeutlichen helfen. Als Chamberlain aus München nach London zurückkehrte, säumten jubelnde Menschenmengen kilometerlang die Straßen. Drei Wochen später, so erinnert sich seine Frau, hatte er 40000 und sie weitere 12000 Glückwunschbriefe erhalten, und ca. 70 Briefe trafen weiterhin täglich ein.[1] Unter diesen schriftlichen Glückwünschen waren jene seines Vorgängers Stanley Baldwin, jene König Georgs V. und die des Königs der Belgier. Downing Street wurde von Blumen, Gedichten, Regenschirmen und Angelruten überflutet. Viele der Briefe kamen aus dem Ausland, besonders aus Deutschland: Hugo Stinnes zum Beispiel war unter den Gratulanten. Dem Brief der Firma Blüthner war ein Flügel beigefügt! Selbst ein sehr viel bescheidenerer Mensch als Chamberlain hätte wohl Schwierigkeiten gehabt, der Versuchung zu widerstehen, sich selbst als Weltenretter zu betrachten.

Im Gegensatz dazu stehen die folgenden Sätze aus der Rede, die Chamberlain am 3. September 1939 vor dem Unterhaus in London zu halten hatte. Das britische Ultimatum, sagte er, sei ausgelaufen, und zwischen Großbritannien und dem Deutschen Reich herrsche jetzt Kriegszustand. Er fuhr fort:

„Alles, wofür ich in meinem Leben gearbeitet habe, alle meine Hoffnungen, und alles, an das ich als Inhaber öffentlicher Ämter geglaubt habe, hat sich in Ruinen verwandelt. Es bleibt mir nur noch eins zu tun übrig: Die Kraft und Stärke, die mir verblieben sind, dafür einzusetzen, daß die Sache, für die wir so große Opfer gebracht haben, den Sieg davontragen wird."[3] Soweit Chamberlain am ersten Kriegstag, 1939.

II. Der Einfluß anderer Länder auf die Politik Großbritanniens

Wenn wir uns nun den Faktoren zuwenden, die für diesen radikalen Stimmungswechsel in Großbritannien verantwortlich waren, so wollen wir mit einem Faktor beginnen, der 1938/39 von ungleich geringerer Bedeutung war als heute: der Haltung der Vereinigten Staaten. Liest man die Akten dieser Zeit, so wird man daran erinnert, wie breit der Atlantik vor dem Zeitalter der Düsenflugzeuge und vor Amerikas Erscheinen auf der Weltbühne als unbestrittener Führer der freien Welt schien. Für den amerikanischen Botschafter in London (Joseph Kennedy, der

Vater des späteren Präsidenten) stand früher als für einige andere fest, daß Hitler ein blutrünstiger Tyrann war, den es zu bekämpfen gelte. Als sich dieser Interpretation die Londoner Regierung nicht sofort anschloß, zog er den Schluß, daß Großbritannien immer vor Hitler-Deutschland kapitulieren würde, und berichtete entsprechend nach Washington. Den gleichzeitigen Berichten seines Kollegen aus Paris konnte man dagegen entnehmen, daß Frankreich die beste Armee der Welt habe und bis zum letzten Mann kämpfen werde. Präsident Roosevelt konnte es nicht riskieren, seine Politik auf eine solche Schwarzweißmalerei zu gründen.

Während des letzten Friedenswinters sandte der britische Außenminister Lord Halifax in regelmäßigen Abständen Botschaften über den Verlauf der Ereignisse in Europa und besonders über die wachsende Bedrohung aus Deutschland an den Präsidenten der Vereinigten Staaten. Die Antworten waren vorsichtig. Roosevelt zog es vor, sich nicht drängen zu lassen, da er besser als der ungestüme Kennedy wußte, welch schwierige Aufgabe es sein würde, das amerikanische Volk auf die Idee einer freiwilligen Teilnahme an einem europäischen Krieg vorzubereiten. Er konnte nicht wissen, daß Tokio und Berlin später selbst mit krimineller Dummheit die USA in den Krieg mithineinziehen würden.

Dennoch gab der Tenor von Roosevelts Reden im Februar 1939 dem deutschen Botschafter in London Anlaß zu der Beschwerde, der amerikanische Präsident scheine anzudeuten, daß die Vereinigten Staaten im Falle eines Krieges „nicht binnen zweier Monate, sondern in zwei Tagen" auf der Seite Großbritanniens und Frankreichs in den Krieg eintreten würden.[4] Und nach der Besetzung der Tschechoslowakei einen Monat später sollte die amerikanische Protestnote, die ausdrücklich auf „den Weltfrieden bedrohende Maßnahmen der willkürlichen Gesetzlosigkeit und der tyrannischen Gewalttätigkeit" Bezug nahm, eine der heftigsten Reaktionen darstellen, die man in Berlin registrierte. Das mindeste, was aus all dem geschlossen werden kann, ist wohl, daß die britische Bereitschaft zur Kriegsführung ernsthaft unterminiert worden wäre, hätte es nicht jene späte, aber unmißverständliche Entwicklung der Stimmungslage in den Vereinigten Staaten gegeben, die sich künftig als Quelle unschätzbarer Hilfe für Großbritannien erweisen sollte.

Wenn dies die Situation einer der beiden heutigen Supermächte beschreibt, welche Rolle wurde dann von der anderen, der Sowjetunion, gespielt? Ich gestehe, daß ich für den sowjetischen Standpunkt eine gewisse Sympathie empfinde, zumindest bis zum Mai 1939, als Molotov Litvinov als Außenminister ablöste. Seit dem Anschluß Österreichs argumentierte die Sowjetunion konsequent, daß Hitlers Appetit bei weitem noch nicht gestillt sei; daß nur ein System der kollektiven Abschreckung ihn stoppen und daß ein solches System nicht ohne sowjetische Teilnahme errichtet werden könne. Die Haltung, die von der Regierung meines eigenen Landes zu diesen Vorschlägen eingenommen wurde, erscheint mir nachlässig, ja dilettantisch. Falls Chamberlain irgend etwas mit Hitler gemeinsam hatte, dann war es wohl, daß sie beide die Sowjetunion unterschätzten. In London war man der Ansicht, daß sie nicht in der Lage sei, der Tschechoslowakei, oder später Polen, in irgendeinem materiellen Sinn zu helfen. So wurde die sowjetische Note von Mitte März 1938, die sofortige Gespräche über das, was wir heute ‚kollektive Sicherheit' nennen würden, anregte, von Halifax mit der Bemerkung ad acta gelegt, sie sei von „keinem großen Wert“[5]; die Note hatte interessanterweise Washington als Adressaten miteingeschlossen. Ein Jahr später, nach der Auslöschung der Tschechoslowakei, wiederholte sich dieselbe Geschichte. Litvinov schlug ein Fünfmächtetreffen in Bukarest vor, „um Möglichkeiten gemeinsamen Handelns zu diskutieren“, Großbritannien zog die Idee einer politischen Deklaration der einer Konferenz vor; die Sowjetunion stimmte zu, aber dann ging Großbritannien ohne Moskau vor, und das Ergebnis war die englisch-französische Garantie an Polen. Man muß Sympathie mit der Haltung des britischen Botschafters in Moskau haben, der sich in London beschwerte: „Ich hoffe, daß Ihrer Majestät Regierung nicht ihre Politik der Konsultierung der UdSSR nach nur einer Woche Probezeit wieder aufgeben wird.“[6] Die Wahrheit ist, daß London – besonders Chamberlain, aber, was diesen Punkt betrifft, auch Halifax – all dem, wofür die Sowjetunion stand, vollkommen mißtraute; das machte sie blind gegenüber allen Moskauer Angeboten. Im Juli 1939 schrieb Chamberlain: „Ich kann mir nicht denken, daß unsere Stellung wesentlich geschwächt würde, falls wir ohne sie auskommen müßten.“ [7] Aber zu dieser Zeit hatte Moskau seine eigenen Schlußfolgerungen gezogen. Bei seinen Gesprächen in London zu Beginn des Jahres 1939 machte Botschafter Maiskij kein Geheimnis aus der Lage der Dinge.[8] Großbritannien und Frankreich hätten die sowjetischen Warnungen ignoriert und sich von Hitler an der Nase herumführen lassen. Da Chamberlain kein Interesse an der Sowjetunion gezeigt hätte, würde die Sowjetunion in Zukunft ihre Interessen selbst wahrnehmen. Der Versuch Großbritanniens und Frankreichs im Sommer 1939, zu einer Form der Verständigung mit Moskau zu gelangen, fällt daher unter die Überschrift, unter welche so viele Aktionen der westlichen Diplomatie in den 1930er Jahren fallen: „zu wenig und zu spät“. Der Ribbentrop-Molotov-Pakt, oder besser gesagt, seine geheimen Klauseln, waren ohne Zweifel ein Akt monströsen Zynismus und ungeheurer Kriminalität von beiden Seiten, aber wenn man von Großbritannien spricht, ist es schwer, sich des nützlichen Kommentars zu enthalten, der auf Französisch um so vieles besser klingt: „Vous l'avez voulu.“

Der Satz Molières bringt mich zu dem Verhältnis, welches in den letzten Friedensmonaten jenseits aller anderen Faktoren von zentraler Bedeutung für das britische Denken war: dem Verhältnis zu Frankreich. Liest man die Akten aus dieser Zeit,[9] so würde man nicht glauben, daß die beiden Länder nur 20 Jahre früher als siegreiche Verbündete aus dem bis dato furchtbarsten Krieg in der Geschichte hervorgegangen waren, in dem sie 750000 bzw. 1,5 Millionen Menschen verloren hatten. Der Geist der Gespräche zwischen Chamberlain und Daladier in den Jahren 1938/39 schien oft weniger von diesen gemeinsamen Leiden an den Flüssen Marne und Somme geprägt als von früheren Ereignissen auf anderen Schlachtfeldern, in Europa und anderswo: Blenheim (d.h. Blindheim, die Schlacht, die 1704 stattfand und in Deutschland unter dem Namen Höchstädt bekannt wurde), Waterloo, Plassey (Indien, 1757), vielleicht sogar Acincourt (1415). Nicht zum ersten und auch nicht zum letzten Mal gab es einen Zusammenstoß von Realismus und Romantik (wie es meine Landsleute sahen); ein Franzose würde vielleicht sagen, ein Zusammenstoß zwischen einem Sinn für Geschichte und ewigen Werten auf der einen Seite und pedantischer Kleinkrämerei auf der anderen. Daladier sprach von Ehre, von Verpflichtungen und von einer Million Franzosen, die bereit seien, ihrer Pflicht ruhig und in Würde nachzukommen; Chamberlain hielt ihm Entfernungen (in englischen Meilen) und monatliche Statistiken der Flugzeugproduktion vor. Daladier drängte zu einer entschlossenen Haltung; Chamberlain nannte dies eine Politik des Bluffs. Daladier glaubte, daß die militärische Position von der politischen abhänge; Chamberlain sagte, es sei genau umgekehrt. Chamberlain fragte, ob Frankreich wünsche, „einen europäischen Krieg für eine Sache zu führen, die man in der Tat weder beschützen noch wiederherstellen könne" – nämlich den tschechoslowakischen Staat. Daladier erwiderte, daß Hitler nicht aufhören werde zu expandieren, bis man ihm klarmache, daß er mit Widerstand rechnen müsse. Chamberlain warnte, daß England im Falle eines Krieges bestenfalls zwei unvollständige Divisionen auf den Kontinent schicken könne; Daladier meinte, vielleicht sei es an der Zeit, die allgemeine Wehrpflicht einzuführen. Chamberlain erklärte, die Dominions (Australien, Kanada und Neuseeland) seien zum Krieg nicht bereit; und Daladier sah darin wahrscheinlich nur eine weitere Ausrede.

Ich habe viel Sympathie für die britische Seite in diesem Streit. Frankreich *war* schwach, und dies nicht nur an den Stellen, an denen es im Frühjahr 1940 offenbar wurde. Vom 10. März bis zum 10. April 1938 – in dem Monat, in dem sich unter anderem der Anschluß Österreichs vollzog – hatte es überhaupt keine Regierung. Durch seine eigenen Kontakte in Paris registrierte der britische Botschafter nicht nur Widerstandsbereitschaft, sondern auch Pazifismus und Defätismus.[10] Falls Daladier seiner Zeit voraus war, indem er sich für eine Friedenspolitik auf der Basis der Abschreckung einsetzte, so war es Chamberlain nicht weniger, indem er darauf bestand, daß die Ab-

Daladier: Friedenspolitik auf der Basis der Abschreckung

Chamberlain: Abschreckung mußte glaubhaft sein

schreckung auch glaubhaft sein müsse. Das ist genau der Punkt, an dem jene Flugzeugproduktionsstatistiken eine Rolle spielen. In den englisch-französischen Gesprächen am Quai d'Orsay im November 1938[11] konnte Chamberlain darauf verweisen, daß monatlich 350 britische Militärflugzeuge produziert wurden. Im nächsten Sommer sollten es, seinen Angaben zufolge, 750 sein. Daladier konnte nur auf 80 Flugzeuge monatlich verweisen und gab darüber hinaus an, daß ihre Zahl auf 400 steigen solle (eine unrealistische Hoffnung). Daladier stellte vielleicht zu Recht die Frage, ob die Zeit denn tatsächlich für die Alliierten arbeite, da jede von Hitlers Eroberungen seine industrielle Basis stärken müsse. Indem er zum Beispiel im März 1939 in die Rest-Tschechoslowakei einmarschierte, erwarb er wertvolles Kriegsmaterial, darunter 1,5 Millionen Gewehre und 600 Panzer.[12] Dennoch: Wenn wir fragen, welches Mitglied der Entente Cordiale 1939, nicht zu reden von 1940, besser auf einen Krieg vorbereitet war, kann es nur eine Antwort geben.

Vielleicht könnte man folgendes Fazit ziehen: Die französischen und britischen nationalen Talente ergänzten sich immer eher, als daß sie einander ähnlich wurden. Insgesamt gesehen haben wir in unserer gemeinsamen Geschichte häufiger gegeneinander als miteinander gearbeitet. Der Krieg von 1914 bis 1918 hat den Charakter dieser instinktiv wettbewerbsorientierten Beziehung nicht gänzlich zu wandeln vermocht. Der Krieg von 1939–1945 ergab neue Streitigkeiten, die der Perpetuierung dieser problematischen Beziehung förderlich waren. Um so mehr Lob sei deshalb jenen gezollt, die den Stand der englisch-französischen Beziehungen im Jahre 1989 geschaffen haben.

Aber dies bedeutet, meinem Thema vorauszueilen. Vielmehr möchte ich bestimmte Faktoren zumindest erwähnen, die zur Entwicklung der britischen Stimmung 1938/39 beitrugen. Beginnen möchte ich mit Italien: Dies allerdings war einer der Punkte, bei deren Beurteilung Frankreich und Großbritannien nicht übereinstimmten. In Paris war die Haltung gegenüber Italien – richtigerweise, wie sich herausstellen sollte – hauptsächlich geprägt von Mißtrauen, das sich auf historische Erfahrung und auf bestimmte Annahmen über den Charakter eines diktatorischen Regimes stützte. Mussolini tat sicherlich nichts, um diese Annahme zu widerlegen. Im Gegensatz dazu hielt London Italien für einen potentiellen Freund, zumindest für einen unzuverlässigen Feind. Die ‚Achse Berlin–Rom' mochte stark aussehen, aber sie hatte ein schwächeres Ende, und dieses Ende war in Rom. Warum sollte es nicht möglich sein, entweder italienische Ängste oder den italienischen Appetit so zu wecken, oder auch beides, daß sich die Verbindung zwischen Rom und Berlin lockerte? Aus Chamberlains Sicht war Mussolinis Haltung zur Zeit des Münchner Abkommens eher hilfreich gewesen. Nur so ist es zu erklären, daß er noch im Frühjahr 1939 zwei lange Briefe an Mussolini schrieb,[13] wobei er sich auch dadurch nicht entmutigen ließ, daß er nichts als ausweichende Antworten erhielt. Und als, ungefähr zur gleichen Zeit, Mussolini damit begann, die französischen Positionen in Nordafrika unter Druck zu setzen, rief Großbritannien Frankreich zur Mäßigung auf: Es legte Frankreich nahe, seine Garnisonen in Tunesien nicht zu verstärken. Es kann nicht überraschen, daß Frankreich darin den britischen Versuch sah, Italien mit französischen Konzessionen abzufinden.[14] Die weitere Entwicklung zeigte, daß sich die ‚italienische Karte', ebenso wie die sowjetische Karte, gar nicht in der Hand der Alliierten befand; und vielleicht war es ein folgenschwerer Fehler, daß London sehr viel ernsthafter auf die erste als auf die zweite setzte.

Eine weitere desillusionierende Erfahrung Großbritanniens stellte das Verhalten Ungarns und Polens, besonders nach dem Anschluß Österreichs, dar. Die Parallele zum Verhalten der griechischen Stadtstaaten angesichts der Bedrohung durch Philipp von Makedonien ist oft gezogen worden; nur ein Demosthenes fehlte. Als die Konfrontation mit der Tschechoslowakei näherrückte, schien es drei Hauptziele der Politik Warschaus zu geben: Unter Benutzung des Slogans „Schutz für die polnische Minderheit" galt es erstens, einen Anteil an der Beute zu erhalten, wenn der tschechoslowakische Staat sich auflöste, zweitens eine gemeinsame Grenze mit Ungarn abzusichern und drittens um jeden Preis eine Intervention der Sowjetunion zu vermeiden. Es gab sogar einige Gemeinsamkeiten der polnischen Me-

Polen

thoden mit denen Hitlers: „kategorische Forderungen", ein 24stündiges Ultimatum und militärische Besetzung, gefolgt von gnadenloser Vertreibung der ansässigen slawischen Bevölkerung aus den betreffenden Gebieten.[15] Auch wenn im Falle Ungarns die Sprache etwas sanfter klang („... bittet die tschechische Regierung unverzüglich folgende Maßnahmen zu ergreifen"), das folgende Ultimatum Budapests war nicht weniger barsch, sogar nur auf zwölf Stunden befristet, und das Ergebnis dasselbe: territoriale Besetzung.[16] Erst im Frühjahr 1939 erschien Polen die deutsche Bedrohung gravierender als die sowjetische, und erst dann wandte es sich ernsthaft an Großbritannien und Frankreich. Zu dieser Zeit war es jedoch selbst schon zum Opfer geworden, zum Amboß, auf dessen Rücken die nächste Krise geschmiedet werden sollte. Das Ausmaß der Leiden, die Polen in den folgenden Jahren erfuhr, verbietet einem Außenstehenden jeden weiteren Kommentar. Soviel sei jedoch gesagt: Man hat den Eindruck, daß mein Land in diesem letzten Friedenswinter auf eine kontinentale Initiative wartete; eine solche Initiative kam jedoch weder aus Warschau noch aus Budapest.

Ähnlich kritisch wird man auch die Haltung der kleineren westlichen Länder sehen können. So wurden um den Jahreswechsel 1938/39 die Beneluxstaaten durch weitverbreitete Gerüchte irritiert, die der Frage galten, wer wohl das nächste Opfer Hitlers sein würde, und dabei Holland und Belgien ebenso nannten wie die Schweiz und die Ukraine. Auf niederländische Initiative hin fanden Stabsgespräche mit London statt, doch ging es dabei vor allem um die Verteidigung der niederländischen Besitzungen in Ostindien. Belgien wiederum blieb entschlossen, seine Politik der „Unabhängigkeit" zu behaupten – mit anderen Worten: Belgien wollte neutral bleiben.[17] Beide Länder nahmen damit ihren Platz in einem Europa ein, das Litvinov einem britischen Besucher zur gleichen Zeit wie folgt beschrieb, die zukünftige Entwicklung vorwegnehmend: „Ein ganz und gar deutsches Europa vom Golf von Biscaya bis zur sowjetischen Grenze."[18]

Spätestens jetzt wird sich der Leser fragen, wann ich endlich erwähne, daß den stärksten Einfluß auf die britische Deutschlandpolitik 1938/39 die Politik Deutschlands selbst ausübte. Wir wenden uns damit einem Gebiet zu, auf dem der Einfluß der Medien ebenso groß sein konnte wie der der Regierung. Tatsächlich versäumte die britische Presse auch nicht zu berichten, was sie sah und hörte, und beschränkte sich nicht nur auf die Höhepunkte der Barbarei, wie etwa die sogenannte ‚Reichskristallnacht'. Die Art, Juden, Kommunisten und Sozialdemokraten zu behandeln, die Disziplinierung der Kirchen, der brutale Ton der deutschen Presse, die Militarisierung nicht nur der Jugend, sondern auch der Kinder, die Auslöschung akademischer Freiheit, die Nazifizierung des Rechts, die strikte Kontrolle über Einwanderung und besonders Auswanderung, die ständigen Mobilmachungen und Manöver – all diese Dinge füllten die Auslandsseiten der britischen Presse ebenso wie die der Presse der gesamten freien Welt.

Doch für die Regierung in London und besonders für den Premierminister war die Behandlung der Tschechoslowakei der eigentliche Prüfstein. Warum? Weil Chamberlain aus München zurückkam, wie andere demokratische Staatsmänner von anderen Treffen mit anderen Diktatoren zurückgekommen waren, in dem Glauben nämlich, ein persönliches Vertrauensverhältnis mit seinem Gesprächspartner begründet zu haben. Zugegebenermaßen war es nicht in München, sondern zehn Tage früher, in Berchtesgaden, als Chamberlain „den Eindruck gewann, daß er hier einen Mann vor sich hatte, auf den man sich verlassen konnte, wenn er sein Wort gegeben hatte".[19] Aber auch in München war der Premierminister – absurderweise in der Retrospektive – gerührt durch die Details seines Empfangs: durch die freundlichen Menschenmengen in den Straßen; durch Hitlers Besorgnis über seinen Gesundheitszustand, nachdem er solche Strapazen in seinem 70. Lebensjahr auf sich genommen hatte; nicht zuletzt auch durch das kurze, persönliche Gespräch (das seinem Programm nachträglich hinzugefügt wurde) in Hitlers „Privatwohnung in einem Mietshaus, in dem die anderen Stockwerke von ganz normalen Bürgern bewohnt wurden“.[20] Während dieses kurzen Gesprächs zog der Premierminister jenes Blatt Papier aus der Tasche, das Hitler und er sofort unterzeichneten und von dem Chamberlain am Tag seiner Rückkunft nach England sagen würde, er glaube, es stehe für „peace with honour“ und „peace in our time“. Liest man es heute wieder, so ist es ein Dokument von eher dürftigem Inhalt; bloß ein paar Sätze über die große Bedeutung der englisch-deutschen Beziehungen sowie über Konsultationen als der geeignetsten Methode, eventuell aufkommende Konflikte zu lösen.[21] Aber für Chamberlain stellte dieses Papier, zusammen mit dem Münchner Abkommen selbst, ein Versprechen dar, für das er und Hitler persönlich geradestanden. Was Hitler betraf, so brach er das Versprechen.

Dies geschah in mehreren Etappen. Es begann im Februar 1939 damit, daß Großbritannien vorschlug, endlich die multilaterale Garantie des tschechoslowakischen Staates in eine verbindliche Form zu bringen, in den Grenzen, wie sie im Münchner Abkommen fixiert worden waren. Hitler weigerte sich mit der Begründung, daß andere Staaten (Polen und Ungarn zum Beispiel) diese Grenzen noch nicht akzeptiert hatten.[22] Einige Tage später listete er die Bedingungen auf, unter denen er bereit sei, die versprochene Garantie zu geben: die Entfernung aller Juden; die Eliminierung aller, die mit der Regierung des früheren Präsidenten Beneš verbunden waren; Regelungen für die verbleibenden deutschen Minoritäten; und die Reduzierung der tschechoslowakischen Armee als Vorstufe zur angestrebten Neutralität des Landes.[23] Mit anderen Worten, Hitler war nur bereit, eine Marionette zu garantieren. Das war ein erster Schritt zur Desillusionierung Chamberlains.

Ein zweiter Schritt folgte auf dem Fuße, und zwar in gewalttätigerer und dramatischerer Form. Die Besetzung Prags am 15. März 1939 überzeugte viele Politiker und Diplomaten, wenn auch nicht den Premierminister, ihre Positionen zu überdenken. Darunter war zum Beispiel der britische Botschafter in Berlin, Sir Nevile Henderson. Während der tschechoslowakischen Krise hatte er sich für die Eingliederung des Sudetenlandes in das Deutsche Reich nicht nur als die einzig mögliche Lösung, sondern auch als moralisch beste eingesetzt: Denn niemand sei stark genug, den Anschluß der Sudetengebiete an das Reich zu verhindern, der im übrigen dem Prinzip der Selbstbestimmung entspräche, das auch dem Vertrag von Versailles zugrunde gelegen hatte. Henderson plädierte dafür, Deutschland nach dem Anschluß Österreichs und des Sudetenlandes zu erlauben, Teile des polnischen Korridors, Danzig und Memel an sich zu bringen und außerdem einige „mögliche Korrekturen der schlesischen Grenzen" vorzunehmen. Danach stünde „nur" noch die Kolonialfrage einer allgemeinen englisch-deutschen Verständigung entgegen. Eine solche Verständigung war – nach Hendersons Überzeugung – Hitlers Ziel; und einen Gegensatz zu britischen Interessen sah er darin nicht, wenn man die britischen Interessen nur richtig definierte.[24]

Mit der Besetzung Prags konfrontiert, nahm Henderson Zuflucht zu einer sehr deutlichen Sprache, welche zuweilen das einzig verbleibende Instrumentarium eines Botschafters darstellt, dessen Ratschläge sich als wertlos erwiesen haben: „Der vollständige Zynismus und die Amoralität des ganzen Vorgehens entzieht sich jeder Beschreibung. Der Nazismus hat mit Sicherheit den Rubikon der Rassenreinheit und der deutschen Einheit überschritten."[25] Armer Henderson! Das Ende seiner Karriere war nicht weit entfernt und mit ihm das Urteil, welches er zum Titel seiner Memoiren erkor: „Das Scheitern einer Mission."

Auch Chamberlain hatte zwischen den Sudetendeutschen, von denen er annahm, daß die weitaus meisten darauf brannten, dem Deutschen Reich beizutreten, und den Tschechen und Slowaken, die weiterhin loyal zu Prag standen, unterschieden. Der Coup des 15. März schockierte ihn daher. Allerdings war es weniger das Schicksal dieser slawischen Völker, das seinen Sinn für moralische Entrüstung zum Leben erweckte, als vielmehr das Faktum, daß Hitler sein Wort gebrochen hatte. Desillusionierung spricht aus seinen Briefen: „Ich kann Hitler nicht vertrauen... Jegliches Vertrauen, das ich jemals zu den Versprechungen von Diktatoren hatte, erfährt zur Zeit eine massive Beeinträchtigung... [Hitler] findet es so einfach, Verträge zu zerreißen und Versprechungen über Bord zu werfen, daß niemand auch nur das geringste Vertrauen in neue Versprechungen von seiner Seite setzen kann..."[26] Diese Sprache unterscheidet sich von der von München, und sie zeigt, wie stark die Erfahrungen des letzten halben Jahres selbst Chamberlains Ansichten erschüttert hatten.

IV. Neville Chamberlain und Nevile Henderson

An dieser Stelle sollen nun ein paar Worte über den britischen Premierminister gesagt werden, dessen Name für immer mit München und der Appeasementpolitik verbunden sein wird. Betrachtet man ihn auf seinen Altersfotografien: Oberlippenbart, dicker Anzug, Eckenkragen, Hut und der berühmte Regenschirm, so ist es schwer, den früheren Neville Chamberlain wiederzuerkennen, der – noch nicht einmal 28 – schon £ 50 000 aus dem Vermögen seines Vaters in einem Projekt zum Anbau von Hanf auf der Insel Andros (auf den Bahamas) verloren hatte. Aber seitdem waren 40 Jahre vergangen. Der Mann, der im Alter von 67 Jahren 1936 Premierminister wurde, hatte vielleicht weniger aus den fünf Jahren in der Karibik gelernt als durch zwei Jahrzehnte Geschäftsleben und Kommunalpolitik in Birmingham. Er war ehrlich, ernsthaft, hochherzig, genau, systematisch und detailbegeistert; reserviert und formell im Umgang, einfach und regelmäßig in seiner Lebensweise; abgesondert und ziemlich einsam in seinem Verhältnis zu anderen Menschen. So überrascht es nicht zu lesen, daß seine Mutter vor seinem sechsten Geburtstag starb, ihn sowie zwei jüngere Schwestern zurücklassend. Auf der Suche nach einem einzigen Adjektiv zur Charakterisierung Chamberlains zögerte ich zwischen „engstirnig" und „phantasielos", bevor ich mich auf „unflexibel" festlegte. Hitler war ein Phänomen jenseits von Chamberlains Horizont. Falls ein Mensch nicht genau weiß, wo seine Grenzen liegen, sollte er sich wenigstens darüber im klaren sein, daß er Grenzen hat. Chamberlain, so scheint mir, verdient auf diesem Hintergrund strenge Kritik. In der Retrospektive wirkt er in den letzten acht Friedensmonaten genauso fehl am Platze wie in den ersten Kriegsmonaten, ehe Churchill ihn ablöste. Seine Briefe an seine Schwester, immer in derselben gleichmäßigen Handschrift, sind heute bisweilen peinlich zu lesen:

19. Februar 1939: „Alle Nachrichten, die ich erhalte, weisen in Richtung des Friedens... Ich glaube, wir haben die Diktatoren schließlich überwunden."

29. April 1939: „Ich glaube, daß jeder Monat, der ohne Krieg vergeht, den Krieg unwahrscheinlicher macht."

23. Juli 1939: „Je länger der Krieg vermieden wird, desto unwahrscheinlicher ist es, daß er überhaupt kommt... Ich denke, es gibt eine unzweideutige Entspannung."

Chamberlain hätte besser daran getan, seinem täglichen Postsack weniger und dem Unterhaus mehr Aufmerksamkeit zu widmen; denn dort verlangten im März desselben Jahres 30 Abgeordnete der Konservativen Partei, geführt von Churchill und Eden, die Bildung einer nationalen Regierung, einer Koalition, um diejenige Außenpolitik durchzusetzen, die „vom Außenminister" empfohlen wurde (so formulierte es treffend der Entwurf der eingebrachten Resolution). Denn Lord Halifax hatte sich in der Zwischenzeit um einiges vom Lager der reinen Appeasementpolitik entfernt, falls er überhaupt jemals dazu gehört hatte. Mit seinen aristokratischen Instinkten und seinem hervorragenden Intellekt war er sowohl stärker schockiert als Chamberlain über die Aktionen Hitlers, als auch besser in der Lage einzuschätzen, wohin sie die Welt führen würden. Schon zur Zeit des Anschlusses von Österreich hatte Halifax Ribbentrop gegenüber die „Zurschaustellung nackter Gewalt" verurteilt.[27] Nach der Besetzung Prags ein Jahr später sagte er dem deutschen Botschafter in London: „Die Schlußfolgerung, die jedermann in diesem Land und weit außerhalb seiner Grenzen ziehen würde, muß sein, daß die deutsche Regierung bereit ist, die Meinung der Welt zu mißachten, und daß sie versucht, eine Stellung zu erreichen, von der aus sie Europa und, falls möglich, die Welt mit Gewalt beherrschen kann."[28]

Der Rahmen dieser Arbeit erlaubt es nicht, mehr über Botschafter Dirksen zu sagen, aber es ist vielleicht nützlich, noch einige Sätze über seinen britischen Gegenpart in Berlin, Sir Nevile Henderson, zu verlieren. (Ich verlasse mich hier weniger auf sein eigenes Buch als auf die Vielzahl von Telegrammen und Depeschen, die eine Last für die eher primitiven Kommunikationssysteme der Zeit gewesen sein müssen.) Offen gesagt fällt es schwer, bei Henderson an eine *deformation professionelle* zu denken, an der er nicht litt. Halifax tadelte ihn wegen der Verdrehung von Instruktionen,[29] Chamberlain beschwerte sich über eine allzu große Neigung, sowohl anderer Leute Ideen zu stehlen als auch mit der Presse zu reden.[30] Henderson war, wie man daraus ersieht, eitel. Er schätzte die Lüge, die ihm die Naziführer persönlich erzählten, höher als die Wahrheit, die ihn über andere Kanäle erreichte. Seine Bemerkungen über „Juden und Kommunisten" waren alles andere als freundlich.[31] Er schlug vor, die britische Presse solle „Hitler als Friedensapostel ausführlich porträtieren".[32] Die Pessimisten bezichtigte er „der Hysterie", wenn sie von „aggressiven deutschen Absichten" sprachen.[33] Niemals zuvor hatte er in Deutschland Dienst getan, noch in irgendeinem anderen deutschsprachigen Land. Das kann vielleicht erklären, warum er „Lebensraum" mit „Vorzugsstellung, vornehmlich in ökonomischer Hinsicht, in Zentral-, Ost- und Südosteuropa" übersetzte;[34] und warum es ihn beruhigte, als er vom Staatssekretär im Auswärtigen Amt, Ernst von Weizsäcker, am Morgen des 13. März 1939 hörte: Was auch immer in der Tschechoslowakei geschehe, man werde es „auf eine dezente Weise" tun.[35] Der tschechoslowakische Präsident und sein Außenminister sollten die Bedeutung dieses Ausdrucks binnen 48 Stunden kennenlernen.

Solche Stilfehler könnten Henderson ja noch vergeben werden, hätte er sich nicht auch in substantiellen Fragen so häufig geirrt. So meinte er allen Ernstes, Hitlers Umgebung bestünde aus Extremisten und Gemäßigten, wobei Hitler manchmal der einen und manchmal der anderen Gruppe zuhörte. Noch im März 1939 empfahl er der britischen Regierung „zu überdenken", wie weit sie Deutschland entgegenkommen könnten; er dachte dabei an Konzessionen in Wirtschaftsfragen und an die Tolerierung einer Expansion nach Osten und Südosten. Und im Dezember 1939 schrieb er in seinem Buch: „Hätte Hitler nach München aufgehört, die Zusammenarbeit mit ihm wäre noch möglich gewesen, und die Welt hätte vielleicht damit geendet, sein Genie zu preisen.“[36]

V. Schlußfolgerungen

Es ist nun an der Zeit, die Fäden meiner Erzählung zusammenzuführen und einige Schlußfolgerungen daraus abzuleiten. Wenn ich ziemlich weit auf Thematiken anderer Vorträge in dieser Reihe eingegangen bin, so geschah dies in dem Bemühen zu beschreiben, wie andere – kleinere ebenso wie größere – Akteure in dem Drama zur fraglichen Zeit in der britischen Perzeption erschienen. Es kann gut sein, daß der von Polen eingeschlagene Kurs logischer, daß Präsident Roosevelts Ansicht weiterblickend und die französische Politik kohärenter war, als ich sie geschildert habe. Wo mein Ton kritisch war, reflektierte er nur, wie diese Dinge damals in London gesehen wurden.

Was die Aktionen meines eigenen Landes betreffen, so wurde hoffentlich klar: Es gab viele Entscheidungen, die ich mir anders gewünscht hätte. Auf Chamberlains Fehler bin ich schon eingegangen. Er vertraute seinem eigenen Urteil zu ausschließlich und zu lange, und viel zu sehr auch der Fähigkeit der Diplomatie, die Quadratur des Zirkels zu erreichen; noch im Juli 1939 überlegte er, wie man gleichzeitig deutschen Forderungen entsprechen und ebenso Polens Unabhängigkeit und ökonomische Sicherheit garantieren könne.[37] (Mit gleicher Absicht hatte Halifax ein Jahr zuvor überlegt, „jemanden mit praktischer Verwaltungserfahrung, der mit Minoritätenproblemen vertraut wäre, zum Beispiel einen ehemaligen Gouverneur einer indischen Provinz“,[38] als Schlichter zwischen Beneš und Henlein anzubieten.) Die 48stündige Verzögerung zwischen dem deutschen Angriff auf Polen und dem Eintritt Großbritanniens und Frankreichs in den Krieg ist für London kein Ruhmesblatt, und die britische Regierung hätte vielleicht noch länger gezögert, wäre die Entscheidung nicht von der Stimmung im Unterhaus erzwungen worden.

Die Briten insgesamt, so scheint mir, verstanden die Maxime, daß Verhandlungen nur aus einer Position der Stärke mit Erfolg herausgeführt werden können, aber sie verlangten nicht, daß ihre Führer diesen Grundsatz in die Praxis umsetzten. Stanley Baldwins berühmtes Geständnis von 1936, daß er keine Wiederaufrüstung empfohlen habe, weil er andernfalls die Wahlen verloren hätte, war nur zu wahr. Einer bekannten Theorie zufolge hätte das britische Volk in dieser Hinsicht verantwortlicher gehandelt, wenn es nicht die um König Edward VIII. und Mrs. Wallis Simpson ausgelöste Verfassungskrise gegeben hätte, die nahezu das gesamte Jahr 1936 andauerte. Die Tatsache bleibt jedoch bestehen, daß für das zentrale außenpolitische Problem des Jahrzehnts, die Lösung der Deutschland-Frage, weder die britische Regierung noch die Presse ein klares, überzeugendes Konzept besaßen. Die Londoner ›Times‹, damals herausragender unter den britischen Tageszeitungen als heute, wirkte de facto als Sprachrohr der Appeasementpartei, während der ›Daily Express‹ bis Anfang August 1939 täglich den Slogan „Dieses oder nächstes Jahr wird es keinen Krieg in Europa geben“[39] auf der Titelseite abdruckte.

So stolperte Großbritannien eher in den Krieg, als bewußt in ihn einzutreten. In bestimmter Hinsicht glichen sich die Krisen um Polen und die Tschechoslowakei, war der *Casus belli* für Großbritannien 1939 nicht zwingender als 1938. 1938 hatte Chamberlain darauf bestanden, daß die Entscheidung über Krieg und Frieden in britischen Händen verbleiben müsse: 1939 jedoch gab er sie, durch die Garantieerklärung für Polen, effektiv in die Hand Berlins. Er hätte von Polen sagen können, was er – woran man sich bitter erinnerte – von der Tschechoslowakei gesagt hatte, daß dies „a quarrel in a far-away country between people of whom we know nothing“ [40] war. Aber die geistige Haltung Großbritanniens zu den beiden Zeitpunkten war, wie wir gesehen haben, verschieden. Das heißt nicht, daß sich die Erwartung in London über die wahrscheinliche Natur des kommenden Krieges verändert hatte. Ein paar Leute beruhigten sich zwar mit der Vorstellung, daß Deutschland durch eine Verknappung von einigen wichtigen Rohstoffen bald auf die Knie gezwungen werden würde (ich bin alt genug, um mich daran erinnern zu können, daß Mangan in diesem Zusammenhang erwähnt wurde); oder sie gaben sich der Illusion hin, wenn der Krieg erst begonnen hätte, würden sich die Völker Deutschlands und Italiens erheben und ihre Führer, die sie in Konflikt mit Frankreich und Großbritannien gebracht hatten, stürzen. Was diesen letzten Punkt betrifft, so kann ich doch nicht widerstehen, die gänzlich andere Einschätzung der britischen Botschaft in Berlin zu zitieren, unterzeichnet vom Chargé d'Affaires, während Hendersons krankheitsbedingter Abwesenheit von Mitte Oktober 1938 bis Mitte Februar 1939 – einer Abwesenheit, welche er selbst „eine kleinere Katastrophe" nannte. „Im Falle eines Krieges", so führte Hendersons Stellvertreter Ogilvie-Forbes aus, „werden die Deutschen, Extremisten ebenso wie Gemäßigte, mit einer für sie charakteristischen Disziplin [Hitler] bis zum letzten Mann folgen, und irgendeine potentielle Opposition wird schnell und rücksichtslos von der SS erledigt werden", und er fügte hinzu: „Es wird lange Zeit dauern und großer gegenseitiger Zerstörung bedürfen, bis eine effektive Opposition sich zeigen wird."[41]

In der Tat: große gegenseitige Zerstörung. Man kann nur sagen, daß das britische Volk 1938 noch nicht darauf eingestellt war, aber 1939 war es soweit. Der schwer gefaßte Entschluß war gefällt. Es mußte sein.

Ich denke, daß meine Generation europäischer Diplomaten einige Dinge aus den Fehlern der 30er Jahre gelernt hat. Wir verstanden die ökonomische Dimension besser. Wir hatten ein weitaus besseres Instrument der internationalen Zusammenarbeit in den Vereinten Nationen zur Hand, und in Paranthese sei es gesagt, wir machten besseren Gebrauch davon. Zur Zeit des ‚Anschlusses' gab Halifax den Befehl, den Völkerbund nicht einzuschalten, weil „das einzige Resultat darin bestünde, ihn einer offenen Demütigung auszusetzen".[42] Wir lernten, uns vor dem Prinzip der Selbstbestimmung zu hüten oder zumindest eine vorsichtigere Balance zwischen diesem Prinzip und dem Respekt vor bestehenden Grenzen zu halten. Wir begriffen, erneut mit Halifax' Worten, „die Torheit, eine Außenpolitik auf unzureichende bewaffnete Stärke zu gründen",[43] und wir nahmen das Paradoxon bereitwillig an, daß es sicherer ist, unter einer nuklearen als unter einer konventionellen Abschreckung zu leben. In der NATO, später im KSZE-Prozeß und nun in den verschiedenen Abrüstungsmaßnahmen gewannen wir effektivere Instrumente der kollektiven Sicherheit und Kooperation, als es Locarno (1925), der Kellogg-Pakt (1928), das Londoner Flottenabkommen (1935) und die anderen, heute vergessenen diplomatischen Errungenschaften der 20er und 30er Jahre waren.

Es gab einen Mann, der es erlebte, daß einige dieser Lehren gezogen wurden, und dessen Namen ich kaum erwähnt habe; ein Engländer, der die Realität Hitlers lange vor den meisten seiner Landsleute erkannte, und der beschrieb, was er sah, der aber nicht beachtet wurde. Natürlich meine ich Winston Churchill. Während der von mir behandelten Zeitspanne war er nicht Mitglied der Regierung. Aber er war international bekannt, und er wurde immer wieder von Leuten aufgesucht, die seine Ansichten teilten und neue Beweise beibrachten, diese zu unterstützen. Unter seinen Besuchern waren viele Deutsche, unter ihnen auch ein Mann mit dem Namen Ewald von Kleist-Schmenzin. Im August 1938 brachte er die Botschaft nach England, es sei falsch, Hitler (wie dies viele taten) als einen Gemäßigten zu betrachten, der unter dem Einfluß von Extremisten stand: „Es gibt nur einen wirklichen Extremisten, und das ist Hitler selbst." Churchill war sehr daran interessiert, was Kleist zu sagen hatte, und nach ihrem Treffen schrieb er ihm einen langen Brief, der nicht nur die unmittelbar bevorstehende tschechoslowakische Krise voraussah, sondern in gewisser Weise auch den Angriff auf Polen, die Niederlage Frankreichs, die Ausweitung des Krieges 1941 und sein letztendliches Ergebnis 1945. Ich erlaube mir, Churchills Brief im Original zu zitieren: „I have welcomed you here as one who is ready to run risks to preserve the peace of Europe and to achieve a lasting friendship between the British, French and German peoples for their mutual advantage... Do not, I pray you, be misled... War, once started, would be fought out like the last to the bitter end, and one must consider not what might happen in the first few months, but where we should all be at the end of the third or fourth year. It would be a great mistake to imagine that the slaughter of the civil population following upon air raids would prevent the British Empire from developing its full war power; though, of course, we should suffer more at the beginning than we did last time. But the submarine is practically mastered by scientific methods and we shall have the freedom of the seas and the support of the greater part of the world. The worse the air-slaughter at the beginning, the more inexpiable would be the war. Evidently, all the great nations engaged in the struggle, once started, would fight on for victory or death."[45]

Wenn nur alle die Dinge damals so klar gesehen hätten, hätte es vielleicht doch nicht so sein müssen, wie es sein mußte.

René Girault

Der Kriegseintritt einer uneinigen Nation: Frankreich

„Was man in Zukunft wahrscheinlich nicht mehr wissen wird, was aber der Gefahr des Vergessenwerdens entrissen werden muß, ist die außerordentliche Rolle, die in Frankreich wie in England in den letzten Jahren die Angst vor dem Kommunismus und dem Bolschewismus gespielt hat. Diese Furcht macht einen großen Teil der Menschen blind, sie raubt ihnen die Fähigkeit, die politischen Ereignisse anders als in einem Zerrspiegel zu sehen. Daher rühren die geheimen... Sympathien für Hitler, seine Methoden, seine Gewaltpolitik. Die Leute glauben nicht mehr, daß eine demokratische Regierung in Frankreich stark genug sei, sie zu schützen... Der Krieg erschreckt sie, weil sie in seinem Gefolge Konzessionen an die Arbeiter erwarten, was für sie gleichbedeutend mit Konzessionen an die Kommunisten ist. Genau genommen sind wir heute alle in einem Belagerungszustand, und die Militärs sind die eigentlichen Herren. Werden sie auf Dauer vernünftig bleiben?“ [1]

Diese Notiz aus einem privaten Tagebuch vom 8. September 1939 über die Abhängigkeit der französischen Außenpolitik von innenpolitischen Frontstellungen stammte nicht von einem sozialistischen Politiker. Ihr Verfasser war ein 65jähriger Vertreter der französischen Großbourgeoisie – Charles Rist, einem ehemaligen Gouverneur der Banque de France, der als Wirtschaftsführer hoch angesehen war, unterschiedlichen französischen Regierungen als Sachverständiger für wirtschaftliche Sanierungspläne gedient hatte und Mitglied im Verwaltungsrat zweier der größten französischen Geschäftsbanken war.

Drei Tage später kommentierte Rist die vertrauliche Nachricht, daß Ministerpräsident E. Daladier seinen Außenminister G. Bonnet ablösen wolle, mit der Feststellung: „Ich bin erleichtert – wie wenn wir einen großen Sieg errungen hätten. Bonnet ist aus lauter Schwäche, Feigheit und krankhaftem Ehrgeiz zum Verräter geworden.“[2]

Bonnet verlor in der Tat am 13. September 1939 die Leitung des Quai d'Orsay, blieb aber als neuernannter Justizminister weiterhin Kabinettsmitglied, so daß von einer Geschlossenheit der Regierung nur dem Anschein nach die Rede sein konnte.

Verfechter einer entschiedenen Anti-Hitler-Politik war der Vorsitzende des Senats, J. Jeanneney, der 1917/18 Mitarbeiter des damaligen Ministerpräsidenten Clemenceau war; er kritisierte in seinem Tagebuch, daß viele lebenswichtige Probleme nicht in Angriff genommen geschweige denn gelöst würden, und forderte, daß alle Kräfte – wie dies einst Clemenceau getan hatte – auf den Krieg konzentriert werden müßten.[3]

Die scheinbare Normalität der Mobilmachung Frankreichs im September 1939 konnte nicht über die innenpolitischen und gesellschaftlichen Spannungen, die das französische Volk durchzogen, hinwegtäuschen. Die mobilisierten Männer zogen nicht mit jenem Jubel durch die Straßen, wie er für die Mobilmachung im August 1914 charakteristisch war. Aber sie waren davon überzeugt, daß man mit dem Nachgeben gegenüber Hitlers Erpressungspolitik endlich Schluß machen müsse. So vollzog sich die französische Mobilmachung ohne größere Pannen und Schwierigkeiten. Die Armeekommandeure mit dem Oberbefehlshaber Gamelin an der Spitze – und in Übereinstimmung mit ihnen die Presse – erklärten, daß „unsere Truppen zum Kampf bereit seien“. Aber hinter dieser Blendfassade der Geschlossenheit der Nation standen nach wie vor tiefgehende Meinungsverschiedenheiten, wirkten die Risse in der französischen Gesellschaft fort, wurden viele einander widersprechende kurz- oder mittelfristig politische Illusionen und Kalküle genährt.

Viele nutzten die psychologischen Wirkungen des deutsch-sowjetischen Nichtangriffspaktes vom 23. August 1939 zum Kampf gegen die schmachvolle Entente zwischen Bolschewismus und Nazismus und zu dem Versuch, der Kommunistischen Partei den Gnadenstoß zu geben. Andere sahen die Zeit gekommen, einem apathischen und dekadenten Frankreich den Nutzen der Arbeit zu lehren. Viele wollten die Krise des Krieges nutzen, um einen Verfassungswandel im Sinne einer Stärkung der Exekutive in die Wege zu leiten.

Überblickt man die Situation Frankreichs im Jahre 1939 und vergleicht man sie mit der Lage 1914, so stellt sich die Frage, ob in der Kriegserklärung der Pariser Regierung nicht ein Primat der Innenpolitik zum Ausdruck kommt. Anders als 1914 sah sich Frankreich keiner deutschen Invasion ausgesetzt, und man war der Überzeugung, daß durch die Maginot-Linie das französische Territorium im Osten und Nordosten unangreifbar geworden sei. Wozu sollte man den Krieg erklären, nachdem 1939 Frankreich keine ähnlichen Kriegsziele wie 1914 hatte – die Wiedergewinnung von Elsaß und Lothringen oder die Verdrängung Deutschlands aus den Kolonien? Im Jahre 1939 hatte Frankreich nicht die Absicht, die Landkarte Europas zu verändern, seine Politik war eine defensive. Und dennoch erklärte Frankreich Deutschland den Krieg.

I. Der Kriegseintritt

Nur wenige Franzosen wurden von der Kriegserklärung überrascht. Den meisten Franzosen war es seit mehreren Monaten klar, schon seit München 1938 einer starken Minderheit der Bevölkerung offenkundig, daß der unvermeidbare Konflikt mit Hitlers Drittem Reich vor der Tür stand. Nach Ergebnissen und Meinungsumfragen hielten es einige Tage nach dem Münchner Abkommen 70% der befragten Franzosen für notwendig, jede neue Forderung Hitlers abzulehnen. 1939 hatte der Prozentsatz der Befragten, die überzeugt waren, daß es zum Krieg kommen würde, ständig zugenommen. Die mit Kriegsdrohungen verbundene Expansionspolitik Hitlers hatte den französischen Abwehrwillen seit 1938 geweckt. Im Sommer 1939 stellte sich nicht mehr prinzipiell die Frage eines Zusammenstoßes mit Deutschland als vielmehr das Problem, wann und wie mit der nationalsozialistischen Ausdehnungspolitik Schluß gemacht werden könnte.

Für 1939 oder 1940 konnte man folgendes einfaches politisches Szenario erwarten: Berauscht von seinen neuen Erfolgen würde Hitler in Osteuropa versuchen, wohl vor allem zu Lasten Polens neue Gewinne zu machen. Die Situation von Danzig und der polnische Korridor konnten den Anlaß zu einer neuen Kraftprobe bilden. Dabei hielt man allerdings die Position Hitlers für verhältnismäßig schwach. Einerseits beurteilte man im französischen Militär die Leistungsfähigkeit der polnischen Armee als beachtenswert. Andererseits drohte Hitler das Risiko eines Zweifrontenkriegs, seit die beiden demokratischen Großmächte England und Frankreich nach der Besetzung der restlichen Tschechoslowakei im Frühjahr 1939 dem bedrohten Polen ihre volle Unterstützung zugesichert hatten. Die politischen und militärischen Verhandlungen der Westmächte mit der Sowjetunion im Frühjahr 1939 verstärkten den französischen Optimismus, weil sie Polen und Rumänien, die beide von Deutschland bedroht waren, an ihren Ostgrenzen abzusichern schienen. Den bombastisch auftretenden Diktator Italiens, Mussolini, hielt man noch nicht für endgültig festgelegt; man glaubte, daß man ihn für eine neutrale Haltung gewinnen könnte, wenn man die Neutralität für Italien nur anziehend genug machte. General Franco schließlich, der die südliche Flanke Frankreichs bedrohen konnte, mußte zunächst daran denken, die Wunden seines zerstörten Landes zu heilen, ehe er seinem deutschen Lehrmeister folgen konnte.

Auf dem Hintergrund dieser Einschätzung der politischen Lage wurden die ungestümen Warnungen Hitlers und die deutschen Truppenbewegungen an der polnischen Grenze als reine Täuschung betrachtet. Man glaubte, der deutsche Gegner wolle wieder einmal die Westmächte beeindrucken, die jetzt fest entschlossen seien, Widerstand zu leisten, weil sie von ihrer eigenen Stärke, von Hitlers Isolierung und der inneren Uneinigkeit Deutschlands überzeugt waren. Selbst wenn Hitler keine Politik des Bluffs betrieb, würde er doch keine Siegeschance haben: Die Vorteile Frankreichs – der Schutz gegen eine Invasion durch die Maginot-Linie und die „stärkste Armee der Welt" (wie sich General Weygand im Juli 1939 ausdrückte), der Beistand der britischen Flotte und die Unterstützung durch das englische Kapital – wurden als so groß betrachtet, daß man nicht mit schnellen Feldzügen, sondern mit einem langen Abnutzungskrieg rechnete, bei dem die Macht der Wirtschaft alles entschied. Angesichts des Mangels an kriegswichtigen Rohstoffen wie Eisen und Erdöl und angesichts des Fehlens einer ausreichenden Kapitaldecke würde Deutschland unter einer Blokkade mit immer größeren Schwierigkeiten zu kämpfen haben, während die westlichen Alliierten imstande wären, bei den Vereinigten Staaten oder den neutralen Ländern ihren kriegswichtigen Lebensmittel- und Rohstoffbedarf zu befriedigen. Die Zeit mußte für die Demokratien arbeiten.

Eine Anzahl von deutschen Politikern und Wirtschaftsführern, insbesondere von Funktionsträgern der NSDAP kannte diese Bedingungen und war daher zu Verhandlungen bereit. Die deutsche Bevölkerung selbst, auch wenn sie sich von den militärischen Erfolgen von 1939 berauschen ließ, war nicht grundsätzlich kriegslustiger als ihre Nachbarn: Noch ein Jahr zuvor hatten sie nach der Münchner Konferenz den Frieden bejubelt. Das alles wußte Hitler nur zu gut. Er konnte – so war das Kalkül – wohl noch die Hoffnung hegen, daß er auf seine Gegner Eindruck machen würde, wie ihm dies auf der Münchner Konferenz 1938 gelungen war; aber, so glaubte man, er müßte sich darüber klar sein, daß der Widerstand, den er ausgelöst hatte, ihn zuletzt zwingen würde, die Maske fallenzulassen oder in einen Konflikt einzutreten, der mit der Erschöpfung seines Landes enden mußte. Der ‚Führer' – so war die Hoffnung – würde sich also wahrscheinlich für eine Vermittlung entscheiden.

„Hitler wird sich ducken!" schrieb der Dichter und Diplomat P. Claudel am 18. August 1939 im ›Figaro‹.[4]

Fünf Tage später wurde die Unterzeichnung des deutsch-sowjetischen Nichtangriffspaktes bekannt, mit dem die bisherigen außenpolitischen Gedankenspiele überholt waren. Nazideutschland hatte die Komplizenschaft Stalins für die Vernichtung Polens gewonnen; die Lieferungen russischen Erdöls und weiterer kriegswichtiger Rohstoffe und Lebensmittel aus der Sowjetunion mußten das nationalsozialistische Kriegspotential entscheidend vergrößern.

Der Eindruck dominierte in Frankreich: Genauso wie Ende 1917/Anfang 1918, als Lenin und Trockij einen Waffenstillstand mit dem Kaiserreich und anschließend den Frieden von Brest-Litovsk geschlossen hatten, übten die Bolschewiken wieder einmal zugunsten Deutschlands „Verrat"! Eine solche Annäherung zwischen Nazismus und Bolschewismus hatte man für so unmöglich gehalten, daß ein Zeitabstand von mehreren Tagen nötig war, bis man die Tragweite dieses Wendepunkts richtig beurteilte. Diese Tage gehörten zu der letzten Phase eines prekären Friedens, in der es eine schwierige Aufgabe war, Chancen und Risiken zu seiner Sicherung – evtl. durch Änderung der bisherigen Politik – richtig einzuschätzen.

Auch in der neuen Situation steuerte Paris im wesentlichen den gleichen außenpolitischen Kurs, den es vor einigen Wochen eingeschlagen hatte. Was Polen betraf, so hatte man sich entschlossen, der „Bluff-Politik" Hitlers und seinen Kriegsdrohungen Widerstand entgegenzusetzen. Wie hätte man auch einen Kurswechsel in dieser Frage einleiten können, während eine neue Teilung Polens durch das Dritte Reich und die Sowjetunion immer wahrscheinlicher sich abzeichnete? Das Wort, das man Warschau gegeben hat, blieb auch jetzt noch bestimmend für die französische Politik.

Welchen Charakter würde aber nun dieser Krieg haben, auf den man sich unvermeidlich zubewegte? Würde ein wirtschaftlicher Abnutzungskrieg, wie ihn die Westmächte kalkuliert haben, noch realisierbar sein? War es im Gegenteil nicht notwendig, den Polen sofort militärisch beizustehen, indem man so schnell wie möglich eine Gegenoffensive im Westen Deutschlands startete? Dies hätte natürlich die Preisgabe der bisherigen Pläne für einen Verteidigungskrieg bedeutet. Sollte man auf diese bisherige politisch-militärische Strategie verzichten?

Der Kriegseintritt Frankreichs im Jahre 1939 ist ein gutes Beispiel dafür, wie schwer es einer politischen Führung fällt, ihre zuvor langfristig geplante Taktik rasch und grundlegend zu ändern. In der Pariser Regierung glaubte man weiterhin, daß Hitler nur bluffe, daß Polens Armee ein ernst zu nehmender Gegner der deutschen Wehrmacht sei und daß Frankreich von

Großbritannien kriegsentscheidend Beistand erfahre. Unter den französischen Verantwortlichen glaubten einige noch, daß Hitler wegen der pazifistischen Strömungen innerhalb Deutschlands nicht in der Lage sein werde, einen Krieg problemlos zu führen. Wie dauerhaft diese Meinung war, belegt folgendes Ereignis: Am 25. August 1939 schrieb der französische Botschafter in Berlin, R. Coulondre, einen Privatbrief an Ministerpräsident Daladier, um ihn zu bestärken, entschlossen zu bleiben und in der sich abzeichnenden Kraftprobe „hart zu bleiben“. Das Wort wurde dreimal wiederholt. „Nach ihm zugegangenen Informationen“, so schrieb Coulondre, „frage sich Hitler, wie er aus der Sackgasse herauskommen könne, in die er geraten war.“[5] Bei der Ministerratssitzung am 30. August 1939 zeigte der Ministerpräsident diesen Brief theatralisch in der Runde, um einige zögernde Kabinettsmitglieder zu überzeugen. Der Minister A. de Monzie gab folgenden Kommentar: „Es geht nur um eine Frage des Bluffs. Wer als letzter bluffen wird, ist der Sieger. Man braucht nur zu prahlen, nur immer abwarten und prahlen: das läßt sich ja mit Begeisterung und ohne Schwierigkeiten zu Ende bringen.“[6] Der mächtige Generalsekretär des Quai d'Orsay, A. Léger, scheint zu dieser Zeit auch von einer Bluff-Politik Hitlers überzeugt gewesen zu sein; er übte einen unbestreitbaren Einfluß auf den Ministerpräsidenten aus.

Eine Kehrtwende in der außenpolitischen Taktik, die darin bestanden hätte, den Bundesgenossen Polen im Stich zu lassen, schien diesen Politikern im übrigen nicht nur als schmählich, sondern auch als nutzlos. Denn man war aufgrund der Urteile der militärischen Sachverständigen der Überzeugung, daß die polnische Armee mehrere Monate allein gegen Deutschland kämpfen konnte und die Westmächte auf diese Weise eine ausreichende Frist für ihre Mobilmachung und beschleunigte Wiederaufrüstung erlangen würden. Nachdem Frankreich im September 1938 die Tschechoslowakei geopfert hatte, durfte Paris nicht daran denken, auch den polnischen Bundesgenossen im Stich zu lassen, ohne daß die Gefahr eines psychologischen Desasters heraufbeschworen wurde. Wie in den militärisch-politischen Planungen vorgesehen, sollte Frankreichs direkte militärische Unterstützung für Polen höchst begrenzt bleiben, obwohl Polen nach dem deutschen Überfall die dringende Bitte um aktives Eingreifen an die Westmächte richtete. Obwohl im Sommer 1939 Berlin seine Drohungen gegenüber Warschau verstärkte, hatte die französische Regierung den Erlaß von Durchführungsbestimmungen für ein polnisch-französisches Militärabkommen verzögert, das Mitte Mai 1939 die Generäle Gamelin und Kasprzycki ausgehandelt hatten. Nach diesem Abkommen war eine Offensive gegen Deutschland im Hauptteil der französischen Armee vom 15. Tag nach dem Beginn der allgemeinen französischen Mobilmachung ab vorgesehen.[7]

Außenminister Bonnet unterzeichnete das Abkommen schließlich am 4. September 1939, aber so spät, daß es vor der Niederlage Polens nicht wirksam werden konnte. Der französische Generalstab hatte ohnedies keine praktischen Maßnahmen getroffen, um diese Verpflichtungen zu erfüllen. Der defensiven französischen Strategie im Kriegsfall entsprach im übrigen auch das französische Mißtrauen gegenüber der polnischen Regierung, die nicht ohne Grund in Verdacht stand, bis zum Frühjahr 1939 dem nazistischen Deutschland zuviel Entgegenkommen bewiesen zu haben.

Die globale Strategie Frankreichs war auf einem umfassenden Bündnis mit England begründet. Auf die praktischen Bedingungen dieser Allianz brauchen wir hier nicht näher einzugehen. Festgehalten zu werden verdient, daß fast das ganze Jahr 1939 zahlreiche, sehr detaillierte Verhandlungen geführt wurden, bei denen eine genaue Verteilung der Land- und Seestreitkräfte und deren Einsatz festgelegt wurden.[8] Nach langem Zögern auf britischer Seite waren die Vorbereitungen für einen künftigen Wirtschaftskrieg in Gang gekommen. Ende Juli 1939 schlug Chamberlain vor, einen alliierten Generalstab zu schaffen, was Frankreich sofort akzeptierte. So hatten Briten und Franzosen im Gegensatz zur Zeit des Ersten Weltkrieges die Instrumente ihres gemeinsamen Kampfes festgelegt. Die Briten sollten die Wehrpflicht einführen und auf Drängen der Franzosen ein größeres Expeditionskorps, als ursprünglich vorgesehen war, auf den Kontinent schicken und schließlich auch die Führungsrolle Frankreichs bei den Landoperationen um General Gamelin anerkennen.

Die Frage stellt sich allerdings, ob diese taktischen Konzessionen der Briten nicht die Konsequenz hatten, daß die französische Außenpolitik mit der Londons gleichgeschaltet wurde. F. Bedarida hat von der „englischen Gouvernante" gesprochen,[9] um die oft entscheidende Rolle der Briten in der Entwicklung der internationalen Beziehungen zwischen 1936 und 1939 und die Dominanz von Downing Street im Verhältnis London/Paris zu charakterisieren. Entsprach die Kriegserklärung Frankreichs vom September 1939 diesem ‚klassischen' Schema? Begnügte sich Frankreich in diesem kritischen Augenblick damit, England zu folgen?

Auf der Grundlage einer nahezu erschöpfenden Auswertung der Bestände der wichtigsten internationalen Archive kommt J. B. Duroselle für den Zeitabschnitt vom Abschluß des deutsch-sowjetischen Nichtangriffspaktes bis zur französischen Kriegserklärung an Berlin zu folgendem Ergebnis: „In den acht Tagen nach dem deutsch-sowjetischen Pakt war die französische Diplomatie eine der passivsten Europas... Zwischen dem 27. und dem 30. August 1939 schien die französische Diplomatie zu entschlummern. Die wesentlichen Verhandlungen wurden von England wie in den vergangenen Jahren allein geführt. London bat trotzdem dringend um den Beistand Frankreichs, den Paris bereitwillig gewährte, ohne dabei mehr als eine rein passive Rolle zu spielen." [10] Ab dem 31. August kam Frankreich als Hauptakteur auf die diplomatische Bühne zurück, und zwar bis zum 2. September einschließlich. In dieser kurzen Zeitspanne ergriff Außenminister G. Bonnet im Sinne der ‚Appeasement-Politik' eine Initiative in Richtung einer neuen Münchner Konferenz, während Großbritannien fest entschlossen war, so rasch wie möglich Hitler ein Ultimatum zu stellen. Drei Tage lang unternahm Bonnet politisch-diplomatische Manöver, um die Chancen für ein ‚Appeasement' zu nutzen, die ein Vorschlag Mussolinis vom 31. August zu bieten schien. Danach sollten auf einer Viererkonferenz alle Klauseln des Versailler Vertrags überprüft werden, die als Ursachen der bestehenden

Spannungen und Konflikte gelten konnten. Bonnet, einige andere Minister und französische Diplomaten hofften bis zum 3. September noch, daß eine nach dem Münchner Modell ausgehandelte Lösung erreicht werden könnte. Polen wäre – wie die Tschechoslowakei 1938 – zweifellos gezwungen worden, die Rechnung zu zahlen, aber der Friede wäre für Frankreich bewahrt worden. Großbritanniens Entschlossenheit, Hitlers Pläne mit Polen zu durchkreuzen, machte diese ‚Hoffnung' zunichte; Ministerpräsident Daladier und sein Oberbefehlshaber Gamelin hatten diese Kalkulation nicht geteilt – sie waren vor allen Dingen daran interessiert, einige kostbare Stunden zu gewinnen, um die Mobilmachung zu vollenden. In der französischen Öffentlichkeit bestand ohnedies keine Hoffnung auf ein neues ‚München'. In ihr dominierte die Parole, daß endlich einmal Schluß gemacht werden müsse mit den Herausforderungen Hitlers.

Auf diesem Hintergrund ist das Beharren Bonnets auf seinem ‚Appeasement-Standpunkt' schwer zu erklären. Als das französische Parlament am 20. September 1939 zusammentrat, um der Regierung die nötigen zusätzlichen Mittel zu bewilligen, damit Frankreich seinen militärischen Verpflichtungen in der internationalen Situation nachkommen konnte, zeigten sich in den Fraktionen unterschiedliche Tendenzen, darunter auch solche einer Opposition gegen den Kriegseintritt. In den Regierungskreisen war man von der ‚Union Sacrée' der ‚heiligen Einheit der Nation' des Jahres 1914 weit entfernt. Ministerpräsident Daladier sowie die Mehrheit des Kabinetts und die Majorität im Parlament waren zwar entschlossen, dem britischen Beispiel zu folgen. Das schloß aber Hintergedanken nicht aus wie etwa die Frage, ob nur Hitler der eigentliche Feind sei oder ob es sich wirklich lohne, „für Danzig und die Polacken zu sterben" („*mourir pour Dantzig?*").[11] Andere verfolgten den Gedanken, daß der Eintritt in den Krieg nicht unbedingt gleichbedeutend sei mit dem Zwang, einen mörderischen Krieg zu führen.

Im Sinne einer Erhaltung des Friedens wirkten hauptsächlich drei Grundströmungen: der Pazifismus, der aus der Erinnerung an das Massenmorden während des Ersten Weltkrieges seine

Kraft zog; der Antikommunismus; und die Begrenzung des nationalfranzösischen Interesses auf die Erhaltung des Kolonialreiches unter Abkehr von einem kontinental-europäischen Engagement. In welchem Maße sich Frankreich an dem Krieg beteiligen würde, hing vor allem davon ab, wie ernst man diese Tendenzen nahm und welches Gewicht sie im Verhältnis zu drei anderen Grundströmungen erlangten – zum Antifaschismus, zum Gedanken der Verteidigung der demokratischen Werte und zur Treue gegenüber den Bündnisverpflichtungen.

II. Krieg und Kriegsgegner

Wendet man sich der Frage zu, warum Frankreich trotz seiner inneren Gegensätze, seiner Unentschlossenheit und Uneinigkeit in den Krieg eintrat, dann zeigt sich, daß die Kriegserklärung an Hitler das Ergebnis verschiedener Entwicklungen der öffentlichen Meinung in der Zwischenkriegszeit und längerfristig erarbeiteter militärstrategischer Überlegungen war.

1. Die pazifistische Grundströmung

Alle zeitgenössischen Beobachter wie die Historiker sind sich darin einig, daß in den 30er Jahren der Pazifismus in Frankreich eine wichtige Rolle spielte.[12] Er schöpfte seine eigene Kraft aus mehreren Quellen. Zuerst einmal aus der kollektiven Mentalität. Der Krieg von 1914 bis 1918 hatte mit seinen 1,375 Mio. Gefallenen (die 10,5% der aktiven Bevölkerung Frankreichs darstellten), mit seinen vielen Verwundeten, darunter den zahlreichen Opfern des Giftgaskrieges, die später gestorben sind oder nurmehr das Leben von Versehrten führen konnten, tiefe und nachhaltige Spuren hinterlassen. 20 Jahre sind ja nur ein kurzer Zeitabschnitt in einem durchschnittlichen Menschenleben. Mit seinen materiellen Zerstörungen, den Alltagsnöten und dem privaten Unglück als Konsequenzen konnte ein Krieg nicht mehr als eine kurze Zeit enthusiastischer Begeisterung, glanzvoller Heldentage und militärischen Ruhms betrachtet werden. Die französischen Kriegsveteranen zählten zu den ersten, die den Militarismus ablehnten und die Wohltaten des Friedens priesen. Sie nahmen in ziviler Kleidung an den offiziellen Aufmärschen teil, nicht eigentlich als Vertreter der Armee, sondern der bewaffneten Nation, sie zelebrierten den Kult der toten Kameraden und ließen in allen französischen Gemeinden Denkmäler errichten, die eher Trauer und Mitleid als Macht und Ruhm zum Ausdruck brachten.[13] Der berühmte Ruf „nie mehr wieder!“ verdammte den Krieg als letztes Mittel der Politik. In diesem Ruf kam eine weit verbreitete innere Überzeugung von Millionen erwachsenen Franzosen zum Ausdruck, mit dem sie die Konsequenz zogen aus dem eigenen Erleben in der jüngsten Vergangenheit.

Aus solchen psychologischen Elementen und dem Einfluß unterschiedlicher Ideologien entwickelten sich zum Teil verschiedenartige Formen des Pazifismus. Eine Richtung verfolgte vor allem das Ziel, den Frieden solange wie möglich zu erhalten, und setzte dafür auf die Abrüstung im Rahmen einer Politik der kollektiven Sicherheit innerhalb des Völkerbundes. Kennzeichnend für diese Richtung erscheint der eigenartige geistige Entwicklungsprozeß des Führers der französischen Sozialisten L. Blum, der schon 1937/38 keine Illusionen mehr über die Wirksamkeit des Pazifismus gegenüber Hitler hatte. Blum hatte bis 1935 die Notwendigkeit der Abrüstung vertreten; allmählich überzeugte er sich davon, daß der Landesverteidigung vor der Abrüstung der Vorrang gegeben werden müsse. Im März 1933 schrieb er in der Zeitung ›Le Populaire‹: „Je beängstigender die Macht von Hitlers Rassismus wird, desto wichtiger wird die Nichtwiederaufrüstung Deutschlands für die Sicherheit Frankreichs. Aber die Nichtwiederaufrüstung Deutschlands ist praktisch unmöglich, wenn nicht alle Betroffenen eine Verminderung und eine Kontrolle der Rüstungen erstreben.“[14] Fünf Jahre später schrieb Blum in der Einleitung zum Wirtschaftsprogramm seiner zweiten Regierung: „Die vorgeschlagenen Maßnahmen sind von der Notwendigkeit diktiert, die Verteidigung unseres Landes zu sichern. Es ist allerdings eine tragische Ironie, daß eine dem Frieden und dem Fortschritt so vollkommen ergebene Nation gezwungen ist, mit allen Mitteln eine enorme militärische Einsatzbereitschaft aufzubauen."[15]

Viele französische Intellektuelle, die an den unbestreitbaren Wert des Pazifismus geglaubt hatten, fühlten sich in einem tragischen Dilemma. War es wirklich notwendig, mit dem Pazifismus zu brechen, um den Frieden zu erhalten? In einer kürzlich veröffentlichten Untersuchung über die Studenten, die in der Zwischenkriegszeit an der Eliteschule der Ecole Normale Supérieure in Paris studierten, hat J. F. Sirinelli nachgewiesen, welch schwere Hypothek die pazifistische Ideologie für diese jungen Menschen war.[16] Eine wichtige Rolle spielte bei ihnen ein Kriegsfreiwilliger des Jahres 1914, der Philosoph E. Chartier, der unter dem Namen „Alain" bekannt war und zu einem der Vordenker dieser ‚Intellektuellengeneration' wurde. Alains Vorlesungen, Bücher und Zeitschriftenartikel bzw. die Publikationen seiner Jünger (z. B. in der Zeitschrift ›Libres Propos‹) haben in den Jahren bis 1933 die pazifistische Bewegung vor allem inspiriert. Viele dieser Studenten der Ecole Normale Supérieure wurden aufgrund ihrer sozialistischen oder christlichen Überzeugungen zu leidenschaftlichen und militanten Verfechtern des Pazifismus, oft sogar zu Vertretern eines ‚absoluten' Pazifismus, der jede Form einer Landesverteidigung ablehnte. Viele von diesen *Normaliens* weigerten sich provozierend in den 20er Jahren, Offizier zu werden oder nahmen ostentativ an antimilitärischen Kundgebungen teil, ohne daß dies für ihre Laufbahn nachteilig war. In den 30er Jahren mußten sie entweder ihre pazifistischen Überzeugungen revidieren, oder sie wurden zu gefährlichen politischen Optionen veranlaßt, die sie nach der Niederlage von 1940 in die Kollaboration mit den deutschen Nazis oder in die Unterstützung der Politik des Vichy-Regimes führten.

Bei den sozialistischen Studenten der Ecole Normale Supérieure dominierten die Traditionen dieser Eliteschule als eine Bastion republikanischen Denkens gegenüber den Versuchen, sie zu einem Treibhaus des Pazifismus zu machen. Die Jünger von Alain blieben dagegen in ihrer überwiegenden Mehrzahl dem Pazifismus treu: „Das ethische Erlebnis wurde allmählich zum kategorischen Imperativ. Unter solchen Umständen konnte die neue philosophische Lehre schwer revidiert werden, und man verfügte auf dieser Grundlage über sehr wenig Raum, um frei auf neue politische Entwicklungen reagieren zu können.“ [17]

Der ‚absolute‘ Pazifismus hatte etwa seit 1936 angesichts der faschistischen Gewaltpolitik und besonders seit dem spanischen Bürgerkrieg immer mehr Mißerfolge zu verzeichnen. Die Kommunisten und die Anarchisten, die mit den radikalen Pazifisten zum Teil in gemeinsamen Organisationen agitiert hatten, trennten sich von ihnen: die Kommunisten, als Stalin und die Komintern ihre Haltung änderten, die Anarchisten, als der Krieg in Spanien ausbrach. Im Dezember 1933 schrieb F. Challaye in einer Broschüre unter dem Titel ‚Für den Frieden auch angesichts Hitlers‘: „So schmerzhaft eine ausländische Besetzung auch sein kann, sie wäre doch als ein geringeres Unheil anzusehen als der Krieg.“ Diese Formel inspirierte dann einige wichtige Vertreter der Gewerkschaften, insbesondere den Leiter der Nationalgewerkschaft der Volksschullehrer, A. Delmas, und den Leiter des allgemeinen Gewerkschaftsbundes (*C. G. T.*), R. Belin, beim letzten Kongreß ihrer Gewerkschaft vor dem Krieg im November 1938 in Nantes den pazifistischen Antrag einer Minderheit der Delegierten zu unterschreiben.

Wie aber konnte man sich auf einen Krieg vorbereiten, wenn man in seinem Innersten davon überzeugt war, daß alles, sogar die Knechtschaft, besser war als der Krieg? Als 1939 der Krieg erklärt wurde, unterschrieben indessen nur eine Handvoll pazifistischer Intellektueller einen Aufruf von L. Lecoin zum sofortigen Frieden. Der Pazifismus schien jeden Einfluß verloren zu haben. Wie kann man es sich erklären, daß ein Zeitabschnitt von wenigen Monaten genügte, um die Überzeugung derjenigen zu ändern, die zur Zeit der Münchner Konferenz im September 1938 behaupteten, das Menschenmögliche müsse zur Rettung des Friedens getan werden, auch wenn man dabei die Bundestreue gegenüber den tschechoslowakischen Alliierten preisgab?

Anscheinend hatten sich die Verhältnisse zwischen 1938 und 1939 nicht geändert: Das Deutschland Hitlers hatte 1938 die Offensive gegen die Tschechoslowakei ergriffen, und es war 1939 der Aggressor Polens; wie 1938, so übernahm auch 1939 Mussolini die Rolle eines ‚ehrlichen Maklers'; und die Demokratien waren auch 1939 noch in der Konfrontation mit den faschistischen Diktaturen. Allerdings hatte sich eine entscheidende Weichenstellung vollzogen, die für viele Beobachter die internationale Szene verwirrte und dem künftigen Konflikt einen ganz neuen Umfang verlieh: Stalin und die Kommunisten standen nun im anderen Lager.

Die Entwicklung der französisch-sowjetischen Beziehungen zwischen 1935 und 1939 trug einen ambivalenten Charakter.[18] Die Interdependenz von Innen- und Außenpolitik in diesem Bereich kann an einigen Punkten schlaglichtartig beleuchtet werden. Im Mai 1935 schlossen Stalin und Laval in Moskau ein gegenseitiges Beistandsabkommen ab. Stalin erklärte, daß er für Frankreichs nationale Verteidigungspolitik Verständnis habe, was die französischen Kommunisten veranlaßte, ihren Widerstand gegen diese nationale Verteidigungspolitik aufzugeben. Im Jahre 1936 unterstützten die Leiter der Französischen Kommunistischen Partei die Regierung L. Blum, lehnten aber eine Teilnahme an dieser Regierung der Volksfront ab. Ministerpräsident Blum unternahm Verhandlungen, um mit der Sowjetunion ein Militärbündnis abzuschließen, das allerdings nie zustande kam. Der französische Generalstab und Verteidigungsminister E. Daladier legte keinen Wert auf ein derartiges Abkommen;[19] und Stalin, der sich mitten in seiner sogenannten ‚Säuberungsaktion' gegen die militärischen Leiter der Roten Armee befand, hatte zweifellos den Entschluß gefaßt, keine weiteren Verpflichtungen gegenüber den Engländern und Franzosen einzugehen, die die spanische Republik in ihrem Kampf gegen Franco nicht aktiv unterstützten. Auf der anderen Seite verhandelten die westlichen Demokratien 1938 mit Hitler über die Frage der Sudetengebiete, ohne Rücksicht auf die Sowjetunion zu nehmen oder sie zu den Verhandlungen, die zum Münchner Abkommen führten, hinzuzuziehen. Schließlich zerbrach die Wahlkoalition der Volksfront im April anläßlich der Bildung der Regierung Daladier; die Kommunistische Partei übernahm allmählich die Rolle einer aktiven Position, so daß sich die Volksfront endgültig auflöste, als die Regierung Daladier Ende November einen Generalstreik der *C. G. T.* als Sieger überstand.[20] Mit der Ernennung P. Reynauds zum Finanzminister wurde eine neue Wirtschafts- und Sozialpolitik eingeleitet, die in der immer noch mächtigen Kommunistischen Partei einen entschiedenen Gegner fand, obwohl die Anzahl ihrer Anhänger (280000 im August 1939) wie die ihrer Abgeordneten bei den Teilwahlen von 1938/39 sich nicht erhöhte. Schon Ende 1938 war die Mehrheit der radikalen Partei im Kielwasser ihres ‚Helden', des ‚Präsidenten' Daladier, auf die Politik des Antikommunismus eingeschwenkt. Sie schloß sich dem Zentrum und den Rechtsparteien an, während sich die Sozialisten von den Kommunisten entfernten.

„Schon vor dem Abschluß des deutsch-sowjetischen Abkommens vom 23. August 1939 zeichnete sich auch bei sonst getrennten Parteien – von den strukturell faschistischen Ultra-Rechtsparteien bis hin zu den Sozialisten und den antikommunistischen Gewerkschaften – ein Höhepunkt des Antikommunismus ab."[21] Ende 1938 ist die Kommunistische Partei (*KPF*) in Frankreich schon eine marginale Partei geworden. Stalins *reversement des alliances,* das Bündnis mit Hitler, sollte der Anlaß dazu sein, die *KPF* aus dem politischen Leben Frankreichs auszuschließen.

Die Reaktionen in Frankreich gegenüber dem Kommunismus erscheinen erstaunlich radikal. Noch war die *KPF* eine politische Macht zweiten Ranges. Bei den Wahlen von 1936 hatte sie 15,2% der Stimmen erhalten, während die Sozialistische Partei 20,7% errang. Die *KPF* beteiligte sich nicht an der Regierung. In der Deputiertenkammer und im Senat konnte sie mit ihren 72 Abgeordneten bzw. 2 Senatoren keine Führungsrolle übernehmen. Der Einfluß des Kommunismus in Frankreich war auf seine schnell zunehmende Anhängerschaft zurückzuführen, auf die Rolle, die er in der Arbeiterschaft spielte, und auf die Darstellung, die seine Gegner von ihm gaben. Den zeitgenössischen Beobachtern ist das schnelle Anschwellen der kommunistischen Stimmen bei den Wahlen von 1932 und 1936 besonders aufgefallen; praktisch haben sich diese Stimmen verdoppelt (von 0,8 Mio. bis ungefähr 1,5 Mio.); die Wahlerfolge waren in den Arbeitervorstädten und bei den armen Kleinbauern besonders ausgeprägt. Da die *KPF* eine treibende Kraft in den französischen Gewerkschaften war und die große Welle der Riesenstreiks von 1936 vor allem der Tätigkeit von kommunistischen Aktivisten zugeschrieben wurde, haben ihre Gegner die *KPF* vor allem als die einzig wirkliche politische Kraft der Volksfront angesehen. Ihrer Meinung nach war der sozialistische Regierungschef L. Blum ein Gefangener der Kommunisten.

Das Jahr 1936 war in Frankreich von dem Phänomen einer großen sozialen Angst gekennzeichnet, die durch den spanischen Bürgerkrieg noch verstärkt wurde. Die großen Streiks mit Fabrikbesetzungen und Volksdemonstrationen verunsicherten die französische Bevölkerung, die sozialen Errungenschaften des bezahlten Urlaubs und der 40-Stunden-Woche trugen zu dieser Verunsicherung bei. Für viele Franzosen nicht nur in den wohlhabenden Kreisen des Besitzbürgertums signalisierte der Einbruch der Arbeiterwelt den Niedergang Frankreichs, ja sogar das Ende der Welt. Obwohl die Kommunisten den Militärhaushalt im Parlament bewilligten und sich ebenso auf die französische wie auf die bolschewistische Revolution beriefen, blieben sie als Symbol einer so lange abgesonderten und daher furchterregenden Klasse Außenseiter, ja „Ausländer“. Sie wurden gewissermaßen so betrachtet, wie heute manche ausländische Arbeiter angesehen werden.

Diese soziale Angst begleiteten die französischen Rechtsparteien mit der propagandistischen Ausnutzung der These einer „kommunistischen Verschwörung“, die der *KPF* in der französischen Politik wieder den verlorenen Einfluß sichern sollte. Es war nicht schwierig, die *KPF* wegen ihrer Verbindung mit der ebenso geheimnisvollen wie furchterregenden Institution der Dritten Internationalen (der Komintern) als einen „Agenten des

Auslands" darzustellen. Nach Meinung der Rechtspresse bereitete die *KPF* entsprechend den Weisungen der Komintern die Revolution in Frankreich vor, genauso wie sie die Nation zum Krieg gegen Deutschland und Italien anreize, damit Stalin zur richtigen Stunde als lachender Dritter triumphieren könne. In dieser Sicht fanden die Anhänger von Recht und Ordnung, die Pazifisten, alle diejenigen, die die Ausländer (Juden oder „Kanaken") haßten, einen genau gekennzeichneten Gegner vor sich. Die neue Entwicklung des Kommunismus in Frankreich lieferte zusätzliche Argumente – wie S. Berstein und J. J. Becker schreiben, betrachteten die neuen antikommunistischen Bewegungen im Frankreich der 30er Jahre den Kommunismus als ein „kostbares Schreckbild mit unersetzlicher Funktion". Je gefährlicher die kommunistische Drohung zu werden schien, desto stärker wuchs die Überzeugung der Antikommunisten, daß sie selbst entsprechend dem Vorbild Mussolinis in naher Zukunft die Macht ergreifen würden.[22] Und der schon zitierte C. H. Rist urteilte, daß die französischen Rechtsparteien mit Hilfe des Antikommunismus als der neuen Form des sozialen Konservatismus an der „Volksfront" Revanche nehmen würden – eine Erwartung, die alle teilten, die 1936 als das Jahr einer großen sozialen Angst erlebt hatten.

Die Gemäßigten bauten bei ihrer Hoffnung auf eine Überwindung der Volksfront auf die traditionellen Parteien; sie schlossen sich Daladier an, der auf dem Kongreß der Radikalen Partei im November 1938 in Marseille ausrief: „Wir werden es uns nicht gefallen lassen, daß ausländische Kräfte, wo sie auch herkommen mögen, sich in unser Nationalleben einmischen und den Anspruch erheben, uns Franzosen klarzumachen, worin das Interesse oder die Pflicht Frankreichs besteht."[23]

Andere Gruppen wollten dem Beispiel ausländischer faschistischer Parteien folgen, wie etwa der *Parti Populaire Français*, die ‚Französische Volkspartei' des ehemaligen Kommunisten J. Doriot. „Lieber Hitler als die Volksfront!" war nicht ausschließlich die politische Parole einer winzigen Minderheit. Ohne die in der französischen Gesellschaft traditionell verbreitete Angst vor Deutschland und ohne die schon in der Volksfront vermittelte Überzeugung, daß Deutschland der Feind sei, hätte der Nazismus in den Jahren 1937/38 zweifellos zahlreiche Anhänger in Frankreich gewonnen.

In einer ähnlichen Weise galten auch Mussolinis Faschismus und das System Francos als Modelle. So etwa für die sogenannten ‚Feuerkreuzler', einer unter den Veteranen des Ersten Weltkrieges vertretenen Bewegung *(Croix de Feu)*, die 1938/39 zwar nationalistisch, aber noch stärker antikommunistisch orientiert war. Unter der Bezeichnung *Parti Social Français* verdoppelte diese Bewegung zwischen dem Sommer 1936 und dem Frühjahr 1937 die Zahl ihrer Anhänger auf über eine Million. Sie propagierte politisch-gesellschaftliche Ziele, die schon in Italien oder in Spanien verwirklicht worden waren. Der bereits zitierte Bankier Ch. Rist notierte im März 1941 in seinem Tagebuch über den Besuch eines Anhängers der ‚Feuerkreuzler'-Bewegung, der 1940 vorbildlich gekämpft hatte und verwundet worden war, sich mit der Niederlage Frankreichs aber gut abfand, also – wie Rist schrieb – den „Typus des Pariser Bourgeois von heute" verkörpert: „Nur eines weiß er mit Sicherheit: Die Deutschen sind es, die ihn von seiner Angst vor dem Kommunismus befreien werden, von dieser großen Furcht, die all diese Menschen vor 15 Jahren überwältigt und die jene in den vier Jahren des Ersten Weltkrieges durchlebte große Angst vor den Deutschen ersetzt hat. Von diesen zwei Formen der Angst ist die erstere noch die schlimmere."[24]

Unter solchen Umständen schloß Stalin ein Abkommen mit Hitler und bewies dadurch die verdeckte Wahlverwandtschaft zwischen Hitlerismus und Kommunismus und dem kommunistischen „Verrat". Die Regierung Daladier reagierte mit Entschlossenheit gegen die französische Kommunistische Partei: Schon am 25. August 1939 wurde die kommunistische Presse beschlagnahmt, obwohl die kommunistischen Abgeordneten am 2. September die Militärkredite bewilligten und die kommunistischen Reservisten eingezogen wurden; obwohl viele kommunistische Funktionäre, Aktivisten und Intellektuelle orientierungslos geworden waren, nutzte die Regierung die patriotische Erregung als Instrument des Antikommunismus.[25] Sie fühlte sich durch die enorme Zahl der Austritte aus der Kommunistischen Partei in ihrem Verfolgungswillen bekräftigt. Die Zahl der öffentlichen oder geheimen Parteiaustritte stieg besonders, nachdem die sowjetischen Truppen am 17. September Polen überfallen hatten. Sie betrafen offensichtlich mehr die Abgeordneten (33 von 76), die Oberbürgermeister und die Intellektuellen als den eigentlichen Apparat der Partei. Einige Tage lang schien die Regierung Daladier aus Unsicherheit über die eigentlichen Absichten Stalins ihre Unterdrückungsmaßnahmen zu mildern. Die *KPF* ihrerseits war eine Zeitlang orientierungslos, bis sie um den 18./19. September neue Richtlinien von Moskau erhielt. Am 26. September wurde ein Auflösungserlaß gegen die *KPF* und ihre Massenorganisationen verordnet, und in der Nacht vom 1. zum 2. Oktober floh der Generalsekretär der Partei, Maurice Thorez, über Belgien nach Moskau.

Von nun an war der Kommunismus in Frankreich isoliert. Er erlebte eine der schlimmsten Krisen seiner Geschichte. Vielleicht war die Zeit gekommen, ihm den Todesstoß zu versetzen, so dachten viele seiner Gegner. War der Kommunismus nicht überhaupt der Hauptfeind Frankreichs, der Feind, den man sogar vor Hitler bekämpfen mußte? Die weitere Entwicklung, besonders der Angriff der riesigen Sowjetunion auf das kleine Finnland im November 1939, verstärkte die Position derjenigen, die in dem Krieg das geeignete Mittel entdeckten, die rote Hydra loszuwerden. In einigen politischen und militärischen Kreisen arbeitete man sogar im Dezember 1939 bis Januar/Februar 1940, zur Zeit des Krieges in Finnland, große Pläne zum Einmarsch in die UdSSR aus. Daher die manchmal offen gestellte Frage: „Wer ist in diesem sonderbaren Krieg unser eigentlicher Gegner?“ [26]

3. Die Strategie der Beschränkung auf das Kolonialreich

War es also grundsätzlich notwendig, gegen Hitler zu kämpfen, um Polen zu verteidigen? Mußte man die vom Versailler Vertrag in Osteuropa geschaffenen Staaten am Leben erhalten, nachdem Österreich und die Tschechoslowakei schon ihre Existenz verloren hatten? Die verantwortlichen Politiker in Frankreich waren sich 1939 über die Zweckmäßigkeit einer aktiven Politik in Osteuropa viel weniger einig, als man meinen möchte.

Im großen und ganzen kann man für 1934/35 von einer nahezu völligen Übereinstimmung der leitenden französischen Politiker darüber sprechen, daß eine Kette von Bündnissen in Osteuropa notwendig war, um Deutschland im Rücken zu umfassen und damit einzudämmen. Man war überzeugt von der Notwendigkeit, die ‚Kleine Entente', Polen und die Türkei zu unterstützen, um den deutschen Gegner zu beunruhigen. Unter den sich wandelnden internationalen Rahmenbedingungen stellte man sich aber seit 1935/36 regelmäßig die Frage, ob Frankreich nicht besser seine Verpflichtungen in Osteuropa abbauen sollte. Wie weit konnte man das Polen des Obersten Beck oder das Jugoslawien unter Stojadinowić als zuverlässigen Bündnispartner betrachten, wenn diese aus wirtschaftlichen und politischen Motiven nach dem Muster Belgiens die Tendenz zu einer egoistischen Neutralität erkennen ließen, um sich vor der nazistischen Bedrohung zu schützen? Allerdings hatten diese Staaten auch eine tiefe Enttäuschung erlebt, als Frankreich sich 1936 der Remilitiarisierung des Rheinlandes durch Hitler nicht widersetzte. Als Außenminister Y. Delbos Ende 1936 eine Rundreise durch die mit Frankreich verbündeten Staaten in Osteuropa unternahm (Polen, Rumänien, Jugoslawien, ČSR), machte er sich keine übertriebenen Illusionen über die Fundiertheit einer Politik, die darauf baute, daß diese Staaten auf Dauer auf die Unterstützung durch Frankreich setzten.

Der Botschafter der ČSR in Paris, Osusky, machte am 17. Dezember 1936 den Wunsch seines Landes deutlich, künftig Spannungen mit Deutschland zu vermeiden: „Was die Kleine Entente betrifft", so erklärte er, „haben wir bis jetzt eine Propagandapolitik betrieben, die nicht immer den Realitäten entspricht. Wir dürften uns in der gegenwärtigen Zeit diese Realitäten sowie die sich daraus ergebenden Folgen nicht verhehlen... Wir sind der Meinung, daß wir uns nicht zu sehr in den Vordergrund drängen und Frankreich nicht dazu zwingen dürfen, sich selbst unseretwegen in den Vordergrund zu stellen.

Wir wissen genau, daß England uns in diesem Fall nicht unterstützen würde und daß unsere zwei Länder sich in der gefährlichsten Situation befinden würden. Infolgedessen würden wir das Nötige tun, um uns alle Schwierigkeiten zu ersparen, falls die internationalen Verhältnisse es forderten."[27] Seitdem war eine Neuorientierung der Außenpolitik Frankreichs auf der Tagesordnung der französischen Diplomatie.

Das Problem ließ sich nur schwer lösen. Zogen sich die Franzosen aus ihren Verpflichtungen in Osteuropa zurück, dann konnte dies leicht als ein eindeutiges Zeichen der französischen Schwäche verstanden werden. Falls man die Pariser Außenpolitik neu orientieren wollte, mußte dies vorsichtig, ja heimlich geschehen. Für die heutigen Historiker ist es daher schwierig festzustellen, ob die französische Diplomatie tatsächlich eine völlig neue Richtung einschlug. Meiner Meinung nach verfolgte Frankreich 1937/38 gegenüber der deutschen Expansionspolitik eine Beschwichtigungsstrategie, die ihrerseits spürbare Änderungen in den Kräfteverhältnissen in Osteuropa zur Voraussetzung hatte.[28] Wie anders sollte man die kampflose Preisgabe zweier politisch-militärischer Schlüsselpositionen – Österreichs und der Tschechoslowakei – im Jahre 1938 erklären? In beiden Fällen verzichteten die verantwortlichen Leiter der Pariser Außenpolitik – C. Chantemps (Anfang 1938), Daladier und besonders G. Bonnet (Herbst 1938) – auf fundamentale Grundsätze der traditionellen französischen Diplomatie, die seit 1919 jeden Anschluß Österreichs an das Reich abgelehnt und die enge Verbindung mit Prag als Basis der französischen Präsenz in Mitteleuropa feierlich proklamiert hatte.

Wir wissen, wie passiv sich Ende 1938 Mitglieder des Quai d'Orsay in privaten Gesprächen mit ausländischen Diplomaten über Österreich und seine Zukunft äußerten. Unter Bonnets Leitung zweifelte das Pariser Außenministerium schon im Frühjahr 1938 an der Gültigkeit der französischen Vertragsverpflichtungen gegenüber dem Prager Alliierten. Zur gleichen Zeit plädierte der französische Botschafter in Warschau gegenüber der französischen Regierung zugunsten einer Reduktion der französischen Solidarität.

Schließlich gab auch offenbar Bonnet bei Verhandlungen nach der Münchener Konferenz Reichsaußenminister Ribbentrop gegenüber zu verstehen, daß sich Frankreich an Osteuropa desinteressiere, wenn Deutschland bei der Verfolgung seiner Ziele Rücksicht auf Frankreich und Realitätssinn beweise.

Dieser Rückzug Frankreichs aus Osteuropa fand nicht die Billigung aller verantwortlichen französischen Politiker; er hatte starke innere Spannungen und Kontroversen im diplomatischen Dienst zur Folge, wie dies vor allem für die Münchener Krise 1938 belegbar ist. Im Quai d'Orsay suchte u. a. die Kulturabteilung den französischen Einfluß in Osteuropa aufrechtzuerhalten. An der Spitze des Staatsapparates schien aber die Entscheidung schon zugunsten einer außenpolitischen Neuorientierung gefallen zu sein.

Diese neue außenpolitische Strategie könnte als eine „Politik des Rückzuges auf das koloniale Imperium Frankreichs" bezeichnet werden. Sie orientierte die französische Außenpolitik nicht mehr nach einer kontinentaleuropäischen Ost-West-Achse, sondern nach einer euro-afrikanischen Nord-Süd-Achse. Die Franzosen sollten die ökonomische, militärische und kulturelle Bedeutung ihres Kolonialreiches mit seinem Zentrum in Afrika neu entdecken und ihre Politik auf die Erhaltung dieses Kolonialreiches begründen. Eine solche ‚kolonial-imperiale' Strategie setzte die militärische Vorherrschaft Frankreichs im Mittelmeer, vor allem in dessen westlichen Teil, voraus. Denn nur dadurch waren die Verbindungslinien nach Nordafrika zu sichern. Diese ‚imperiale' Strategie verlangte auch die Ablehnung jeder kolonialen ‚Verzichtpolitik' und daher die Verweigerung jeglicher Konzessionen an das konkurrierende ‚Imperio' Mussolinis – sei es in dem französisch dominierten Tunis, sei es in Djibouti, der strategisch bedeutenden maritimen Zugangspforte zu Mussolinis wichtigster Eroberung, nämlich Abessinien.

Die diplomatische Neuorientierung setzte eine starke Kriegsmarine voraus. Sie war 1939 das stärkste militärische Instrument, über das Frankreich im Vergleich mit seinen potentiellen Gegnern verfügte. Im übrigen hatte sie für die französische Öffentlichkeit und für das französische Selbstbewußtsein einen besonderen Stellenwert, weil sich Frankreich allmählich der Größe und Bedeutung seines kolonialen Imperiums bewußt geworden war. Erheblich dazu beigetragen hatte eine prokoloniale Propaganda, die u. a. an den großen populären Erfolg der Internationalen Kolonialausstellung in Paris 1931 anknüpfen konnte und die Hinwendung der Franzosen zu ihrem Kolonialreich wesentlich förderte.[29]

Dieser ‚imperialen' Neuorientierung entsprach auch eine wachsende Bedeutung der Kolonien als Handelspartner des Mutterlandes und als Investitionsobjekte. Zwischen 1930 und 1938 nahm der französische Kolonialhandel durchschnittlich um 15 bis 20 Prozent zu. Unter den Rahmenbedingungen der Weltwirtschaftskrise stiegen die Exporte aus der Metropole in die Kolonien um über 30 Prozent. Durch entsprechende staatliche Förderung verdoppelten sich zwischen 1914 und 1939 die Investitionen in den Kolonien. Dabei war der stärkste Anstieg nach 1930 zu verzeichnen, während gleichzeitig die in der Weltwirtschaftskrise zahlungsunfähig gewordenen neuen Staaten Mittel- und Osteuropas im internationalen Handel wie als Investitionspartner von den Franzosen vernachlässigt wurden. Die französischen Investitionen in Osteuropa werden auf ca. 15 Milliarden Francs geschätzt, die in den Kolonien auf 14 Milliarden. Kapitalanlagen im eigenen Imperium galten als Zukunftsinvestitionen, Kapitalanlagen in den jungen, unstabilen Staaten Ost-/Mitteleuropas als Investitionen in die Vergangenheit.

Das Kolonialreich sollte sich so zum ‚Haupttrumpf' einer neuen französischen Politik entwickeln, zur echten Quelle der französischen Macht oder auch zum ‚Rettungsring' in der internationalen Konkurrenz. Im Februar 1939 sprachen sich bei einer Umfrage 89 Prozent gegen koloniale Konzessionen an Italien aus; 67 Prozent lehnten die Rückgabe von Kolonien an Deutschland ab. Die Bedeutung des ‚imperialen' Gedankens am Vorabend der Entfesselung des Zweiten Weltkrieges hat Ch. Ageron knapp und präzise so beschrieben: „Die Organisation des Kolonialreichs, die Verwirklichung seiner Einheit – das waren die Zauberwörter am Jahresbeginn 1939."[30]

In der Tat stellte sich Frankreich 1939 angesichts der Gefahr eines Krieges in Europa die Frage nach den Wurzeln seiner Macht. Historische Untersuchungen darüber, wie die Eliten in Politik, Militär, Wirtschaft, Kultur und öffentlicher Meinung das französische Machtpotential einschätzten, machen die Illusionen über Frankreichs reale Macht wie die Gründe für diese Fehlentwicklungen deutlich.[31] Die Franzosen waren von der unbestreitbaren militärischen Stärke ihres Landes überzeugt, auch wenn die führenden Militärs die schwachen Punkte – vor allem bei der Luftwaffe – gut genug kannten. Man schöpfte aus der ruhmreichen Vergangenheit die Überzeugung, daß die intellektuelle und kulturelle Ausstrahlung Frankreichs nicht gefährdet sei und dazu beitrage, zuverlässige politische Verbündete zu finden. Eine unerschütterliche Allianz mit Großbritannien und die wirtschaftliche Hilfe der USA wurden als feste Faktoren einkalkuliert. Mut flößten auch die geographische Masse des kolonialen Imperiums und dessen demographisches Potential (‚hundert Millionen Franzosen') ein. Der ökonomische Aufschwung hatte die Kapitalflucht ins Ausland während der ‚Volksfront'-Ära rückgängig gemacht, so daß auch die Wirtschaftskonjunktur Anlaß zu den größten Hoffnungen für die Zukunft bot. Wenn es den Franzosen gelang, ihre Verpflichtungen gegenüber anderen Staaten und ihre politischen Ziele in Einklang zu bringen mit ihrem realen Machtpotential, dann waren sie in diesem Rahmen auch in der Lage, international eine gewichtige und respektierte Rolle zu spielen. Mußte und konnte Frankreich angesichts solcher Voraussetzungen eine Politik der Kooperation mit dem nazistischen Deutschland treiben? 1938 erklärte P. E. Flandin im Auswärtigen Ausschuß der Abgeordnetenkammer: „Wir verfügen nicht mehr über die demographischen, finanziellen und vor allem militärischen Mittel einer solchen Politik und müssen daher mit unserem systematischen Widerstand gegen die deutsche Politik endlich Schluß machen.“[32] Zur gleichen Zeit drückte Bonnet dieselbe Überzeugung gegenüber einem Journalisten in einer noch zynischeren Form aus:

„Es ist gewiß ein eleganter Entschluß, sich als Gendarm Europas aufzuspielen, aber man braucht dafür etwas anderes als Spielzeugpistolen, Handschellen und Gefängnisse aus Pappmaché." Eine „realistische" Lagebeurteilung zwang nach der Meinung dieser Führer der linken bzw. rechten Mitte zu einer neuen Politik, die die Bereitschaft einschloß, Vereinbarungen mit Mussolinis Italien und dem Spanien Francos zu schließen und die Vorstöße des nationalsozialistischen Deutschlands hinzunehmen, soweit sie nach Osteuropa und vor allem gegen die Sowjetunion gerichtet waren.

Aber man durfte sich wohl fragen, ob es diesen Männern gelingen würde, für ihre neue Politik die französische Nation zu gewinnen, die drei Jahre zuvor in ihrer Majorität die antifaschistische ‚Volksfront' gewählt hatte. Die politische Entwicklung des Kabinetts Daladier und besonders der Radikalen Partei als der Achse des politischen Lebens in Frankreich macht wohl deutlich, daß sich in der Leitung des Staates keine neue Tendenz kontinuierlich durchsetzte. Aber fraglich war, ob dieser Trend zur ‚Versöhnung' mit Hitler nicht auf den Widerstand der immer noch einflußreichen Strömung stoßen würde, die Hitlers Expansionspolitik einzudämmen suchte. In den Parteien und ihren Fraktionen waren beide Tendenzen erkennbar: G. Mandel und P. Reynaud in den Rechtsparteien sowie P. Cot und J. Zay in der Radikalen Partei waren die Exponenten dieser anderen Richtung, die – wie Mandel einmal sagte – die „vor Angst kranken Männer" in der französischen Regierung verachteten.

In die Entscheidungssituation des Sommers 1939 gingen die französischen Politiker in einer Atmosphäre wechselseitigen Mißtrauens, gegenseitiger Verdächtigungen, des Hasses (man sprach von dem „Juden Blum") und erbitterter journalistischer Fehden. Beim Kriegseintritt Frankreichs empfahl man in allen politischen Lagern grundlegende Veränderungen, die die Strukturen des Staates in Frage stellten. Die wirtschaftlich-sozialen Reformen der ‚Volksfront'-Ära verursachten immer noch leidenschaftliche Diskussionen; die einen warteten ungeduldig auf die Stunde einer Revision dieser Reformen, die anderen waren entschlossen, ihre neuen Errungenschaften zu verteidigen. Frankreich ging als eine uneinige, in sich zerrissene Nation in den Zweiten Weltkrieg. A. Tasca, ein französischer Sozialist italienischer Abstammung, der später zu einem Anhänger des Vichy-Regimes werden sollte, schrieb im September 1940 folgenden, im wesentlichen zutreffenden ‚Nekrolog' auf die besiegte Dritte Republik: „Das alte Frankreich starb an seinen inneren Spaltungen. Die Parteien der Linken und der Rechten haben sich gegenseitig gelähmt. Für sie war Frankreich ganz in den Hintergrund getreten. Jede langfristige politische Arbeit war unmöglich geworden. Innenpolitische Voraussetzungen und außenpolitische Anforderungen gerieten in ein immer größeres Mißverhältnis. Der Teufelskreis der Improvisationen wurde nicht durchbrochen. Daß darin das Hauptübel lag, spürten alle Franzosen in der militärischen Niederlage." [33]

Jens Petersen

Die Stunde der Entscheidung. Das faschistische Italien zwischen Mittelmeerimperium und neutralistischem Niedergang

Am 22. Mai 1939 unterzeichneten der italienische Außenminister Galeazzo Ciano und der deutsche Außenminister J. von Ribbentrop in Berlin ein Bündnis, das unter dem Titel ‚Stahlpakt' in die Geschichte eingegangen ist. Diesem Vertrag war eine lange Phase des Werbens von deutscher und des Zögerns von italienischer Seite vorausgegangen, nachdem Berlin zum ersten Mal im Mai 1938 konkrete Allianzangebote gemacht hatte. Beiden Seiten war es ursprünglich um den Ausbau des dreiseitigen Antikominternpaktes gegangen. Das von Ribbentrop angestrebte ‚weltpolitische Dreieck Berlin–Rom–Tokio' sollte die Expansionsbestrebungen der drei revisionistischen have-not-Staaten koordinieren. Die angestrebten anti-englischen bzw. antisowjetischen Orientierungen eines solchen Vertrages waren jedoch, wie sich in den Verhandlungen zwischen Tokio, Rom und Berlin in den ersten Monaten 1939 zeigte, nicht zur Dekkung zu bringen. Die deutsch-italienische Zweierallianz bildete so nur den einen Pfeiler einer Brücke, die über den Erdball bis nach Ostasien reichen sollte.

Der Text des ‚Stahlpaktes' zeigte schon in seiner Präambel einen von allen sonstigen Allianzverträgen abweichenden Charakter, wenn er auf die „innere Verwandtschaft ihrer Weltanschauung" und „die umfassende Solidarität ihrer Interessen" der beiden Staaten hinwies und proklamierte, diese würden „Seite an Seite mit vereinten Kräften für die Sicherung ihres Lebensraums und für die Aufrechterhaltung des Friedens" eintreten. Den eigentümlichen Charakter des Vertrages zeigte aber besonders der Artikel 3, der lautete: „Wenn es entgegen den Wünschen und Hoffnungen der vertragschließenden Teile dazu kommen sollte, daß einer von ihnen in kriegerische Verwicklungen mit einer anderen Macht oder anderen Mächten gerät, wird ihm der andere vertragschließende Teil sofort als Bundesgenosse zur Seite treten und ihn mit allen seinen militärischen Kräften zu Lande, zur See und in der Luft unterstützen." Diese durch die Konsultationsklauseln der Artikel 1 und 2 kaum abgemilderte militärische Beistandsverpflichtung bildete ein absolutes Novum in der Geschichte der internationalen Verträge.[1]

Außenminister Ciano kommentierte die erste Lektüre des Textes mit der Bemerkung: „Ich habe nie einen derartigen Vertrag gelesen, er ist wahrhaft Dynamit."[2] Diese Bemerkung überrascht bei jemandem, der von Anfang an führend an den Verhandlungen beteiligt gewesen war. Die alle sonst üblichen Bemühungen um eine Definition des Aggressors beiseite fegende, in Artikel 3 formulierte automatische Beistandsklausel war nämlich auf ausdrücklichen Wunsch von italienischer Seite in den Vertrag gekommen. Die deutschen, im Auswärtigen Amt Anfang Mai angefertigten Vertragsentwürfe hatten noch alle den klassischen, mit allen Kautelen ausgestatteten defensiven Bündnisvertrag des 19. Jahrhunderts repräsentiert. Erst Mussolinis in einem Memorandum vom 4. Mai ausgesprochener Wunsch nach einem „fast automatisch" wirkenden Militärpakt,[3] der Ribbentrop bei Beginn seiner Mailänder Verhandlungen am 6./7. Mai bekannt wurde, hat die deutsche Seite zu einer Kehrtwendung und zur Formulierung dieses nun in der Tat „totalitär" wirkenden Bündnisvorschlages geführt.

Auch die *Öffentlichkeit* des Vertrages beruhte auf einem Wunsch der italienischen Seite. In Berlin hatte man an einen Geheimvertrag oder zumindest ein geheimes Zusatzabkommen zu einem publizierten Freundschaftsvertrag gedacht, in dem – ähnlich wie in dem späteren deutsch-sowjetischen geheimen Zusatzabkommen vom 23. August 1939 – der *casus foederis*, die jeweiligen Kriegsgegner und die Kriegsziele wie die Einflußzonen möglichst präzise umrissen sein sollten. Die ganze Bandbreite der Anfang Mai von den deutschen Rechtsexperten erstellten Entwürfe, die von einem schlichten Freundschafts- und Neutralitätspakt bis zu einem militärischen Offensivpakt reichten, zeigt etwas von dem eigentümlichen proteushaften Charakter des ‚Achsenverhältnisses', das sich mit den Instrumenten der herkömmlichen Diplomatiegeschichtsschreibung nur ganz unzureichend beschreiben läßt. Mussolini ging es nämlich in erster Linie nicht um konkrete Vertragsinhalte, sondern weit eher um die propagandistischen Außenwirkungen des Abkommens. Der Mythos des ‚Stahlpaktes' war ihm wichtiger als die von ihm ausgehenden rechtsverbindlichen Wirklichkeitsbindungen.[4]

I. Mythos und Realität der ‚Achse'

Mythos und Realität der ‚Achsenbeziehung' sind schon im Augenblick seiner Entstehung ein eigentümliches Mischungsverhältnis eingegangen. Der Mythos der von Mussolini am 1. November 1936 nach dem Besuch des neuen italienischen Außenministers G. Ciano in Berlin und Berchtesgaden verkündeten ‚Achse Berlin–Rom' erwies sich als weit wirksamer, ja als am Ende fast im Widerspruch stehend zu der von dem Bundesverhältnis abgedeckten Realität. In der Selbstinterpretation wurde dieses emotional und ideologisch rasch überhöhte Bündnis zu einem quasi unauflöslichen militärisch, rüstungstechnisch, ökonomisch und kulturell unterbauten Weltanschauungs- und Freundschaftsverhältnis zweier Männer und zweier Systeme, das fast staatenbündischen Charakter anzunehmen schien. In seiner Rede auf dem Berliner Maifeld am 28. September 1937 hatte Mussolini die gemeinsame Weltanschauung beschworen, die Konzepte der Hierarchie der Autorität, der Jugend, des Willens, der Disziplin und des Opfers gefeiert und den parallelen Kampf gegen Marxismus und Bolschewismus gepriesen. „Das Europa der Zukunft wird faschistisch sein … Der Faschismus besitzt eine Ethik, der er treu zu bleiben gedenkt…, klar und offen zu sprechen, und, wenn man Freunde gefunden hat, mit ihnen bis zum Ende zu marschieren."[5]

Der damalige Außenminister Dino Grandi hatte 1931 das Bewegungsgesetz der italienischen Außenpolitik mit dem Begriff des *peso determinante*, des „entscheidenden Gewichts auf der

Waagschale“ definiert. In dem in Zukunft zu erwartenden neuen Waffengang zwischen Deutschland und Frankreich werde die Intervention Italiens den Ausschlag geben. Das militärisch wie politisch erstarkte faschistische Italien sei der Schiedsrichter des zukünftigen Krieges am Rhein.[6] Kann man, wie dies viele Interpreten tun, die faschistische Außenpolitik der 30er Jahre unter diesem Konzept des *peso determinante* sehen? Eine möglichst späte Entscheidung bei einem sich abzeichnenden neuen europäischen Konflikt hätte Handlungsfreiheit erfordert, Äquidistanz, Kooperationsbereitschaft und Kooperationsfähigkeit nach allen Seiten, dazu eine Politik möglichst klein gehaltener Vorleistungen. Das war in fast allen Punkten genau das Gegenteil von dem, was die italienische Außenpolitik der Jahre 1936–1939 repräsentierte.

In einem noch heute lesenswerten Aufsatz von 1960 hat der englische Historiker D. C. Watt über Mythos und Realität der ‚Achsenbeziehung' reflektiert.[7] Er unterscheidet drei Ebenen, auf denen der Mythos wirksam war: 1. die Vorstellungen, die die beiden Diktatoren voneinander hatten, die sich gegenseitig als Ausnahme- und Übermenschen und als Schöpfer und Garanten der von ihnen repräsentierten Systeme betrachteten; 2. die Perzeption des Gegenübers durch die Führungseliten der beiden Länder; 3. das Bild der ‚Achse', wie es sich in der öffentlichen Meinung im In- und Ausland widerspiegelte. Auf alle drei Ebenen werden wir noch eingehen. Rückblickend kann man feststellen, daß Mythos und Realität dieses Bündnisses radikal auseinanderklafften. Was die europäische Linke als ein planvolles, bis in die Einzelzüge hinein aufeinander abgestimmtes Zusammenspiel zwischen den beiden Faschismen empfand und was nach der Selbstinterpretation der beiden Regime ein Handeln aus naturgegebener Solidarität darstellte, erwies sich in Wirklichkeit als ein vielfach durch Mißtrauen, Unkenntnis und absichtliches Verschweigen bestimmtes Nebeneinander. Die proklamierte, durch Information und Konsultation geprägte Koordinierung der Außen-, Rüstungs- und Militärpolitik kam nicht einmal in Ansätzen zustande. Die bekannten Samstagsüberraschungen Hitlers trafen in der Regel Mussolini ebenso unvorbereitet wie das übrige Europa. Wie die Stabsbesprechungen der Jahre 1938–1940 zeigen, fehlte es auch im militärischen Bereich fast völlig an Abstimmung und Kooperation. Beide Teile wollten sich nicht in die Karten sehen lassen und fürchteten Indiskretionen und Verrat. Alle Versuche, die gemeinsame Gegnerschaft gegen die Westmächte in operative Planungen etwa für einen Zangenangriff auf Frankreich oder für die Seekriegführung im Atlantik umzusetzen, scheiterten schon im Vorfeld. Der ‚Dreibund' (zwischen Italien, Österreich-Ungarn und dem Deutschen Reich) war 1913, was die Kooperation und die operative Gesamtplanung anging, weit besser auf einen europäischen Großkrieg vorbereitet als die ‚Achse' 1939/40. Die Italiener planten *ihren* Krieg im Mittelmeerraum als ‚Parallelkrieg', der soweit wie möglich abgeschirmt bleiben sollte gegenüber deutschen Interventionen.

Im wirtschaftlichen Bereich steuerte Italien seit der Erfahrung der Völkerbundssanktionen 1935/36 einen Kurs energischer Autarkie. Diese Zielsetzungen mußten längerfristig nicht nur die Basisdaten der beiderseitigen Handelsbeziehungen tiefgreifend verändern, sondern kollidierten auch mit den deutschen Plänen, die italienische Wirtschaft als supplementären, Nahrungsmittel und Rohstoffe liefernden Ergänzungsraum für die eigene Großraumwirtschaft zu behandeln. Hier lag strukturell ein massiver Konflikt vor, der schon ab 1938 bei allen Wirtschaftsverhandlungen zutagetrat.

II. Totalitäre gegen demokratische Mächte

Kann man also die völlige Inkongruenz zwischen Mythos und Wirklichkeit konstatieren? Auch mit einer solchen Feststellung würde man die damalige Wirklichkeit verfehlen. Die doppelte Frontstellung der beiden faschistischen Staaten gegenüber den Demokratien des Westens und dem bolschewistischen Großstaat im Osten entsprach einer tiefen historischen Tendenz. Wenn Mussolini seit 1930 den Export des Faschismus und die künftige Faschisierung Europas verkündete, so traf er damit auf verbreitete Sympathien im europäischen Bürgertum. Trotz aller Unterschiede und Spannungen bildeten der gemeinsame Antiliberalismus, Anti-Plutokratismus, Antimarxismus und Antibolschewismus für Rom und Berlin eine breite gemeinsame Aktionsplattform. Ab 1936/37 konkretisierte sich der Gegensatz zwischen demokratischen und autoritär/totalitären Staaten. Der ursprünglich vom liberalen Antifaschismus 1923 geprägte Begriff des ‚Totalitären' war 1925 vom triumphierenden Faschismus zur Selbstcharakterisierung übernommen worden.[8] Der zur Flucht und in die Emigration gezwungene Antifaschismus trug den Begriff nach außen. Seit 1925 laufen eine positiv und eine negativ akzentuierte Begriffsgeschichte des Totalitären nebeneinander her.

Das faschistische Italien hat nach 1933 in vielfachen Formen von der Machtergreifung Hitlers und der Konsolidierung des nationalsozialistischen Regimes profitiert. Im Windschatten des machtpolitischen Wiederaufstiegs Deutschlands eroberte Mussolini 1935/36 Abessinien. Unter manchen Aspekten war er 1933–1936 der mächtigste Mann Europas. Der drohende Schatten Hitlers vergrößerte in jenen Jahren sozusagen die Statur des italienischen Diktators. Ab 1937/38 wehte ihm der gleiche Wind, der vorher seine Segel gefüllt hatte, ins Gesicht. Das düstere Image des nationalsozialistischen Deutschland mit seiner Rassen- und Antisemitismuspolitik, seinen Emigrationswellen, seiner inneren und äußeren Aggressivität drohte im Zeichen des Totalitarismus auch das Bild des faschistischen Italien zu prägen. Und Mussolini tat vieles, um dieses düstere Bild auch zu rechtfertigen. Das wird sichtbar etwa in der Einführung der Rassenpolitik in Italien oder der Übernahme einer militanten Kulturkonzeption.

Der Antisemitismus hatte in Italien bis wenige Jahre vor Kriegsbeginn nur eine geringe Bedeutung gehabt. Die kleine jüdische Minderheit von kaum mehr als 50 000 Personen galt als eine der bestintegrierten Europas.[9] Mussolini hatte in den 30er Jahren zeitweilig eine betont philozionistische Politik getrieben. Vom Herbst 1937 ab änderte sich schrittweise sein innen- und außenpolitischer Kurs. Im Oktober 1938 befaßte sich der faschistische Großrat mit der Rassenfrage. Fast gleichzeitig kam es zum Erlaß einer staatlichen Rassengesetzgebung, die die jüdische Minderheit aus dem politischen, wirtschaftlichen und kulturellen Leben auszuschalten suchte. Für die Betroffenen war dieser Vorgang tiefeinschneidend mit der Zerstörung ihrer bisherigen Lebensverhältnisse, mit Armut, nicht selten mit Emigration und nach 1943 mit Lebensgefahr und Tod verbunden.[10]

Die Einführung der Rassenpolitik stieß auf vorsichtige Bedenken der Monarchie und auf den hinhaltenden Widerstand der katholischen Kirche. Sie war weitgehend das persönliche Werk Mussolinis. Eine direkte Einwirkung Deutschlands hat sich nicht nachweisen lassen. Nach Ansicht von Renzo De Felice hat man die Motive in rein praktisch-opportunistischen Überlegungen zu suchen. Es ging um eine Harmonisierung der Bündnispolitik mit dem nationalsozialistischen Deutschland und um die Ausschaltung potentieller Störfaktoren im ‚Achsenverhältnis'.

Trotz der quantitativ eher bescheidenen Dimension des Problems waren die innen- wie außenpolitischen Rückwirkungen des Übergangs zur Rassenpolitik hochbedeutsam. Für viele Italiener bewirkte dieser Schritt eine erste Distanznahme zum Regime, der Konsens gegenüber dem Faschismus begann zu bröckeln. Außenpolitisch verringerte sich der Handlungsspielraum gegenüber der westlichen Welt. Die Frontstellung zwischen totalitären und demokratischen Staaten wuchs nicht nur hier, sondern auch im kulturellen Bereich. Hier ist das Kulturabkommen bedeutsam, das Rom und Berlin am 23. November 1938 abschlossen.[11] Mit der staatlichen Reglementierung auch des kulturellen Raumes, der Mobilmachung des Geistes für politische Zwecke und der antisemitisch geprägten Überformung von Kunst, Wissenschaft und Literatur, wie sie von deutscher Seite mit zelotischem Eifer propagiert und von den Italienern akzeptiert wurde, bildet dieses Abkommen einen weiteren Schritt auf dem Wege der Selbstausgrenzung des faschistischen Italien aus dem internationalen Kontext.

Dieser Vertrag bot die Möglichkeit zu zahllosen Interventionen der deutschen Politik im italienischen kulturellen Umfeld.

„Das nationalsozialistische Deutschland", so notierte der Erziehungsminister G. Bottai im Juli 1938 in seinem Tagebuch, „scheint der Vergleichsmaßstab für unseren (politischen) Glauben geworden zu sein. Um Deutschland herum entwickeln sich die Tendenzen und Gegentendenzen. In dieser ‚äußeren' Zone entdeckt man die Fanatismen, die Reserven, die Verdachtsmomente, die Hoffnungen und Befürchtungen eines blockierten Regimes".[12] Seit 1938 lag so der Schatten Hitler-Deutschlands über Italien.

III. Gleichgewicht oder Hegemonie

Das eigentliche mit dem ‚Stahlpakt' verbundene Problem steckt nicht in der Frage, warum Deutschland dieses Bündnis einging, sondern in der Frage, warum Italien diese Allianz schloß – mit einem Deutschland, das im Begriff stand, nach der Hegemonie in Europa zu greifen und eine Weltmachtstellung aufzubauen. Die Logik der machtpolitischen Verhältnisse hätte Italien, nachdem es im Windschatten der deutschen Wiederaufrüstung sein afrikanisches Imperium erobert hatte, eigentlich in das Lager der Status-quo-Mächte zurückführen müssen. Die Ansicht, daß bei einer Neuauflage des europäischen Hegemoniekampfes Italien erneut an der Seite der Westmächte zu finden sein würde, war in dem Europa der Zwischenkriegszeit weit verbreitet. 1930 schrieb der Italien-Kenner und Soziologe Robert Michels: „Eine deutsche ‚Revanche', der Versuch der Deutschen, den vergangenen Weltkrieg durch einen neuen Weltkrieg historisch ungeschehen zu machen, wird Frankreich und Italien Seite an Seite finden."[13] Aus dem gleichen argumentativen Zusammenhang schrieb 1938 der antifaschistische Publizist G. A. Borgese: „Der Plan, ein unabhängiges Römisches Imperium unter den Augen und den Kanonen von hundert Millionen Deutschen aufzurichten, die eines Tages Europa von der Ukraine bis Belgien, von Dänemark bis Tirol in Besitz halten würden, war purer Wahnsinn. Den westlichen Nationen ... entschlossen näherzurücken ..., das [hätte] ihm nicht so sehr Vaterlandsliebe und

Weisheit wie der nackte Selbsterhaltungstrieb raten müssen."[14] Daß ein machtpolitisch und geostrategisch wirkendes Postulat jenseits aller ideologischen Fronten das faschistische Italien wieder an die Seite der Westmächte führen müsse und werde, diese Erwartung ist in den dreißiger Jahren von zahlreichen Beobachtern aus den verschiedensten politischen Lagern formuliert worden. Die Politik jener Jahre ist aber nicht nur unter dem Blickwinkel von Hegemonie und Gleichgewicht zu sehen, sondern auch unter dem der konkurrierenden Imperialismen. Die Forschungen der beiden letzten Jahrzehnte haben gezeigt, daß man den imperialen Machtwillen des faschistischen Italien weit ernster zu nehmen hat, als dies bislang geschehen ist. Renzo De Felice schildert im letzten Band seiner Mussolini-Biographie[15] den Diktator als pragmatischen Realpolitiker *und* als politischen Visionär. Überzeugt von der Dekadenz der westlichen Staaten glaubte der Diktator an die künftige Weltbedeutung des faschistischen Italien. Er sah ein „Jahr 2000" (Titel eines geplanten Buches) voraus, in dem nur noch die Sowjetunion, Japan, Deutschland und Italien über imperiale Herrschaftsbereiche verfügen würden. Aus den z. T. erst in den letzten Jahren zutage gekommenen Geheimreden Mussolinis 1938–1940 ergibt sich in Umrissen ein strategisches Gesamtkonzept und ein zeitlich abgestufter Plan, der die in vielem so improvisiert und zusammenhanglos wirkende Außenpolitik Italiens in diesen Jahren besser verstehen läßt. In der ersten Phase erwartete Mussolini ab 1942 mit deutscher Rückendeckung einen politisch-militärischen Konflikt mit Frankreich, der zur Gewinnung von Korsika, Tunis und Dschibuti führen sollte. Zu einem späteren Zeitpunkt rechnete er mit einem Krieg gegen England um Malta, Zypern und die Mittelmeerausgänge. Nur sich selbst sah er in der Lage, Italien bei diesen „Verabredungen mit der Geschichte" zu führen. In seinen geheimen und öffentlichen Äußerungen schilderte er Italien als Gefangenen im Mittelmeer. Es gelte, die Riegel dieses Gefängnisses aufzubrechen und die Wächter an den Pforten Gibraltar und Suez zu überwältigen. Erst dann sei der Vormarsch zu den Weltmeeren möglich. Für eine solche Weltpolitik benötige Italien kontinentale Rückendeckung: „Die Achse Rom–Berlin entspricht daher einer grundlegenden historischen Notwendigkeit." [16] Noch jüngst ist der amerikanische Historiker MacGregor Knox zu ähnlichen Ergebnissen gelangt. Auch er sieht bei Mussolini deutlich umrissene „imperiale Zielsetzungen". Sein Programm lautete: „Schaffung eines italienischen ‚Lebensraums' im Mittelmeer und im Vorderen Orient. Seine Realisierung hätte Italien endlich zu dem Rang einer wirklichen Großmacht erhoben. Dieses Ziel teilte Mussolini mit den italienischen Führungseliten, auch wenn diese, wie etwa die Generäle und Admiräle, seinen Hang zum Risiko nicht teilten." [17]

IV. Hitler-Deutschland im Urteil Italiens

Eine in den letzten Jahren rasch gewachsene Anzahl von privaten ‚inneren' Zeugnissen, von Tagebüchern, Briefen, autobiographischen Aufzeichnungen, aber auch von Konfidentenberichten oder Presseanweisungen könnte es heute ermöglichen, für Italien jenseits der propagandistischen Außenseite des Regimes eine Art soziopsychologischer Meinungstopographie nachzuzeichnen. Das Spektrum von Illusionen, Blindheiten, Hoffnungen und Befürchtungen befand sich in ständiger Bewegung. Unter dem Druck der rasch wechselnden weltpolitischen Szenerie brachen festgefügte Anschauungen und Erwartungshorizonte zusammen. Das Damaskus-Erlebnis Cianos in Salzburg Mitte August 1939 hat sich in ähnlicher Form tausendfach wiederholt. Diese Topographie erdbebenartiger psychologischer Verschiebungen nachzuzeichnen, könnte von hohem Interesse sein.

Das ‚Achsenbündnis' nach 1936 war in Italien nicht populär. Hier wirkten historische Reminiszenzen an Österreich als Hauptfeind des Risorgimento mit. Auch die Erinnerungen an den Ersten Weltkrieg und die Wirkungen der massiven antideutschen Propaganda nach 1915 waren noch nicht vergangen. Das Deutschland Hitlers schien in vielem eine bedrohliche Wiederauflage des wilhelminischen Militarismus und Imperialismus. Die noch notwendige Popularisierung der ‚Achsenbeziehung' diente 1937/38 Mussolini als Argument dafür, den Abschluß eines Bündnisses hinauszuschieben. Die stärksten prodeutschen Argumente waren abgeleiteter Natur. Der Haß gegen die plutokratischen, dekadenten Mächte des Westens, der Hohn über das schwächliche demokratische Frankreich, die Hoffnungen auf den deutschen Hammerschlag, der das perfide Albion züchtigen werde. Eine auf hohen Touren laufende revisionistische Propaganda hatte das Versailler Friedenssystem, den Völkerbund und die völkerrechtlichen Ansätze eines gewaltlosen Konfliktaustrags völlig diskreditiert. Zur ‚deutschen Partei' [18] gehörten viele ‚Mussolinisten' innerhalb der faschistischen Partei, aber auch die Intransigenten wie R. Farinacci, A. Pavolini oder D. Alfieri. Die Option zwischen den Westmächten oder Hitler-Deutschland mußte notwendig auch innenpolitische Rückwirkungen haben. Die Wahl Berlins mußte dem radikalen, intransigenten Flügel innerhalb der faschistischen Partei neue Dynamik verleihen und die innersystemlichen Kompromisse von 1925 und 1929 in Frage stellen.[19] Mussolinis ab 1936 gestarteter Versuch der Totalisierung der italienischen Gesellschaft, der Schaffung des „neuen Menschen", die von ihm forcierte antibürgerliche Polemik liefen so parallel zu der prodeutschen Option und wurden z. T. von ihr beeinflußt. Das Deutschland Hitlers war und wurde nicht populär. Aber es verbanden sich große eigene Hoffnungen mit ihm. In den Worten Mussolinis Ende 1939: „Das italienische Volk wird solche Triumphe in der internationalen Politik erleben, daß es sich über das mit dieser Allianz verbundene Unbehagen weitgehend hinwegtrösten darf." [20] Die katholische Subkultur, die auch in jenen Jahren des triumphierenden Faschismus noch deutlich erkennbare eigene Züge trägt, stand dem nationalsozialistischen Deutschland mit großer Reserve, ja mit Mißtrauen und Ablehnung gegenüber. Hier besaß man ein richtiges Gespür für die potentiell zerstörerische Gewalt des neugermanischen Paganismus und des völkisch aufgeheizten Rassismus. Der Kirchenkampf in Deutschland hatte hier aufmerksame Beobachter gefunden.

Der Kampf des Nationalsozialismus mit der katholischen

Kirche bildete dank seiner Rückwirkungen in der italienischen Öffentlichkeit eine der empfindlichen Schwachstellen für ein stabiles Bündnisverhältnis zwischen Rom und Berlin. Mussolini hat nach 1933 immer wieder versucht, die Berliner Regierung zu einer konzilianten Kirchenpolitik zu bewegen.

Auch der Vatikan hielt sich gegenüber dem vulkanischen Gelände des nationalsozialistischen Deutschland auf vorsichtiger Distanz und betrachtete ab 1937 mit wachsender Sorge die immer stärkere ideologisch-politische Solidarität zwischen Berlin und Rom. Eine Analyse der anonym erscheinenden, aber aus der Feder von Guido Gonella und Alcide De Gasperi stammenden außenpolitischen Leitartikel und Kommentare des ›Osservatore Romano‹ und der ›Illustrazione Vaticana‹ zeigt – trotz aller Schweigezonen und trotz ihrer verhüllenden Sprache – diese Haltung besorgter Reserve auf das deutlichste.[21]

Die katholische Subkultur bildete so gegenüber der ‚Achsenpolitik' Mussolinis eine breite, aber überwiegend unsichtbar bleibende Zone schweigenden Nichteinverständnisses und passiver Resistenz in der italienischen Gesellschaft.

Auch im kulturellen Bereich gab es deutliche Widerstände gegen das Bündnis mit Deutschland. Viele personelle, geistige und institutionelle Entwicklungslinien des späteren Antifaschismus nach 1943 führen in die kulturelle Szene Italiens der 30er Jahre zurück. Im Unterschied zum Deutschland Hitlers hat der Faschismus dem kulturellen Raum keine bindenden Leitvorstellungen aufgezwungen. Hier blieben vielfach genutzte Freiräume künstlerischer Entfaltung und des Apolitischen, aber auch des Nichteinverständnisses und der stillen Opposition. Eine kulturelle Emigration hat es bis 1938/39 in Italien nicht gegeben. Im Gegenteil suchte ein nicht unerheblicher Teil der deutschen Emigration nach 1933 im faschistischen Italien Zuflucht.[22]

Zwischen Antifaschismus und Antinationalsozialismus darf man ein schlichtes Gleichheitszeichen setzen. Wer im damaligen Italien dem Faschismus gegenüber kritisch eingestellt war, betrachtete mit noch größerer Besorgnis die Entwicklungen nördlich der Alpen und ein mögliches Bündnis zwischen den beiden totalitären Regimen.

In diesen geistigen Zusammenhang gehören die Selbstzeugnisse Benedetto Croces und seines Freundeskreises. Croce, wie L. Einaudi und viele andere italienische Liberale, beobachtete die Vorgänge in Deutschland nach 1933 mit tiefer Verstörung. Möglicherweise noch stärker als sein Entsetzen über die Gleichschaltung der Politik und die Errichtung der Diktatur war seine Abscheu über die Verfolgung von Wissenschaft und Kunst und den Exodus der Weimarer Kultur.[23]

Das in seiner Art eindrucksvollste Zeugnis für den im kulturellen Raum noch vorhandenen Antifaschismus bilden die Tagebücher des Florentiner Juristen Piero Calamandrei,[24] der nach 1946 zu den Vätern der neuen italienischen Verfassung gehörte. Dies waren geheime Aufzeichnungen als „Zuflucht in den Zeiten der Unfreiheit". Calamandrei sah in tiefster Verzweiflung schon im Frühjahr 1939 in dem drohenden Sieg Hitler-Deutschlands die Heraufkunft eines neuen barbarischen Zeitalters, den Triumph einer rechtlosen Gewaltherrschaft und das Ende der europäischen Kultur. Mussolini betrachtete er als Zerstörer des Risorgimento, der Italien an die Deutschen auslieferte. Seine Außenpolitik schien ihm charakterisiert durch räuberhafte Aggressivität, Bösartigkeit und systematischen Verrat. Schon 1939 sah er alptraumartig voraus, daß Italien von den Deutschen besetzt und daß Leute wie er im Konzentrationslager enden würden. Diese Aufzeichnungen sind nicht nur ein Porträt der zur Ohnmacht verurteilten Florentiner antifaschistischen Intellektuellen, sondern bieten auch tiefe Einblicke in die Blindheiten, Illusionen, Opportunismen und Fanatismen bedeutender Teile des philofaschistischen italienischen Bürgertums.

Besondere Beachtung verdient in unserem Zusammenhang die Einstellung der italienischen Jugend.[25] Die noch 1935/36 zu konstatierende enthusiastische Zustimmung zum Faschismus ging in den folgenden Jahren rasch zurück und machte einer Stimmung der Enttäuschung und des Mißtrauens Platz. Bei diesem Prozeß der Bewußtwerdung spielte die Einschätzung Hitler-Deutschlands eine bedeutende Rolle. Im studentischen Bereich gab es nach 1933 einen faschistischen Anti-Nationalsozialismus, der sich nach 1936 mit antifaschistischen Untertönen auflud. Der Anschluß 1938 führte zu spontanen studentischen Protestdemonstrationen in zahlreichen Universitätsstädten. Von hier aus führen viele geistige und biographische Entwicklungslinien in den Widerstand nach 1943. Wie groß die Distanz zwischen Jugend und Faschismus schon geworden war, zeigte sich im Juni 1940, als die bei früheren Anlässen so häufigen Freiwilligenmeldungen fast völlig ausblieben.

V. Das faschistische Italien aus deutscher Sicht

Die psychologische, innere Geschichte der ‚Achse Berlin–Rom' besitzt große Bedeutung auch für die andere, die deutsche Seite. Neben der enormen Unterschätzung der ökonomischen und militärischen Macht der Sowjetunion hat für die Entscheidungsfindung des nationalsozialistischen Regimes kaum ein anderer subjektiver Faktor eine so große Rolle gespielt wie die Einschätzung Italiens.

In konservativen Kreisen, in der Staatsverwaltung, in der Wirtschaft und im Heer überwogen die Erinnerungen an das Jahr 1866 und an den Ersten Weltkrieg. Daß der ehemalige Dreibundpartner 1914/15 „Verrat" begangen oder sich doch zumindest auf eine äußerst illoyale Weise aus dem Bündnis davongestohlen habe, blieb hier eine weit verbreitete Meinung, die auch die schärfsten Propagandadirektiven von Goebbels nach 1936 nicht völlig zum Verschwinden bringen konnten. Kaiser Wilhelm II. hatte Anfang 1915 geäußert, ein Kriegseintritt Italiens werde zwischen den beiden Völkern „über Jahrhunderte einen unüberbrückbaren Graben schaffen".[26] Ein Nachhall dieser Entrüstung blieb selbst in den 30er Jahren lebendig. In diesen Kreisen lebte ein skeptisch abwertendes, durch volkscharakteriologische Urteile unterbautes Meinungsbild fort. Bezeichnend ist etwa die Ansicht Hindenburgs, der 1934 Hitler gegenüber äußerte, „Herr Mussolini mag ein hervorragender Politiker und ein guter Regierungschef sein, aber eines wird auch er niemals schaffen, aus den Italienern gute Soldaten und aus Italien einen zuverlässigen Bundesgenossen zu machen"![27] Im Heer galt das durch ein Jahrhundert an Erfahrungen erhärtete Urteil, der Italiener sei ein schlechter Soldat. „Der Generalstab, der Truppenkörper, die Offiziere, alles von geringem Wert."[28]

Im Gegensatz hierzu und vielfach in bewußter Polemik mit den vorstehend geschilderten, auch international verbreiteten Meinungen gab es im Umkreis der NSDAP und ihrer Untergliederungen, im Sport, in den nationalsozialistischen Jugendorganisationen, in der Marine und in der Luftwaffe vielfach stark positiv akzentuierte, durch Philofaschismus und politisch-ideologische Gemeinsamkeit geprägte Auffassungen. In Übernahme der faschistischen Selbstinterpretation glaubte man hier an eine durch das neue Regime bewirkte Dynamisierung und Potenzierung der Nation, die mit ihrer Kampfphilosophie, ihrer Militarisierung aller Lebensbereiche und ihrer Kriegserziehung zu einer neuen militärischen Leistungsfähigkeit gefunden habe. Vom faschistischen Italien sei eine offensive kraftvolle Kriegsteilnahme zu erwarten. Bei der deutschen Marine bestand z.B. schon seit Ende der 20er Jahre eine „Faschismusaffinität".[29] Hier wurden früher und weitergehend als in anderen Teilen des Establishments die traditionellen, auf Geschichte, Volkscharakter, geopolitischer Situation usw. gestützten italienkritischen Positionen durch eine positive Einschätzung des „neuen" dynamischen Italien abgelöst. Nach Ansicht der Marineleitung strebte Italien nach der absoluten Vorherrschaft im Mittelmeer und besaß reale Chancen, diese im Kriegsfall auch durchzusetzen. 1938 glaubte man in Berlin am Tirpitzufer, Italien sei imstande, nicht nur Frankreich im westlichen Mittelmeer zurückzudrängen, sondern auch im östlichen Mittelmeer mit der Eroberung Ägyptens und der Inbesitznahme des Suezkanals England aus diesem Machtbereich weitgehend zu vertreiben. Im Juni 1939 glaubte der deutsche Großadmiral Raeder, daß die Italiener in der Lage sein würden, den gesamten feindlichen Schiffsverkehr nicht nur zwischen dem östlichen und dem westlichen Mittelmeer, sondern auch zwischen Frankreich und seinen nordafrikanischen Territorien zu unterbrechen. Besondere

Erwartungen setzten die Deutschen in die italienische U-Boot-Waffe, die zahlenmäßig die stärkste der westlichen Welt war.[30]

Auch in Kreisen der Luftwaffe überwog ein eher positives Urteil. 1928 urteilte eine Reichswehrdelegation nach einem Besuch in Italien, das italienische Flugwesen befinde sich in einer „starken Aufwärtsbewegung". Die deutschen Besucher hatten den Eindruck, „daß die italienische militärische Luftfahrt, was Organisation und Ausbildung anbetrifft, auf großer Höhe steht". Sie dürfte auch quantitativ „sehr bald eine sehr starke Macht" darstellen.[31] Noch Ende der 30er Jahre traute man in der Umgebung Görings den Italienern „eine höchst offensive, großzügig angelegte wie wirkungsvolle Luftkriegsführung" zu.

Unkritische Übernahme faschistischer Selbstdarstellungen und Propagandathesen wie auch ideologisch gefärbte Abwertung der als dekadent und vergreist betrachteten westlichen Demokratien wirkten hier zusammen, um einen weitgehend illusionären Erwartungshorizont zu schaffen. Zahlreiche vertrauliche Äußerungen führender italienischer Militärs und Politiker verstärkten diese „Pearl-Harbor"-Erwartungen: man dachte an blitzkriegsartige Konfliktszenerien mit raschen, kraftvollen Schlägen gegen Malta, Tunis, Gibraltar und Alexandrien.

Die Erfahrungen mit der Vorbereitung und dem Ablauf des Abessinien-Krieges, für den deutsche Militärexperten eine schwierige, mehrjährige Kriegführung erwartet hatten, schien diese positiven Auffassungen zu verstärken. Erste Eintrübungen bewirkten dann die Erfahrungen des Spanischen Bürgerkrieges. Aber noch im Herbst 1938 hielt man in der deutschen Wehrmachtführung bei einem gemeinsamen Krieg gegen die Westmächte Italien in der Lage, die englische und französische Einflußsphäre in Nordafrika, Ägypten, Palästina und im Orient zu bedrohen, Korsika zu erobern, Nordafrika anzugreifen und Gibraltar auszuschalten.[32] Derartige Auffassungen fanden ihren Ausdruck auch in der deutschen Publizistik. Hier sprach man von dem „raschen, zielbewußten Erstarken Italiens" und räumte bei dem „unausweichlichen Endkampf" zwischen London und Rom der „Entschlossenheit" und der „Einsatzbereitschaft" Italiens beträchtliche Chancen ein.[33]

Daß man diesen imperialen Machtwillen Italiens auf deutscher Seite – weit über seine reale Konsistenz hinaus – ernst nahm, zeigen die deutschen, in allen Bündnisvorschlägen von Berliner Seite formulierten Befürchtungen vor einem kriegerischen Alleingang Italiens, der Deutschland wider Willen in den Krieg mit Frankreich hineingezogen hätte. Im November 1937 hielt Hitler sogar einen Krieg Italiens gegen die *beiden* Westmächte für denkbar. „In einem solchen Krieg sei ein Unterliegen Italiens wenig wahrscheinlich.“ [34] Noch bei den zum ‚Stahlpakt‘ führenden internen bündispolitischen Erwägungen im Frühjahr 1939 war die deutsche Seite von der Sorge beherrscht, man könne wider Willen in einen italienisch-französischen Krieg hineingezogen werden. Der Vertragstext sollte möglichst so gestaltet werden, diese Möglichkeit auszuschließen.[35]

Der leidenschaftlichste Parteigänger des neuen imperialen Italien war, wie bekannt, Hitler selbst. Schon seit Mitte der 20er Jahre sah er im Faschismus eine „enorme Steigerung des Selbst- und Machtbewußtseins“ Italiens und betrachtete dieses Land auf dem Wege zu einer Weltmacht. In seinen Kontakten mit italienischen Besuchern setzte Hitler schon seit den 20er Jahren auf diesen imperialen Machtwillen als Anruf zum „Wagen“. In dieser Aufforderung zur „großen Politik“ bestand seinem Kern nach die „Verzauberung“ (M. Luciolli)[36], die „unmerkliche, dauernde, hinterlistige Verführung“ (D. Grandi)[37], die die Hitlersche Politik gegenüber dem faschistischen Italien auszuüben schien. Die Schaffung eines großen Mittelmeerimperiums schien aber nur über eine militärische Auseinandersetzung mit Frankreich möglich zu sein. Hitler hat die militärische Leistungsfähigkeit Italiens bei weitem überschätzt und selbst mit dazu beigetragen, daß sich diese Illusionen auch im Umfeld der politischen und militärischen Führungselite des Regimes verbreiteten. Die weitgehend realistischen Berichte des deutschen Militärattachés in Rom galten ihm als „schwarzfärberisch“, und er ließ am Ende ihre Weitergabe verbieten.[38]

In das große Drama der Jahre 1938/39 eingebettet liegt das Schicksal Südtirols, das sich damals zu besiegeln schien. Die 1919 mit den Versailler Friedensregelungen entstandene Südtirol-Frage bildete einen Prüfstein für die innere Solidarität des ‚Achsenbündnisses' und für die Kooperationsfähigkeit der beiden Diktaturen.[39] Hier lag der vielleicht massivste Stolperstein für jedes engere politisch-militärische Zusammengehen. Hitler hatte schon Anfang der 20er Jahre aus bündnispolitischen Gründen den Verzicht auf Südtirol ausgesprochen und ihn gegen schwere innere Widerstände innerhalb der NSDAP durchgesetzt. Diesen Verzicht hatte er im Mai 1938 bei seinem Italien-Besuch noch einmal in der feierlichsten und verbindlichsten Form ausgesprochen und „jene natürliche Grenze" anerkannt, „die die Vorsehung und die Geschichte für unsere beiden Völker ersichtlich gezogen haben".

Es ging aber nicht nur um die Anerkennung der Brenner-Grenze, sondern um das Schicksal von 230 000 selbstbewußten, in einer bäuerlichen Bergkultur verwurzelten Südtirolern. Das faschistische Italien mußte sich gegen Ende der 30er Jahre eingestehen, daß es mit den verschiedenen Phasen seiner Umerziehungs-, Assimilierungs-, Unterdrückungs-, Einwanderungs- und Verdrängungspolitik keine entscheidenden Erfolge erzielt hatte.

Der Verzicht Hitlers hatte nach 1933 nicht zu einer entsprechenden Umorientierung der deutschen Volkstumspolitik geführt. Den Verantwortlichen im ‚Volksbund für das Deutschtum im Ausland' (VDA) schien es undenkbar und geradezu eine Widerlegung des Nations-, Volkstums- und Rassegedankens, diese Modell-Minderheit einfach fallenzulassen. In dem innerparteilichen Konflikt stürzten 1937 und 1939 nacheinander die beiden wichtigsten Repräsentanten der deutschen Volkstumsarbeit im Ausland. Das immer wiederkehrende und offenbar unlösbare Thema ‚Südtirol' irritierte Hitler auf die Dauer aufs höchste. 1939 befand er sich diesem Problem gegenüber „in einem derartigen Zustand von Überreizung", daß er bei dem Wort Südtirol sofort „rot" sah und „zu toben" anfing.[40]

Trotz offensichtlich guten Willens ließ sich die Südtirol-Frage weder im Reich in der von Italien gewünschten Weise ruhigstellen, noch gelang es, die Fermente der Unruhe in Südtirol selbst auszuschalten. Die Herrschaftspraxis zweier totalitärer Regime reichte nicht aus, die beiden antagonistischen Nationalismen zu einem erträglichen Modus vivendi zu zwingen.

Unter dem Druck immer neuer negativer Erfahrungen bewegten sich beide Seiten 1938/39 auf den Gedanken einer Radikallösung zu. Nur eine Aussiedlung schien das Problem aus der Welt schaffen zu können. Die deutsche Seite hat auf das peinlichste vermieden, irgendeine Art von Junktim zwischen Bündnisverhandlungen und Aussiedlung erkennen zu lassen. De facto jedoch war dies einer der Preise, die die deutsche Seite zu zahlen hatte. Irgendwann zwischen April und Mai 1939 erteilte Hitler an Himmler den Auftrag, die völlige Räumung Südtirols vorzubereiten und die „200000 gutrassigen, sehr bewußt deutschen und kämpferischen Volkselemente“[41] „herauszuholen“. In einem Memorandum vom 30. Mai 1939 nannte Himmler die Südtirol-Frage „einen wunden Nervenpunkt im italienischen Organismus“ und schrieb, „für Italien ist Südtirol der Kampfpreis eines Krieges, in dem rund 700000 Italiener gefallen sind. Schon der kleinste Verlust von diesem Kampfpreis würde von niemand in Italien verstanden werden“.[42]

Am 23. Juni 1939 trat in Berlin auf hoher Ebene eine bilaterale Konferenz zusammen, auf der Himmler den Plan eines stufenweisen Abzugs der Deutschen vortrug.

Auf der Basis dieser Gespräche und der nachfolgenden Vereinbarungen wurden die Reichsdeutschen zur Abwanderung gezwungen. Die Südtiroler hatten zwischen Deutschland und Italien zu optieren. Die bis zum 31. Dezember 1939 abgeschlossenen Optionen erbrachten das von den Nationalsozialisten angestrebte plebiszitartige Ergebnis des – je nach Zählung – 75, 80 oder gar 90% prodeutschen Votums. Die Südtiroler hatten zwischen zwei Übeln zu wählen, die beide gleich tödlich zu sein schienen. Zwischen der Scylla der endgültigen Entnationalisierung durch ein totalitär faschistisches Italien und der Charybdis einer Auswanderung in ein phantomhaftes germanisch-deutsches Großreich schien kein Weg hindurchzuführen. Erst der Kriegsverlauf und der Sturz der beiden Diktaturen hat sie gerettet.

VII. Imperialistischer Erwartungsdruck und Mussolini-Mythos

War Mussolini der alleinige Verantwortliche – „one man alone" wie Churchill es später formulierte –, der Italien 1940 in den Krieg geführt hat? Sicherlich hätte sich ohne den Diktator die Kriegsbeteiligung nicht in jenem Augenblick und in jenen Formen vollzogen. Andererseits hätte Mussolini ohne jene Gesellschaft mit ihren Großmachtträumen, ihren imperialen Erwartungen und ihren Primatansprüchen nicht ‚wagen' und nicht entscheiden können. „Das Italien von 1939", so schreibt G. Bocca, „ist schwach, aber geprägt von Anfällen des Optimismus, es weiß nicht über seine reale Lage Bescheid und ist geplagt von Minderwertigkeitskomplexen. Zur gleichen Zeit aber schaut es vertrauensvoll in die Zukunft und erwartet mit zehrender Spannung die Proben, die seinen Fortschritt beweisen sollen." Die Zweifel Mussolinis 1939 „entsprechen zum Teil den Zweifeln des Regimes und der Nation".[43]

Man versteht das eigentümliche Verrechnungsverhältnis zwischen dem Diktator und der italienischen Nation nicht, wenn man nicht in jenen Jahren die Wirkungen des Mussolini-Mythos an entscheidender Stelle mit in Rechnung stellt.[44] Der Duce-Kult hatte ihn zur Inkarnation des neuen Italien gemacht, er verkörperte den Willen der Nation, er galt als der Mächtige und All-Wissende. „Die eigentümliche und hochpersönliche Beziehung Mussolini–italienisches Volk" bildete nach R. De Felice „den wirklichen Schwerpunkt des gesamten Systems". „Der Duce-Mythos überstieg sehr bald die eigentlich politische Funktion Mussolinis ... Beide Faktoren zusammen machten die Rolle Mussolinis absolut entscheidend für den Faschismus".[45]

Die gegen vielfachen inneren Widerstand durchgesetzte Eroberung Abessiniens 1935/36 und der siegreiche Ausgang des Spanischen Bürgerkrieges hatten den Diktator gegen jede künftige innere Kritik gefeit. Der Spruch „Mussolini hat immer recht" trat damals in sein eigentliches Recht. Volk wie Führungseliten gewöhnten sich daran, an den untrüglichen Instinkt des Duce zu glauben. „Dieser Mann hat einen großen Kopf", äußerte König Viktor Emanuel Anfang 1940. „Er wird auch diesmal die Dinge richtig sehen."

Spätestens seit dem Frühjahr 1938 hatten beide Diktatoren die kriegerische Auseinandersetzung mit den westlichen Demokratien längerfristig für unvermeidbar gehalten. Nach Mussolini lag ein Krieg „in der Ordnung der historischen Dynamik". „Ein unüberbrückbarer Graben" trenne die Achsenmächte vom Westen. Der geplante Konflikt solle „die Landkarte der Welt... verändern". Gleichzeitig aber waren die beiden Diktatoren der Ansicht gewesen, eine Friedensperiode von drei bis vier Jahren sei notwendig, um Rüstungen und Kriegsvorbereitungen abzuschließen. Ohne daß sie Eingang in den Vertragstext gefunden hätte, bildete diese Annahme auch Teil des ‚Stahlpaktes'. Auch Hitler wollte nicht den *großen* Krieg. Aber er wollte die Niederwerfung Polens. Über diesen partiellen Kriegswillen hat er die Italiener systematisch getäuscht. In der Schlußkrise Ende August 1939 sah Mussolini sich zu einer Statistenrolle verurteilt und am Ende zur Ausrufung der ‚Non-belligeranza', der Nichtkriegführung, gezwungen. Die Neutralitätserklärung vom 1. September 1939 schien Italien auf die Bahnen der Monate 1914/15 zurückzuführen.

Warum hat Mussolini schließlich am 10. Juni 1940 doch die Kriegsbeteiligung an der Seite Hitler-Deutschlands gewählt?

Es gibt in der Memoirenliteratur eine Deutung dieses „giorno della follia" (Tag des Wahnsinns)[46], die ihn mit einem simplen Fehlkalkül Mussolinis erklärt. Er hielt den Krieg für beendet und benötigte einige Tausend Tote, um mit am Tisch der Friedensverhandlungen sitzen zu können. Ohne diese falsche Lageeinschätzung hätte das faschistische Italien ebenso wie das Spanien Francos den Krieg in der Neutralität überstanden und hätte sich unter dem Druck der Siegermächte zu einer autoritären Monarchie zurückentwickelt.

Mir scheint in dieser Deutung, die die Kriegsbeteiligung *ei-*

nem Mann und *einer* Fehlentscheidung anlastet, eine völlige Verkennung des Prozeßcharakters von Geschichte vorzuliegen. Die politische Führung Italiens war 1939/40 in der vielfältigsten Weise konditioniert und verfügte über einen ständig schmaler werdenden Handlungsspielraum. Sie stand unter einem nationalistischen und imperialistischen Erwartungsdruck, den 20 Jahre faschistischer Expansionspropaganda aufgebaut hatten. Hinter Mussolini befand sich, so schreibt A. Gambino, „eine riesige Partei, deren einziger Zusammenhalt in der imperialen und kriegerischen Rhetorik bestand. Nicht ohne Grund sah Mussolini intuitiv, daß dieser ganze Überbau bei einem Fernbleiben Italiens vom Krieg unvermeidlich zusammengestürzt wäre... Zusammengefaßt: die Neutralität erwies sich für ihn als das größere Risiko, verglichen mit dem Krieg".[47]

Mussolini selbst hat die Zwangslage, in der er sich in diesen Monaten befand, auf das deutlichste formuliert und eine Fortsetzung der Neutralität, „die Italien für ein Jahrhundert als Großmacht und als faschistisches Regime für alle Ewigkeit deklassieren würde"[48], für unmöglich erklärt. Der Charakter des Regimes mit seinem Abbau aller institutionellen Schranken und Kontrollen, die Großmachterwartungen der Nation, der Unfehlbarkeitsmythos des Diktators – alle diese Faktoren wirkten zusammen, um am Ende die Kriegsbeteiligung des faschistischen Italien unvermeidbar zu machen. Der 10. Juni 1940, diese „Verabredung mit der Geschichte", bildete so den logischen Abschluß einer Entwicklung, die zwei Jahrzehnte vorher begonnen hatte.

Walther L. Bernecker

Neutralität wider Willen
Spaniens verhinderter Kriegseintritt

Drei Tage nach Beginn des Zweiten Weltkriegs, am 4. September 1939, erließ die spanische Regierung ein Dekret, durch das sie ihre Neutralität bekanntgab: „Nachdem offiziell zwischen England, Frankreich und Polen einerseits und Deutschland andererseits Kriegszustand herrscht, ordne ich durch dieses Dekret für alle spanischen Untertanen in Übereinstimmung mit den geltenden Gesetzen und den Prinzipien des Völkerrechts die strikteste Neutralität an." Neun Monate später, am 12. Juni 1940, verkündete ein weiteres Dekret, daß „nach Ausdehnung der Kampfhandlungen auf das Mittelmeer wegen des Eintritts Italiens in den Krieg gegen Frankreich und England, die Regierung für Spanien den Status der Nichtkriegführung im Konflikt beschlossen hat".[1] Dieser „nichtkriegführende" Status sollte bis Oktober 1943 beibehalten werden; dann bekannte sich Spanien vorerst zu einer „wachsamen Neutralität" (*neutralidad vigilante*), ab Januar 1944 wieder zu strikter Neutralität allen kriegführenden Ländern gegenüber; im Laufe des Jahres 1944 ließ die spanische Regierung deutlich werden, daß ihre Neutralität den Alliierten gegenüber „wohlwollend" sei.

Die spanische Politik vollzog somit im Verlauf des Weltkriegs zwei einschneidende Wendungen: von der Neutralität zur Nichtkriegführung, und von dieser zurück zu verschiedenen Varianten der Neutralität. Der folgende Beitrag unternimmt den Versuch, diese Wendungen zu erklären. Dem Konzept des Bandes folgend, soll – neben der Berücksichtigung der außenpolitischen Kriegskonstellation – vor allem auf die innerspanische Situation, auf die staatlich-politischen, wirtschaftlich-sozialen und ideologischen Komponenten eingegangen werden, die die jeweiligen Kurswechsel mitdeterminierten.

Die Frage, weshalb Spanien nicht am Zweiten Weltkrieg teilnahm, ist in den letzten Jahren verstärkt diskutiert worden; dabei hat die Historiographie eine deutliche Revision des jahrzehntelang vorherrschenden Bildes vorgenommen. Eigentlich hätte man ja erwarten können, daß Spanien auf seiten der Achsenmächte am Krieg teilnahm, nachdem General Francisco Franco zweifellos durch faschistische Unterstützung in den Sattel gehoben worden war und somit eine Dankesschuld abzuleisten hatte. Hitler hat diesen Zusammenhang auch klar erkannt; im September 1940, als ein möglicher Kriegseintritt Spaniens intensiv diskutiert wurde, sagte der deutsche Diktator zum italienischen Außenminister Galeazzo Ciano: „Italien und Deutschland hatten im Jahre 1936 sehr viel für Spanien getan... Ohne die Hilfe der beiden Länder gäbe es heute keinen Franco.“[2]

Im Herbst 1940 drängte die deutsche Seite Spanien zum Kriegseintritt; daß es nicht soweit kam, ist von der älteren, zumeist Franco-freundlichen Geschichtsschreibung mit dem Hinweis auf den spanischen Widerstand gegen deutsche Pressionen erklärt worden; durch geschicktes Taktieren sei es dem schlauen Galizier Franco gelungen, die Deutschen zu übertölpeln und sein Land aus dem Krieg herauszuhalten.[3] Die vom ‚achsenfreundlichen‘, falangistischen spanischen Innenminister und Franco-Schwager Ramón Serrano Suñer geäußerte Kriegsbereitschaft wurde – unter unkritischer Anlehnung an Serrano Suñers eigene Darstellung der Ereignisse – als erfolgreicher Schachzug interpretiert, durch Vorgaukelung einer spanischen Bereitschaft zum Kriegseintritt eine drohende Invasion der seit der Kapitulation Frankreichs an der Pyrenäengrenze stehenden Deutschen zu verhindern[4]. Nur für Juni 1940 wird ein vorübergehendes, letztlich aber wohl nicht ernstgemeintes Interesse Spaniens an einem Kriegseintritt eingeräumt. Mit gewissen Varianten, in wesentlichen Aspekten aber übereinstimmend, ist in der westlichen Literatur die Meinung vertreten worden, daß die Verhandlungen, zu denen sich Serrano Suñer in der zweiten Septemberhälfte 1940 in Berlin aufhielt, von spanischer Seite sehr zurückhaltend geführt worden seien und der Abbruch der Gespräche auf den falangistischen Minister zurückgehe.

In der Franco-kritischen, vor allem der marxistischen Literatur wurde demgegenüber schon früh auf die angebliche Interessenidentität des deutschen und des spanischen Faschismus verwiesen und die prinzipielle spanische Bereitschaft zur Teilnahme am Krieg betont. In den letzten Jahren hat auch die neuere spanische Forschung hervorgehoben, daß man eher von einer Neutralität wider Willen sprechen müsse; das Bild des genialen Außenpolitikers Franco kann inzwischen – und das gilt nicht nur für die Frage des spanischen Kriegseintritts – als zerstört gelten.[5] Betrachtet man somit den Gang der Forschung zur Frage einer möglichen spanischen Kriegsbeteiligung, so läßt sich eine außerordentliche Bandbreite an Interpretationen feststellen. Für eine korrekte Analyse erweist sich dabei die genaue Beachtung des Zeitfaktors und die Veränderung der jeweiligen Interessenkonstellation als entscheidend.

I. Die Neutralität

Für die erste Phase des Krieges, bis zum Frankreich-Feldzug, stand ein aktives Eingreifen Spaniens nie zur Diskussion. Im August 1939, also noch vor Kriegsbeginn, hatte Hitler in einer Ansprache vor den Oberbefehlshabern darauf hingewiesen, daß von Spanien allenfalls „wohlwollende Neutralität" verlangt werden könne, da es in jenem Land keine faschistische Partei von der „inneren Geschlossenheit" der NSDAP gebe. Das siegesgewisse Deutschland benötigte zu jenem Zeitpunkt auch nicht die aktive Unterstützung durch Spanien; es reichte aus, im ‚Neuen Staat' Francos einen passiven Alliierten zu haben, der sich durch Beitritt zum Antikominternpakt und den Abschluß eines deutsch-spanischen Freundschaftsvertrages im März 1939 an das Dritte Reich angelehnt hatte.

Für diese erste Phase ist mitunter behauptet worden, daß die geographische Lage Spaniens (und Portugals) an der Peripherie Europas die Neutralität dieser Länder erkläre. Sicher mag die geostrategische Lage von Bedeutung gewesen sein; allein mit der Geographie kann man aber – was vor allem die spätere Entwicklung zeigt – die spanische Haltung nicht erklären. Entscheidend war vielmehr das inexistente deutsche Interesse an einem Kriegseintritt und die ökonomisch katastrophale sowie politisch noch lange nicht stabilisierte Situation Spaniens im Sommer und Herbst 1939. Jede Betrachtung der spanischen Haltung zum damaligen Zeitpunkt muß davon ausgehen, daß das Land erst wenige Monate vorher – am 1. April 1939 – den längsten und grausamsten Bürgerkrieg seiner Geschichte beendet hatte. Es läßt sich ohne Übertreibung sagen, daß Spanien im Sommer 1939 ein in jeder Hinsicht verwüstetes Land war. Die Menschenverluste gingen in die Hunderttausende; mindestens 400000 Spanier mußten nach 1939 aus politischen Gründen ins Exil gehen. Die demographisch bedeutsamste Kriegsfolge war ein krasser Rückgang der Geburtenrate um ein Fünftel. Wirtschaftlich betrachtet wurde durch den Bürgerkrieg der größte Teil der Produktionsanlagen zerstört. 1940 war das Volkseinkommen auf den Stand von 1914 zurückgefallen, die erwerbstätige Bevölkerung durch den Krieg um weit über eine halbe Million gesunken. Der republikanische Staat hatte zur Kriegsfinanzierung 510 Tonnen Gold in einem Wert von 575 Mio. Dollar ausgegeben. Die Kriegskosten beider Seiten beliefen sich auf 300 Mrd. (Peseten von 1963). Rund 8% aller Wohnungen waren beschädigt oder zerstört, über 40% aller Lokomotiven und Waggons unbrauchbar geworden. Die Handelsmarine büßte 225000 Bruttoregistertonnen, d. h. über 30% ihres Gesamtbestandes, ein. Die Industrieproduktion sank von 1935 bis 1939 um 31%, die Agrarproduktion um etwas über 21%, das Volksvermögen um 25,7%, das durchschnittliche Pro-Kopf-Einkommen um 28,3%. Das Pro-Kopf-Einkommen erreichte erst 1952 wieder den Stand der Vorkriegszeit.[6]

Im Juli 1939 notierte Graf Ciano nach einem Gespräch mit Franco in seinem Tagebuch, daß der spanische *Caudillo* für sein Land eine Friedensperiode von mindestens fünf Jahren für erforderlich erachte; diesen Zeitraum hielten viele Beobachter noch für zu knapp. Die katastrophalen wirtschaftlichen und finanziellen Verhältnisse Spaniens sowie die militärische Schutzlosigkeit der spanischen Grenzen und des balearischen bzw. kanarischen Archipels waren damals und später realpolitische (und nicht ideologische) Faktoren bei der spanischen Beurteilung der Vor- und Nachteile eines möglichen Kriegseintritts. Hinzu kam, daß nicht die ‚Achsenmächte', die 1940/41 zeitweilig sehr an Spaniens Kriegsbeteiligung interessiert waren, sondern die auf Neutralität drängenden Westmächte über die notwendigen und von Spanien so dringend benötigten Reserven an Treibstoffen, Getreide, Baumwolle, Kautschuk und anderen Rohstoffen verfügten.

Die Neutralitätserklärung Spaniens im September 1939 entsprach somit sowohl deutschem als auch spanischem Interesse. Das spanische Regime brauchte Zeit, um sich zu konsolidieren; eine offene kriegerische Betätigung hätte die Position der noch keineswegs stabilisierten neuen Herrschaftselite in Gefahr gebracht. Dem NS-Regime wiederum nutzte eine stabile, formell neutrale Franco-Regierung an der Südflanke Frankreichs, in Nachbarschaft zum britischen Gibraltar und den französischen Nordafrika-Kolonien mehr als ein unterstützungsbedürftiges kriegführendes Spanien.

II. Nichtkriegführung und Kriegswille

Bis Juni 1940 hatte sich die Situation grundlegend geändert. Der Westfeldzug war beendet, ein baldiges Ende des Krieges in den Bereich der Möglichkeit gerückt. Wollte Spanien an der zu verteilenden Beute partizipieren, so mußte es sich beeilen. An jenem 14. Juni, an dem Paris von deutschen Truppen besetzt wurde, marschierten Spanier in die internationale Tanger-Zone ein, was damit begründet wurde, daß nur Spanien als einzige nichtkriegführende Signatarmacht in der Lage war, die Neutralität der internationalen Zone zu garantieren.[7] Gleichzeitig suchte der spanische Generalstabschef Juan Vigón Hitler auf und ließ erkennen, daß Spanien in absehbarer Zeit in den Krieg eintreten würde; dabei schilderte er die wirtschaftlichen, innenpolitischen und militärischen Schwierigkeiten Spaniens sowie Francos Befürchtungen vor einer möglichen angloamerikanischen Landung in Portugal und Marokko.

Das spanische Angebot zum Kriegseintritt erfolgte wenige Tage später, am 19. Juni 1940, in Form eines offiziell der deutschen Regierung übergebenen Memorandums, dessen Text lautete: „Da die spanische Regierung das Weiterbestehen des zum Teil durch die Leistung spanischer Arbeiter geschaffenen französischen Imperiums in Nordafrika für unmöglich hält, beansprucht sie das Gebiet von Oran, die Vereinigung Marokkos unter spanischem Protektorat, die Ausdehnung seiner jetzigen Sahara-Gebiete (Río de Oro) bis zum zwanzigsten Breitengrad, die Ausweitung seiner im Küstenabschnitt zwischen der Mündung des Niger und Kap López gelegenen Küstengebiete (Spanisch-Guinea). Falls, nachdem Frankreich nun aus dem Kampf ausscheidet, England den Krieg fortführen sollte, wäre Spanien bereit, nach kurzer Vorbereitung der öffentlichen Meinung in den Krieg einzutreten. Es würde in diesem Falle einige Unterstützung durch Deutschland mit Kriegsmaterial, schwerer Artillerie, Flugzeugen für den Angriff auf Gibraltar benötigen und vielleicht die Zusammenarbeit der deutschen U-Boot-Waffe zur Verteidigung der Kanarischen Inseln. Auch die Versorgung mit etwas Proviant, Munition, Treibstoffen und Materialien, die gewiß aus den französischen Kriegsbeständen verfügbar sein werden."[8]

Der Übergang Spaniens zur Nichtkriegführung nach dem Fall der Dritten Französischen Republik und das spanische Angebot zum Kriegseintritt im Juni 1940 haben von den Beteiligten (Ramón Serrano Suñer), von falangistischen Publizisten (J. M. Doussinague, A. del Río Cisneros) und in der profranquistischen Historiographie (R. de la Cierva, H. G. Dahms) zwei verschiedene Deutungen erfahren: Entweder wurde, unter Hinweis auf die hohen spanischen Territorial- und Materialforderungen, behauptet, der spanische Kurswechsel sei nur eine politische Geste gewesen, eine schlaue Pirouette, die wegen der Unerfüllbarkeit der Forderungen genau das Gegenteil von dem erzielen sollte (und erzielte), was offiziell angeboten wurde; tatsächlich sei es darum gegangen, Spanien vor einem direkten Eingreifen in den Krieg zu bewahren. Diese Sichtweise wurde vor allem in der Nachkriegszeit propagandistisch verbreitet, als

Spanien international isoliert und von der UNO ausgeschlossen war, als es dem Regime primär darum ging zu zeigen, daß der ‚Neue Staat' sich keineswegs dem Faschismus verschrieben hatte, sich einer drohenden Umklammerung vielmehr erfolgreich widersetzen konnte. Oder es wurde behauptet – diese Deutung geht insbesondere auf Ramón Serrano Suñer zurück –, ein Deutschland gegenüber entgegenkommendes Verhalten Spaniens sei deshalb notwendig gewesen, weil die an der spanischen Grenze stehenden deutschen Truppen „sich in jedem beliebigen Augenblick in eine Besatzungsmacht verwandeln konnten".

Beide Deutungen entsprechen vor allem dem Legitimationsbedürfnis des spanischen Regimes, dürften aber kaum die historische Situation korrekt erfassen. Was erstere Interpretation betrifft, so ist darauf zu verweisen, daß in Anbetracht der spanischen Lage die Material- und Waffenforderungen keineswegs überzogen waren und die Territorialansprüche weitverbreitete Vorstellungen der Zeitgenossen widerspiegelten. Die Frage der territorialen Expansion dürfte das treibende Moment schlechthin der spanischen Überlegungen gewesen sein, in den Krieg einzutreten.

Die im Falangeprogramm festgeschriebene Idee des Imperiums – Punkt 3 lautete: „Wir haben den Willen zum Imperium. Wir bekunden, daß die geschichtliche Erfüllung Spaniens das Imperium ist" – war ein allseits verkündetes Ziel, zugleich Erinnerung an die Machtstellung Spaniens unter den katholischen Königen. Die Bedeutung des Imperiumsgedankens für die damalige spanische Politik läßt sich auch an den zahlreichen Publikationen ablesen, die dieses Thema zum Inhalt hatten. Angeführt wurde diese Sammlung imperialistischer Veröffentlichungen von dem umfangreichen Werk „Spaniens Rückforderungen" (*Reivindiaciones de España*), das Staatssekretär José María Areilza und Professor Fernando María Castiella, der spätere Außenminister, 1941 publizierten.[9] Der Einband des Buches bestand aus einer Landkarte Afrikas, auf der die von Spanien beanspruchten Gebiete in Afrika (Französisch-Marokko, Oran, Golf von Guinea) gekennzeichnet waren, die im wesentlichen den im Juni-Memorandum aufgestellten Forderungen entsprachen. Die innenpolitische Bedeutung des territorialen Expansionsthemas lag in dessen Funktion als Integrationsklammer für verschiedene Gruppierungen und ansonsten heterogene Bereiche der spanischen Öffentlichkeit; durch das Memorandum wurden die Expansionsbestrebungen zu offiziellen Zielen der spanischen Politik.

Die zweite, auf Serrano Suñer zurückgehende Interpretation, derzufolge die spanische Erklärung erforderlich war, um eine Besetzung durch deutsche Truppen zu verhindern, entbehrt jeglicher Quellengrundlage und wird durch die deutsche Reaktion auf das spanische Anerbieten widerlegt. Denn: Im Juni 1940 sah die deutsche Regierung keinerlei Veranlassung, auf das spanische Angebot zum Kriegseintritt einzugehen. Zum damaligen Zeitpunkt war die militärische Lage für das Dritte Reich derart günstig, daß von einer spanischen Kriegsbeteiligung keine Vorteile, sondern nur zusätzliche wirtschaftliche, militärische und territoriale Probleme (Unterstützung, Beuteteilung) zu erwarten waren. Staatssekretär Ernst Freiherr von Weizsäkker teilte dem spanischen Botschafter in Berlin denn auch mit, die deutsche Regierung habe vom spanischen Angebot zum Eintritt in den Krieg und von den Territorialwünschen Spaniens Kenntnis genommen; die Bereitschaft zum Kriegseintritt wurde „aufs wärmste" begrüßt, die spanischen Wünsche würden zu gegebener Zeit mit größtem Wohlwollen geprüft.[10] Damit wurde vorerst von dem spanischen Angebot nicht Gebrauch gemacht, nachdem Hitler zu diesem Zeitpunkt (in der Erwartung eines baldigen „Ausgleichs" mit England) am spanischen Kriegseintritt – noch dazu zu einem so hohen Preis – nicht interessiert war.

Die heutige Forschung hält das spanische Angebot zum Kriegseintritt für durchaus ernst gemeint. Die Ernsthaftigkeit des spanischen Kriegswillens hat inzwischen übrigens auch kein Geringerer als Serrano Suñer zugegeben, der 1982 in einer seiner vielen Neu-Interpretationen der spanischen Kriegspolitik jener Monate davon sprach, daß Spanien durch sein Anerbieten sein Gewicht auf der erwarteten Friedenskonferenz gegenüber Großbritannien erhöhen wollte. Bezeichnend ist vor allem der

Zeitpunkt: Die Kapitulation Frankreichs, der Übergang zum Status der Nichtkriegführung, die Besetzung Tangers und das Juni-Memorandum folgten innerhalb weniger Tage aufeinander und machten es erforderlich, diese Ereignisse in einem Zusammenhang zu sehen. Weitere Maßnahmen, die eine Anpassung Spaniens an deutsche Interessen erkennen lassen, waren: eine vielbeachtete Rede Francos im Juli 1940, in der er von zwei Millionen Soldaten sprach, die zur Verteidigung der „politischen Missionen" Spaniens – der „Herrschaft über Gibraltar" und der „afrikanischen Aufgabe" – bereitstünden; die Ablösung Anfang August des den Nationalsozialisten nicht gewogenen spanischen Botschafters in Berlin (Magaz) durch den Hitler-hörigen Eugenio Espinosa de los Monteros; die Einrichtung eines vormilitärischen Schulungsprogramms durch die Falange und die Verkündigung des zweijährigen Kriegsdienstes.

Die nachfranquistische Historiographie hat denn auch eine Neubewertung der spanischen Politik im Sommer 1940 vorgenommen. Seit Victor Morales Lezcano im Jahr 1980 seine quellengesättigte Studie über die spanische Nichtkriegführung im Zweiten Weltkrieg publizierte, hat sich immer mehr die Interpretation durchgesetzt, derzufolge der nichtkriegführende Status auf die innerspanischen Pressionen der „reinen" Falangisten und der deutschfreundlichen Militärs zurückzuführen war, die letztlich auf seiten der ‚Achse' in den Krieg eintreten und eine billige Trophäe in Form erheblichen Territorialgewinns erhalten wollten; das Regime hätte stärker faschisiert und im hegemonialen System der faschistischen Staaten stabilisiert werden sollen. Die Nichtkriegführung wurde jetzt als eine Vorstufe der Kriegführung gedeutet, in Analogie etwa zur Wartehaltung Mussolinis zwischen September 1939 und Juni 1940. Der Übergang von der Kriegswilligkeit zur Kriegführung auf seiten der ‚Achse' hing damals im wesentlichen von der schnellen Niederwerfung Englands durch das Dritte Reich ab. Daß es schließlich doch nicht zum spanischen Kriegseintritt kam, war auf den für die ‚Achsenmächte' nicht mehr so erfolgreichen Kriegsverlauf und die angloamerikanische Zuckerbrot-und-Peitsche-Politik gegenüber Spanien zurückzuführen, die der germanophilen Neigung des franquistischen Regimes mächtige Korrektive entgegensetzte.

Hatte sich Deutschland im Juni 1940 an einem spanischen Kriegseintritt noch sichtlich desinteressiert gezeigt, so sollte die deutsche Interessenlage sich innerhalb nur weniger Wochen ändern. Bereits Ende Juli 1940 war Hitlers Hoffnung auf ein Einlenken Großbritanniens weitgehend geschwunden; damit gewann Spanien für ihn schlagartig an strategischer Bedeutung und politischem Interesse. Ernsthafte Anstrengungen, einen Kriegseintritt Spaniens auf der Seite der ‚Achsenmächte' herbeizuführen, wurden sodann ab Mitte September unternommen, nachdem das Unternehmen ‚Seelöwe' – die Landung auf den Britischen Inseln – abgesagt worden und der strategische Luftkrieg gegen Großbritannien gescheitert war.

Inzwischen war aber auch die spanische Seite vorsichtiger geworden. Als abzusehen war, daß der Krieg gegen England länger als vorgesehen dauern würde, erkaltete das Interesse an einem Kriegseintritt sichtlich, war eine Niederlage Englands doch eine Vorbedingung für Francos Kriegseintritt. Spanien war ja nicht nur wirtschaftlich von den Zufuhren über See, insbesondere aus den USA, abhängig, sondern mußte im Falle eines Kriegseintritts auf der Seite Deutschlands mit britischen Gegenmaßnahmen rechnen. Im Juli 1940 hatte die britische Regierung bereits den Beschluß gefaßt, Streitkräfte in ständiger Bereitschaft zu halten, die im Falle eines spanischen Kriegseintritts die Azoren, die Kapverdischen Inseln, Madeira und Gran Canaria besetzen sollten.[11] Inzwischen schraubte die spanische Seite ihre Forderungen auch deutlich nach oben. Mitte August 1940 gab Handelsminister Alarcón de la Lastra seine vorläufige Berechnung bekannt, nach der Spanien jährlich mindestens 400000 Tonnen Benzin, 600000 bis 700000 Tonnen Brotgetreide, einige hunderttausend Tonnen Gas- und Brennöl, Schrott, Papiermasse und über 600000 Tonnen Stickstoff-Düngemittel benötigte. Zum gleichen Zeitpunkt faßte die Informationen, die Admiral Wilhelm Canaris nach mehreren Spanien-Besuchen lieferte, Generaloberst Franz Halder in seinem Kriegstagebuch folgendermaßen zusammen: „Innere Lage sehr schwierig. Ernährung schlecht. Kohlen fehlen. Franco hat die Generalität und die Geistlichkeit gegen sich ... Die Folgen der Bundesgenossenschaft dieses unberechenbaren Volkes sind nicht abzusehen. Wir werden einen Bundesgenossen finden, für den wir schwer bezahlen müssen." Und der deutsche Botschafter in Madrid, Eberhard von Stohrer, berichtet in eben jenem August 1940 nach Berlin: „Spanien ist wegen Schwächung durch den Bürgerkrieg wirtschaftlich außerstande, einen mehr als wenige Monate dauernden Krieg durchzuhalten, wenn es nicht von deutscher und italienischer Seite wirtschaftliche Hilfe erhält. Abgesehen von Benzin gilt dies ... besonders für Brotgetreide. Durch eine Verschärfung der schwierigen wirtschaftlichen Lage und eine eventuelle Hungersnot sowie durch politische und militärische Rückschläge (Verlust der Inseln, der Kolonien) können innere Unruhen entstehen ... Bei längerer Kriegsdauer könnte die Lage bedenklich werden."[12]

Während sich die Position Großbritanniens seit Sommer 1940, gerade im Hinblick auf das Mittelmeer, besserte, verschlechterte sich jene der ‚Achsenmächte'. Zu dem Zeitpunkt wäre ein spanischer Kriegseintritt für das Franco-Regime einem politischen Selbstmord gleichgekommen. Außerdem konnte Hitler Mitte 1940 die spanischen Territorialforderungen in Nordafrika nicht erfüllen, da er hierzu den Waffenstillstand mit Frankreich hätte brechen müssen; damit hätte er den Abfall des französischen Kolonialreiches und den Übergang der noch recht starken französischen Seestreitkräfte auf die britische Seite riskiert.

Bei den militärischen Planungen Hitlers traten ab Juli/August an die Stelle des nicht durchführbaren Unternehmens ‚Seelöwe' Ersatzplanungen in den Vordergrund, von denen der Plan ‚Felix', die Eroberung Gibraltars, als grundlegende politische Voraussetzung den Kriegseintritt Spaniens auf deutscher Seite hatte. Um diese Frage sollten sich in den folgenden entscheidenden Monaten die deutsch-spanischen Beziehungen drehen. Festzuhalten bleibt, daß inzwischen die Rollen vertauscht worden waren: Deutschland war nunmehr an einem spanischen Kriegseintritt interessiert; das Franco-Regime vermied demgegenüber eine Festlegung.

In der zweiten Jahreshälfte 1940 trat die Frage eines spanischen Kriegseintritts in ihr entscheidendes Stadium. Serrano Suñer, der falangistische Befürworter einer Anlehnung an die ‚Achse', hielt sich im September in Berlin auf und meldete dort den spanischen Preis für einen Kriegseintritt an: vor allem die Abtretung Gibraltars und Französisch-Marokkos, eines Teils von Algerien, weitere Gebiete aus dem französischen Kolonialreich in Westafrika, umfangreiche militärische und wirtschaftliche Unterstützung. Diese Wünsche stimmten im wesentlichen mit den im Juni-Memorandum formulierten Zielen überein. Zum damaligen Zeitpunkt widersprachen sie aber sowohl den italienischen Vorstellungen, da ja Rom selbst Annexionspläne gegenüber Französisch-Nordafrika hatte, als auch den Interessen Vichys, das ebenfalls eine Art ‚Halbverbündeter' der ‚Achse' war. (Vichy-treue Truppen hatten gerade einen britisch-gaullistischen Landungsversuch im Senegal zurückgeschlagen, was die Bedeutung eines auf seiten der ‚Achse' stehenden Frankreich zur Abwehr Englands in Afrika unterstrich.)

Zu schweren Spannungen zwischen Berlin und Madrid kam es bei diesen Verhandlungen vor allem in Zusammenhang mit der deutschen Forderung nach Abtretung von Stützpunkten in Marokko (Agadir, Mogador) und auf den Kanarischen Inseln.[13] Serrano Suñer wiederholte aber am 16. September Ribbentrop gegenüber den prinzipiellen Willen Spaniens, am Krieg teilzunehmen. Im Auswärtigen Amt resümierte man den Gesprächsinhalt folgendermaßen: „Spanien wolle ‚in wirksamer Weise gegenwärtig sein' und daher am jetzigen Kriege teilnehmen; ohne die vorgenannten wirtschaftlichen Schwierigkeiten wäre es längst in den Krieg eingetreten. Es sei jedoch nunmehr trotz dieser Schwierigkeiten zum Mitkämpfen bereit nach Maßgabe der Unterstützung, die ihm zur Hebung seiner unzureichenden Versorgung gegeben werden könne ... Die öffentliche Meinung, die noch vor einiger Zeit bezüglich des Kriegseintritts Spaniens völlig unvorbereitet gewesen sei, stände einem solchen Kriegseintritt absolut positiv gegenüber, und auch das Heer, besonders aber die in der Falange vereinigte Jugend, stände einer Teilnahme Spaniens an dem Konflikt bejahend gegenüber. Nur ein kleiner Teil des spanischen Publikums verhalte sich ablehnend, aber derartige Minderheiten gebe es ja in allen Ländern ... Auf die zum Abschluß gestellte präzise Frage des Reichsaußenministers, wann Spanien in den Krieg eintreten könne, erwiderte Serrano Suñer, daß Spanien zum Kriege bereit sei, in dem Augenblick, in dem die Aufstellung der zehn Langrohrgeschütze bei Gibraltar beendet wäre."[14]

Daß die verschiedenen Gesprächsrunden trotz der anhaltenden spanischen Kriegsbereitschaft im September 1940 fehlschlugen, lag im wesentlichen an der erwarteten französischen Widerstandsbewegung in Afrika, die bei der deutschen Führung die Besorgnis auslöste, Gibraltar und Nordafrika könnten trotz spanischer Unterstützung nicht schnell genug erreicht werden, bevor die französischen Kolonien von der Vichy-Regierung abfielen. Um letzteres zu verhindern, sollten verstärkt militärische Zugeständnisse an das Vichy-Regime gemacht und so die Regierungstreue der Kolonien gewährleistet werden. Die gleichzeitige Berücksichtigung Spaniens und Frankreichs mußte aber dazu führen, daß den territorialen Forderungen Spaniens – zumindest vorerst – nicht voll entsprochen werden konnte. Unmittelbar vor seinem Treffen mit Franco sagte Hitler zu Ribbentrop: „Ich will versuchen, in der Unterredung mit Pétain die Franzosen zum aktiven Krieg gegen England zu bewegen, und daher kann ich ihnen jetzt solche Gebietsabtretungen nicht zumuten, ganz abgesehen davon, daß bei Bekanntwerden derartiger Vereinbarungen mit den Spaniern das französische Kolonialreich wahrscheinlich geschlossen zu de Gaulle übergehen würde." (Für die Zeit nach dem „Endsieg" wurde eine territoriale Neuordnung zugunsten Spaniens in Aussicht gestellt.) Für die spanische Seite aber lautete damals bereits die Devise: ohne territoriale Garantie kein Kriegseintritt.

Nachdem die erwartete Kapitulation Englands ausgeblieben war, wurde Francos Haltung zusehends reservierter. Am 24. September 1940 schrieb er Innenminister Serrano Suñer, Spanien müsse sich für den Fall eines „langen Krieges" absichern:

„Das zwingt uns dazu, Garantien zu ergreifen, damit man uns nicht in die Intervention hineinzerren kann, ohne daß wir zuvor die Probleme in einer für unser Volk erträglichen Weise gelöst haben.“ Die Vorstellung eines sich noch Jahre hinziehenden Krieges machte es für Spanien unmöglich, sich zum damaligen Zeitpunkt zum Kriegseintritt bewegen zu lassen; statt dessen betrieb das Land eine Hinhalte- und Beschwichtigungspolitik.

Berücksichtigt man diese Interessenkonstellation, dann waren von jenem berühmt gewordenen Treffen zwischen Hitler und Franco am Grenzbahnhof von Hendaye am 23. Oktober 1940 keine weitergehenden Ergebnisse zu erwarten. Es ist auch falsch – wie es in einem Großteil der älteren Forschung getan wurde –, dieses legendenumrankte Treffen zum Dreh- und Angelpunkt bei der Beantwortung der Frage nach einem spanischen Kriegseintritt zu machen; die weichenstellenden Entscheidungen waren nämlich schon vorher gefallen. Auf der Grundlage der (unzuverlässigen) Darstellung von Hitlers Chefdolmetscher Paul Schmidt ist das Spitzengespräch in Hendaye in der Literatur immer wieder als ein Machtduell zwischen dem gerissenen Franco und dem übelgelaunten Hitler dargestellt worden, bei dem letzterer schließlich den kürzeren zog und verzweifelt den Verhandlungsort verließ. Es ist sicher richtig, daß das Treffen von Hendaye keine greifbaren Ergebnisse brachte; Paul Schmidt schreibt, daß nach dem Fehlschlag der Gespräche Ribbentrop pausenlos auf den „Jesuiten“ Suñer und den „undankbaren Feigling“ Franco schimpfte, „der uns alles verdankt und nun nicht mitmachen will“.[15] Aber daß Deutschland mit Rücksicht auf Vichy keine allzu großen Gebietsabtretungen festschreiben würde, stand schon vor dem Treffen fest. Immerhin erklärte Franco schließlich in einem Geheimprotokoll Spaniens Beitritt zum deutsch-italienischen Freundschafts- und Bündnispakt vom Mai 1939, dem sogenannten ‚Stahlpakt‘; zugleich bekräftigte er seinen Willen, am Krieg nach Erhalt der erforderlichen militärischen Unterstützung und zu einem noch festzusetzenden Zeitpunkt teilzunehmen sowie später dem Dreimächtepakt zwischen Deutschland, Italien und Japan beizutreten.

Im November und Dezember 1940 gab es noch zahlreiche

deutsch-spanische Kontakte auf hoher und höchster Ebene. Die italienischen Niederlagen in Griechenland sollten militärisch und psychologisch durch eine schnelle, erfolgreiche Aktion gegen Gibraltar und Nordafrika ausgeglichen werden. Damit hatte der italienische Angriff die ‚Achse' in einen Zugzwang gebracht, der stärker als die noch im Oktober geltenden Bedenken wegen des möglichen Abfalls der fanzösischen Kolonien war; die deutsche Seite sollte nun keine Rücksicht mehr auf die Gefahr nehmen, die das (zuvor verweigerte) Zugeständnis der afrikanischen Gebiete an Spanien bringen würde. Für seinen Kriegseintritt wurde nun Spanien wirtschaftliche und militärische Unterstützung sowie die Anerkennung des spanischen Anspruchs auf die nordafrikanischen Gebiete angeboten. Ganz offensichtlich wurde durch dieses erweiterte Angebot in Spanien erneut ein gewisses Interesse an einer Kriegsbeteiligung geweckt.

Ende November hatte es denn auch allen Anschein, als werde Spanien nun in den Krieg eintreten; Serrano Suñer teilte dem deutschen Botschafter in Madrid Francos Stellungnahme mit den Worten mit: „Einverstanden, daß die Vorbereitungen für den Kriegseintritt Spaniens möglichst beschleunigt werden. Die hierfür erforderliche Zeitspanne kann jedoch heute noch nicht genau fest bestimmt werden." [16] Aber nur eine Woche nach dieser Mitteilung, am 7. Dezember 1940, teilte Franco seine endgültige Absage Admiral Canaris mit. Im Kriegstagebuch des Wehrmachtführungsstabes heißt es unter dem 8. Dezember 1940: „Franco habe [Canaris] erwidert, daß Spanien zu dem vom Führer verlangten Termin nicht in den Krieg eintreten könne, da es hierzu nicht vorbereitet sei. Die Schwierigkeiten lägen weniger auf militärischem als auf wirtschaftlichem Gebiet; es fehle an Lebensmitteln und allen anderen lebensnotwendigen Dingen... General Franco habe klar zu verstehen gegeben, daß Spanien erst dann in den Krieg eintreten könne, wenn England unmittelbar vor dem Zusammenbruch stehe. Auf das Telegramm des Admirals Canaris hin entscheidet der Führer, daß das Unternehmen ‚Felix' [die Einnahme Gibraltars] nicht durchgeführt werden solle, da die politischen Voraussetzungen nicht mehr gegeben seien." [17]

Im Januar 1941 unternahm die deutsche Seite einen letzten, ebenfalls erfolglosen Versuch, Spanien zum Kriegseintritt zu nötigen. Einen Monat später teilte Franco Hitler mit, das im Oktober in Hendaye abgefaßte Protokoll sei als überholt anzusehen; damit lehnte die spanische Seite den zugesagten Beitritt zum Dreimächtepakt ab.

In seinen 1977 veröffentlichten Memoiren führt Serrano Suñer folgende Gründe dafür an, daß Spanien nicht in den Krieg eintrat: „Pétain und seine Entscheidung, uns nicht einen Zoll des französischen Imperiums in Afrika zu überlassen, veranlaßten Hitler, nein zu sagen; die Ablehnung Francos als Konsequenz davon, daß der Deutsche ihm nicht die Gebiete übertrug, die Franco als Voraussetzung für den Kriegseintritt verlangte; bald danach Rußland, das zur größten Sorge und Schwierigkeit für den Führer wurde; und vor allem die göttliche Vorsehung."

Von letzterem Argument abgesehen – über das zu urteilen einem Historiker nicht zusteht –, dürften die von Serrano Suñer angeführten Gründe durchaus zutreffen. Allerdings reichen sie für eine Erklärung nicht aus. Serrano Suñer verschweigt nämlich die erheblichen innenpolitischen Widerstände, denen Franco, vor allem aber er selbst sich in der Frage des Kriegseintritts gegenübersah. Am 9. Dezember 1940 hatte der deutsche Botschafter aus Madrid berichtet, daß „Vorstellungen verschiedener einflußreicher Generale bei Franco Befürchtung geweckt [haben], daß persönlicher und sachlicher Gegensatz zwischen S(errano) Suñer und Militärs zu einer akuten Gefahr für das Regime werden könnte, wenn den schweren, hauptsächlich auf wirtschaftlichem, aber auch auf militärischem Gebiet liegenden, gegen alsbaldigen Kriegseintritt sprechenden Bedenken dieser Generale nicht Rechnung getragen würde. Stellungnahme der Generale bedeutet keineswegs unfreundlichen Akt gegen uns. Generale wünschen zum großen Teil Krieg an Seite Deutschlands zur Erfüllung nationaler Aspirationen. Ihre Beurteilung der Lage entspricht nur mehr der Wirklichkeit als der Auffassung, die der ziemlich isolierte Generalissimus und der im Kampf mit Militär stehende Außenminister bisher anscheinend gehabt haben; Lebensmittelnot ist tatsächlich in letzten Wochen geradezu katastrophal geworden".[18] Und zwei Tage später sprach Stohrer von einer als Folge der Hungersnot sich immer mehr steigernden innenpolitischen Unruhe und einer in bedenklichem Umfang wachsenden Unzufriedenheit mit dem Regime. Im Kampf der Militärs gegen Serrano Suñer werde diesem vorgeworfen, er habe sich in Unkenntnis militärischer und wirtschaftlicher Dinge weiter vorgewagt, als er durfte.

Diese Hinweise des deutschen Botschafters sind zwischenzeitlich von der Forschung voll bestätigt worden. Das aus dem Bürgerkrieg hervorgegangene Regime war zum damaligen Zeitpunkt alles andere als stabilisiert. Abgesehen von den Guerillakämpfen, die vor allem im nördlichen Asturien, aber auch in anderen Teilen des Landes für Unruhe sorgten, waren die verschiedenen Fraktionen der Machtelite in zum Teil heftige Kämpfe gegeneinander verwickelt; Franco hatte erhebliche Mühe, seine Macht durch Ausbalancierung verschiedener Gruppierungen einigermaßen zu stabilisieren. Besonders spannungsgeladen waren die Beziehungen zwischen den Militärs, die sich als traditionell-nationalkonservative Gruppierung als Stütze des ‚Neuen Staates' betrachteten, und der seit 1937 zur Staatspartei avancierten Falange. In dieser wiederum bekriegten sich die ‚alten Kämpfer' (*camisas viejas*), die auch nach der Zwangsvereinigung mit den Karlisten und anderen Rechtsgruppierungen an ihrem Ideal einer nationalsyndikalistischen Revolution festhielten, und die Neufalangisten (*camisas nuevas*) um Ramón Serrano Suñer, die bei flexibler Anpassung an die gegebenen Machtverhältnisse den ‚Neuen Staat' nach dem Modell des katholischen Korporatismus organisieren wollten. Nach dem Bürgerkrieg nahm der Einfluß der Altfalangisten rapide ab, sie sahen sich um die Früchte ihres Sieges gebracht.

Altfalangisten formten daher schon im Sommer 1939 konspirative Zirkel und geheime Verschwörerjuntas, die dem Regime zwar vorerst nicht gefährlich werden konnten, seit der Präsenz deutscher Divisionen an der Pyrenäengrenze (Sommer 1940) aber eine Möglichkeit sahen, mit Unterstützung der Auslandsorganisation der NSDAP in Spanien ihren sozialrevolutionären Forderungen mehr Nachdruck zu verleihen.

Serrano Suñer wurde nicht nur von den Altfalangisten, sondern wegen seiner außerordentlichen Machtfülle auch von den Militärs energisch bekämpft. Für viele Generale waren die von Serrano Suñer in Berlin unterschriebenen Vereinbarungen und das Protokoll von Hendaye unannehmbar. Die neutralistische Opposition der Militärs, die sich im Herbst 1940 zu einer antiinterventionistischen Gruppierung unter der Leitung von General Antonio Aranda zusammengeschlossen hatten, wurde außerdem noch – wie Antonio Marquina gezeigt hat – durch englische Geheimdienstgelder, die via Schweizer Bankgesellschaft New York ihre Empfänger in Spanien erreichten, verstärkt. Im Frühjahr 1941 war diese Gruppe zu einem Putsch gegen Franco bereit, von dem sie schließlich jedoch absah, als der spanische Diktator versprach, nicht in den Krieg einzutreten. Franco sah sich jedoch, auf Druck der Armee hin, genötigt, eine große Kabinettsumbildung vorzunehmen und dabei die meisten falangistischen Minister zu entlassen. (Serrano Suñer mußte das Innenministerium aufgeben und sich mit einer Beschneidung seiner Machtposition abfinden.)

Schließlich muß noch ein weiterer Aspekt berücksichtigt werden: Zwischen 1940 und 1944 sah sich Spanien ständig wirtschaftlichem und handelspolitischem Druck seitens der angelsächsischen Mächte ausgesetzt; einige Historiker sprechen sogar von einer „graduellen Abschnürung der Subsistenzmittel". Die hierbei angewandten Methoden reichten von der Blockade über das Embargo bis hin zu schwarzen Listen. Der anhaltende deutsche Druck auf die spanische Politik wurde von angelsächsischer Seite somit durch einen nicht minder wirkungsvollen wirtschaftlichen Gegendruck beantwortet. Die spanisch-englischen Finanzverhandlungen, die US-amerikanischen Getreide- und Erdöllieferungen und die Androhung der Besetzung der Azoren und der Kanarischen Inseln gehörten zum Arsenal von Druckmitteln, die Spaniens Kriegseintritt auf der Seite der ‚Achse' mitverhindern konnten.

Die Einbeziehung der wirtschaftlichen Situation und der innenpolitischen Opposition gegen die außenpolitischen Entscheidungen Francos und Serrano Suñers läßt ein neues Bild entstehen: Im Gegensatz zu der profranquistischen Legende vom schlauen Taktiker wird deutlich, daß Franco erheblichen Pressionen von seiten seiner Generalskollegen, der angelsächsischen Mächte sowie von einer hungernden und kriegsmüden spanischen Öffentlichkeit ausgesetzt war. Diesem Druck mußte er sich schließlich beugen; auf ihn dürfte die spanische Weigerung, in den Krieg einzutreten, weit mehr zurückzuführen sein als auf die angeblich weitsichtigen Entscheidungen Francos.

IV. Alternative Überlebensstrategien

Im Frühjahr 1941 war auch deutschen Stellen klar geworden, daß Spanien vorerst nicht aktiv in den Krieg eintreten würde. Madrid leistete allerdings insofern einen nicht unerheblichen Kriegsbeitrag, als es die Versorgung deutscher Kriegsschiffe und U-Boote in seinen Hoheitsgewässern ermöglichte. Außerdem verhielt sich das franquistische Regime – hierauf haben vor allem K. J. Ruhl und G. Krebs ausführlich hingewiesen – den zahlreichen Agenten und Spionen der ‚Achse' gegenüber äußerst kooperativ und ließ die vielen deutschen Regierungs- und Parteistellen in Spanien unbehelligt agieren.

Die Frage des spanischen Kriegseintritts blieb auch nach der Grundsatzentscheidung von 1940/41 aktuell und belastete weiterhin die spanische Innen- und Außenpolitik. Diktator Franco hatte zwischen den Gruppen zu lavieren, die den Kriegseintritt wünschten, und jenen, die ihn überwiegend ablehnten. Die Gegner einer spanischen Kriegsbeteiligung waren die konservativen Oberschichten (auch in der Bürokratie), der überwiegende Teil des Militärs und die Großindustrie, die entweder traditionell eher anglophil eingestellt waren oder sich aus realpolitischen Erwägungen für den Neutralitätskurs entschieden. Die Industrie mußte daran interessiert sein, die Wirtschaftsbeziehungen zu den angelsächsischen und lateinamerikanischen Staaten aufrechtzuerhalten und sich in keine einseitige Abhängigkeit vom Dritten Reich zu begeben. Letztlich ging es all diesen Gruppen um die Befürchtung, ein Kriegseintritt werde das

Land erneut destabilisieren und damit ihre eben erst errungene Machtposition gefährden.

Die Befürworter einer spanischen Kriegsbeteiligung gehörten einem kleinen Kreis von deutschfreundlichen Militärs und Vertretern der (Alt- sowie Neu-)Falange an, zu denen sich noch eine nicht unbedeutende Gruppierung militanter (Links-)Falangisten gesellte, die über eine Anlehnung an das Dritte Reich doch noch ihren Traum einer nationalsyndikalistischen Revolution in die Tat umzusetzen hofften. Mit diesen Falange-Veteranen versuchten auch die verschiedenen deutschen Regierungs- und Parteistellen den spanischen Kriegseintritt zu erzwingen.

Eine völlig neue Situation trat ein, als das Dritte Reich im Juni 1941 überraschend die Sowjetunion angriff. Nunmehr kämpfte Deutschland endlich gegen den Hauptfeind, gegen den auch Franco seinen ‚Kreuzzug' geführt hatte: den Kommunismus. Das offizielle Spanien reagierte auf den Ostfeldzug begeistert und bot sofort Freiwilligenverbände (großteils Falangisten) an, die ab Herbst 1941 als ‚Blaue Division' unter dem Kommando von General Agustín Muñoz Grandes an der Ostfront kämpften.[20]

Der Generalsekretär der Falange und Parteiminister José Luis Arrese forderte noch im Juni 1941 zur Bildung von Freiwilligenkorps auf: „Deutschland verkörpert beispielhaft die revolutionären Formen, die wir auch für Spanien anstreben... Europa wird keinen Frieden haben, solange Sowjetrußland seine Ostgrenze bedroht. Wir müssen unsere Toten rächen und auch Rache für Spanien nehmen, und wir müssen vor allem an der Rettung Europas teilnehmen. Darum geben wir heute unserer Jugend den Weg zur Teilnahme am besten aller Kämpfe, dem europäischen Kreuzzug, frei." Und nur wenige Wochen später, am 18. Juli 1941, verkündete Franco: „In dieser Stunde wird um das Schicksal Europas gekämpft, das auch das unsrige ist. Aber dieses Schicksal ist bereits entschieden: Der Untergang des sowjetischen Kommunismus, der wie ein Alpdruck auf unserem Zeitalter lastete, ist unvermeidlich. Keine menschliche Gewalt wird diesen Lauf des Schicksals ändern können, auch nicht der Irrsinn, mit dem die Politiker gewisser Länder Europa in ein neues Unglück stürzen möchten... In dieser Stunde, da Deutschland eine Schlacht aufnimmt, bei der auch unsere Jugend zugegen ist, erneuert Spanien das felsenfeste Vertrauen auf seine Zukunft, über die die Wehrmacht und die Falange gemeinsam wachen."

Nach der dilatorischen Ablehnung Francos, die für Januar 1941 geplante Eroberung Gibraltars gemeinsam mit den Deutschen durchzuführen, und damit der spanischen Ablehnung einer Kriegsbeteiligung kam das (auch von den Deutschen nicht erwartete) Angebot, Truppen an die Ostfront zu entsenden, überraschend. Um diese Entscheidung zu rechtfertigen, entwickelte Franco eine Zwei-Kriege-Theorie, die später (etwa ab 1943) zu einer prowestlichen Drei-Kriege-Theorie weiterentwickelt wurde. Der spanische Diktator bestritt die Existenz eines einzigen Weltkriegs; er unterschied zwischen einem westeuropäischen, einem osteuropäischen und einem fernöstlichen Einzelkrieg:

Der westeuropäische Krieg war in der Interpretation Francos eine rein machtpolitische Auseinandersetzung zwischen der ‚Achse' und den Alliierten; in diesem Krieg verhielt sich Spanien ‚neutral'. (Zeitweise war es eine prodeutsche, schließlich eine prowestliche ‚Neutralität'.) Den osteuropäischen Krieg begriff Franco als Auseinandersetzung zwischen Kommunismus und (deutschem bzw. europäischem) Antikommunismus; in diesem Kampf könne Spanien nicht abseits stehen. Spanien habe ihn vielmehr ideologisch und militärisch zu unterstützen, da er die Fortsetzung des spanischen ‚Kreuzzugs' bedeute, der mit dem Bürgerkrieg erfolgreich begonnen worden war. Im fernöstlichen Krieg zwischen den Alliierten und Japan schließlich stand Spanien auf seiten der Alliierten; dabei hatte Franco die Befreiung der Philippinen, die bis 1898 zum spanischen Kolonialreich gehört hatten, von den Japanern im Sinn.

Erneut sind die offiziellen Argumente mit Vorsicht zu betrachten. Wenn auch der Kampf gegen den Kommunismus eine nicht unbedeutende ideologische Motivation für die Entsendung der ‚Blauen Division' gewesen sein mag, so dürften letztlich zwei andere Gründe ausschlaggebend gewesen sein:

Zum einen ging es um eine Verbesserung der seit der spanischen Ablehnung einer Kriegsbeteiligung gestörten deutsch-spanischen Beziehungen; zugleich konnte das Regime einen Popularitätsgewinn im Landesinneren erzielen, da der Krieg gegen die Sowjetunion auf begeisterte Zustimmung stieß. Um eine mögliche anglo-amerikanische Wirtschaftsblockade gegen Spanien zu verhindern, lehnte die franquistische Regierung allerdings eine formelle Kriegserklärung an die Sowjetunion ab.

Zum anderen war die Aufstellung der ‚Blauen Division' für viele enttäuschte Altfalangisten, die im reaktionären Franquismus und im opportunistischen Neufalangismus keine Möglichkeit sahen, ihre sozialrevolutionären Träume zu realisieren, eine Möglichkeit, durch die ‚Flucht' in die Freiwilligenformation ihre Enttäuschung über die Immobilität der neuen Militärdiktatur zu überwinden. Franco dürfte an dieser Form des ‚Exils' durchaus Interesse gehabt haben, da vor allem die Altfalangisten, in Verbindung mit deutschen Parteistellen, gegen seine Herrschaft in Spanien konspirierten. Die Aufstellung der Freiwilligenformation kann als erfolgreicher Versuch gedeutet werden, die oppositionelle Dynamik aufzufangen und ‚nach außen' zu kanalisieren.

Es kommt nicht von ungefähr, daß es der mit einem Teil der Militärs und den Altfalangisten zusammenarbeitende Kommandeur der ‚Blauen Division', Agustín Muñoz Grandes, war, der sich im Juli 1942 bei einem Geheimtreffen mit Hitler bereit erklärte, gegen Franco zu putschen und Spanien an der Seite Deutschlands in den Krieg zu führen. Hitler nahm letztlich jedoch eine abwartende Haltung ein, befürchtete einen Mißerfolg der Bemühungen und damit nur zusätzliche militärische Anstrengungen. Schließlich hielt er die spanische Nichtkriegführung doch für vorteilhafter als einen erzwungenen spanischen Kriegseintritt; der Verschwörungsplan wurde fallengelassen, der vorübergehend diskutierte Plan zur Invasion der Iberischen Halbinsel nicht weiterverfolgt.

Die Aufstellung der ‚Blauen Division' erfüllte somit in der labilen innen- und außenpolitischen Situation des Franquismus verschiedene Funktionen: Außenpolitisch kam sie den Deutschen entgegen, ideologisch paßte sie ins antikommunistische Konzept, machtpolitisch diente sie der Ablenkung oppositioneller Kräfte, innenpolitisch konnte die eben erst in ihrem Wirkungsbereich beschnittene Falange wieder aufgewertet werden. Läßt sich die Maßnahme somit innenpolitisch und gegenüber den Deutschen als eine Form der Überlebensstrategie bezeichnen, so ist seit 1942 auch eine alternative Überlebensstrategie gegenüber dem Westen festzustellen:

Ein Treffen Francos mit dem portugiesischen Regierungschef Salazar unterstrich die Gemeinsamkeiten einer iberischen Neutralitätspolitik. Im Herbst 1942 wurde der ‚achsenfreundliche' Serrano Suñer als Außenminister durch den anglophilen Grafen Jordana ersetzt, die prodeutschen Gruppierungen in Spanien wurden zurückgedrängt. Das Regime betonte stärker seine traditionellen, spanisch-katholischen Wesenszüge; die Verwandtschaft mit dem Nationalsozialismus und dem italienischen Faschismus wurde immer häufiger geleugnet, ein formelles Bündnis mit den ‚Achsenmächten' öffentlich und energisch bestritten. Selbst eine Zusammenarbeit mit der UdSSR kam allmählich in den Bereich des Möglichen. Die ‚Blaue Division', so wurde argumentiert, sei gegen den Export kommunistischer Ideologie, nicht jedoch gegen die Sowjetunion gerichtet.

Als ein alliierter Sieg immer offensichtlicher wurde, vollzog das Regime 1943 auch offiziell eine Kehrtwendung, die der Diktatur ein neues Image verleihen sollte. Vorher bereits feststellbare Indizien dieses Kurswechsels waren Francos Rede im April 1943, in der er auf die Veränderung des Krieges infolge von dessen langer Dauer hinwies, und die Einschränkung des Exports strategisch wichtiger Mineralien, vor allem von Wolfram, nach Deutschland. Nach Italiens Kapitulation im September 1943 verschwand der Begriff „Nichtkriegführung" aus allen offiziellen Texten; er wurde wieder durch den der „strikten Neutralität" ersetzt, die im Laufe des Jahres 1944 immer deutlicher zu einer wohlwollenden Neutralität den Alliierten gegenüber wurde. Ab Herbst 1943 erfolgte sodann der Rückzug der ‚Blauen Division' von der russischen Front. Franco erkannte das Badoglio-Regime an, milderte die Propaganda gegen die Alliierten, kam diesen auch in vielen anderen Fragen – etwa hinsichtlich der Landeerlaubnis auf spanischen Flughäfen oder im Hinblick auf die Versorgung mit kriegswichtigen Rohstoffen (Wolfram, Eisenerz, Schwefelkies, Pottasche, Quecksilber) im Austausch gegen Weizen, Erdöl, Baumwolle und Kautschuk – entgegen. 1944 schloß Spanien das Generalkonsulat des Reiches in Tanger und wies Spione der ‚Achse' aus. Innenpolitisch hatte Franco 1942 ein Ständeparlament eingesetzt; durch diese pseudodemokratische Institution begegnete er wenigstens formal der Kritik der Alliierten. Bei Kriegsende versuchte er durch eine Reihe weiterer Reformen, seinem Regime eine plebiszitäre Legitimation zu verschaffen; er machte einige Konzessionen, entließ politische Häftlinge, drängte faschistische Symbole und den Einfluß der Falange weiter zurück. Durch solche der Weltmeinung entgegenkommende Maßnahmen konnte er zwar nach 1945 nicht die internationale Ächtung seines Regimes, wohl aber seinen Sturz verhindern.

Im Grunde genommen sind die Grundzüge des heutigen Forschungsstandes keineswegs ‚neu', da seit 1946, als die US-Regierung eine Reihe von in Deutschland erbeuteten Dokumenten in Form eines Weißbuches unter dem Titel ‚The Spanish Government and the Axis. Official German Documents' veröffentlichte, die spanische Bereitschaft zum Kriegseintritt bekannt war, von der Historiographie allerdings nur unzureichend zur Kenntnis genommen oder verharmlost wurde. Die spanische Regierung hatte sofort nach Bekanntwerden der US-Veröffentlichung in Abrede gestellt, daß Spanien die ‚Achsenmächte' je unterstützt habe; in den folgenden Jahrzehnten hatte sie sodann ihre Archive geschlossen gehalten und jede kritische Auseinandersetzung mit ihrer Weltkriegspolitik verhindert.

Sehr viel präziser, als in der unmittelbaren Nachkriegszeit aufgrund diplomatischer Akten gesagt werden konnte, läßt sich heute allerdings als Ergebnis der Forschung festhalten, daß der außenpolitische Kurs des spanischen Diktators immer auch ein Lavieren zwischen den Fraktionen der Machtelite bedeutete, daß die spanische Politik wesentlich durch die intrasystemische Opposition im Landesinneren mitbedingt wurde und daher von vornherein nur begrenzte Optionen offenließ. Die spanische Außenpolitik im Weltkrieg war zu einem nicht geringen Teil Reflex innenpolitischer Konstellationen, wirtschaftlicher Erfordernisse und außenpolitischer Zwänge. Von einer souverän auf Neutralitätskurs liegenden Politik, die es verstand, geschickt die Großmächte gegeneinander auszumanövrieren – so die Legende vom außenpolitischen Genie Franco –, wird man kaum sprechen können.

Vor allem bedarf die spanische Nichtkriegführung einer Neu-Interpretation. Man kann sie nicht als den erfolgreichen Versuch betrachten, Spanien vor einem Kriegseintritt zu bewahren; dieser wurde vielmehr im Sommer 1940 ausdrücklich angestrebt und kam nur deshalb nicht zustande, weil ihn zuerst die deutsche Seite ablehnte, somit verhinderte, und sodann die innenpolitische Konstellation unmöglich machte. Die Abwendung von der klassischen Neutralitätsform kam die Spanier aber teuer zu stehen: Die Versorgungsschwierigkeiten nahmen zu, die Ernährungssituation wurde noch kritischer, die Isolierung der Nachkriegszeit und damit der Ausschluß aus der internationalen Staatengemeinschaft waren vorprogrammiert. Andererseits dürfte die Tatsache, daß Spanien letztlich doch nicht aktiv in den Krieg eintrat, dem Franquismus nach 1945 – trotz seiner Verurteilung als faschistisches Regime und seiner vorübergehenden Ächtung – wesentlich zum Überleben verholfen haben.

Helmut Meyer

Bauern auf dem Schachbrett: Die baltischen Staaten

I. Die Karikatur: Drei Staaten werden amputiert

Im Oktober 1939 war in der schweizerischen satirischen Wochenzeitschrift ›Nebelspalter‹[1] die nebenstehende Karikatur zu sehen. Sie zeigt recht deutlich, was Ende September und anfangs Oktober 1939 geschah: Die baltischen Staaten wurden durch die Sowjetführung und mit deutscher Assistenz um ihre Souveränität – noch nicht de iure, aber de facto – amputiert. Im folgenden wollen wir zunächst in aller Kürze auf den Ablauf der Operationen eingehen. Daraufhin soll gefragt werden, was den Chirurgen Stalin bewog, diese Operationen vorzunehmen, und was seinen Konkurrenten Hitler veranlaßte, ihm dabei behilflich zu sein. In einem längeren Abschnitt soll sodann der Zustand der ‚Patienten' untersucht werden. Warum begaben sie sich ins Wartezimmer und schließlich auf den Operationstisch? Hatten sie Alternativen? – eine vielleicht etwas hypothetische, aber doch berechtigte Frage, wenn man bedenkt, daß der vierte ‚Kunde' – Finnland – sich letztlich mit Erfolg dagegen sträubte, sich dem Chirurgen mit Haut und Haar auszuliefern.

II. Der Verlauf der Operationen: Von unabhängigen Staaten zu Sowjetrepubliken

Die drei baltischen Länder Estland, Lettland und Litauen waren als Folge der Oktoberrevolution in Rußland und des Ausgangs des Ersten Weltkriegs zu unabhängigen Staaten geworden. Ihre Souveränität wurde von allen Staaten, auch der Sowjetunion, anerkannt. Dementsprechend traten sie auch dem Völkerbund bei; Lettland gehörte sogar als nichtständiges Mitglied dem Völkerbundsrat 1936–1938 an.

„Der nächste Herr bitte!"

Von 1938 an wurde diese Souveränität durch die Entwicklung der weltpolitischen Lage zunehmend in Frage gestellt. Der deutsche Einmarsch in die Tschechei und die deutschen Forderungen an Polen machten Osteuropa zum akuten Krisengebiet. Im Verlauf des Sommers 1939 wurde eine friedliche Lösung des deutsch-polnischen Gegensatzes immer unwahrscheinlicher. Dementsprechend setzte zwischen den drei konkurrierenden Großmächten beziehungsweise Großmächtegruppen – dem Deutschen Reich, der Sowjetunion sowie Großbritannien und Frankreich – ein verwirrender Koalitionspoker ein, in dessen Verlauf die im möglichen Gefechtsfeld liegenden Klein- und Mittelstaaten immer mehr in die Rolle von Spielkarten absanken. Das diplomatische Ringen kulminierte im Abschluß des deutsch-sowjetischen Nichtangriffspaktes vom 23. August 1939. Dieser enthielt ein geheimes Zusatzprotokoll, in welchem die Vertragspartner Finnland, Estland und Lettland der sowjetischen, Litauen der deutschen Einflußsphäre zuordneten. Gleichzeitig wurde die Aufteilung Polens im Falle einer – nun sehr wahrscheinlich gewordenen – „territorialen Umgestaltung" vereinbart.[2]

Am 1. September griff das Deutsche Reich Polen an, am 17. September begann die Sowjetunion mit der Besetzung Ostpolens. Am 28. September, unmittelbar vor der Kapitulation Warschaus, änderten die Sowjetunion und das Deutsche Reich das geheime Zusatzprotokoll in einem wesentlichen Punkt ab: Das Deutsche Reich erhielt zusätzlich polnische Gebiete östlich des Bug (die Woiwodschaft Lublin und Teile der Woiwodschaft Warschau), trat dafür aber Litauen an die sowjetische Einflußsphäre ab. Ausgenommen blieb ein kleiner Grenzstreifen im Süden Litauens, den das Deutsche Reich jedoch gegen eine Geldzahlung im Januar 1941 ebenfalls der Sowjetunion überließ. Gleichzeitig konkretisierte die Sowjetunion nun den Begriff „Interessensphäre". Zwischen dem 24. und dem 28. September zwang sie Estland in ultimativer Form einen Beistandspakt auf. Estland hatte der Sowjetmarine Stützpunkte auf den Inseln Saarema (Oesel), Hiumaa (Dagö) sowie in der Stadt Paltiski (Baltischport) zu überlassen, dazu einige Flugplätze. In weiteren Verhandlungen mußte auch noch ein Stützpunkt in Haapsalu eingeräumt werden. Im ganzen kamen dadurch 25000 Sowjetsoldaten ins Land – fast das Doppelte des stehenden estnischen Heeres. Auf gleiche Art und Weise kamen am 5. und 10. Oktober ähnliche Pakte mit Lettland und Litauen zustande. Die Sowjetunion gewann dadurch eine Reihe von Land-, Luft- und Marinestützpunkten, darunter die wichtigen Ostseehäfen Ventspils (Windau) und Liepaja (Libau). Sie überließ dafür das von ihr soeben eroberte, bisher polnische Gebiet um Vilnius (Wilna) Litauen, das schon immer darauf Anspruch erhoben hatte.[3] Auf diese Beistandspakte spielt die eingangs erwähnte Karikatur konkret an. Entscheidend war, daß die baltischen Staaten mit dem Abschluß dieser Verträge jegliche Verteidigungsmöglichkeit gegenüber der Sowjetunion eingebüßt hatten. Diese ihrerseits verfügte nun über ein vorgeschobenes Glacis und verbesserte zudem ihre maritime Position in der Ostsee.

Rechtlich blieben die baltischen Staaten zunächst noch selbständig; der sowjetische Außenminister Molotow wandte sich am 31. Oktober scharf gegen „das Geschwätz über die Sowjetisierung der baltischen Länder“[4]. Während des Winters 1939/40 hielten sich die sowjetisch-baltischen Beziehungen in korrektem Rahmen; vom März 1940 an nahmen die Mißhelligkeiten zu. Im Juni ordnete die Sowjetunion ultimativ die Einsetzung sowjetfreundlicher Regierungen an, besetzte die drei Staaten militärisch total und ließ schließlich in gelenkten Wahlen Parlamente wählen, welche um Aufnahme in die Union der Sowjetrepubliken ersuchten. Im August 1940 endete die Souveränität der baltischen Staaten auch formal.

III. Das Interesse des Chirurgen: Die Sowjetunion und das Baltikum

Warum amputierte Chirurg Stalin die baltischen Staaten? In der sowjetischen Baltikumspolitik 1939/40 kulminierten historische, ideologische, traditionell-strategische und aktuell-strategische Interessen. Seit dem Ende des 18. Jahrhunderts hatte das gesamte baltische Gebiet unter russischer Herrschaft gestanden. Lediglich die inneren Wirren und die äußere Schwäche Rußlands zur Zeit der Oktoberrevolution hatten die Verselbständigung der baltischen Staaten ermöglicht. Seit Iwan dem Schrecklichen war den russischen Zaren die strategische Bedeutung eines ‚Fensters an der Ostsee‘ bewußt; nicht zufällig bezog sich Stalin in seinen Verhandlungen mit dem lettischen Außenminister Munters Anfang Oktober 1939 auf Peter den Großen und dessen Westpolitik.[5] Molotow hatte wenige Tage vorher dem estnischen Außenminister Selter erklärte, die Sowjetunion habe sich nie mit der 1919 an der Ostsee entstandenen Lage abgefunden.[6] Auch ideologisch ließ sich die Annexion begründen. Nach dem militärischen Zusammenbruch des Deutschen Reiches 1918 hatte die Rote Armee große Teile des Baltikums besetzt und dort sozialistische Sowjetrepubliken proklamiert. Zwar vermochten sich diese gegenüber den bürgerlich-nationalen Kräften nur kurze Zeit zu behaupten, doch war dies aus sowjetischer Sicht allein auf die Unterstützung der ‚Konterrevolutionäre' durch deutsche Freikorps und britische Waffen zurückzuführen. Es war daher aus dieser Perspektive legitim, die Herrschaft der ‚bürgerlichen Nationalisten' im Baltikum nur als bedauerliches Zwischenspiel zwischen der ersten Begründung der Sowjetmacht (1918/19) und ihrer definitiven Verankerung (1939/40) zu betrachten.

Daß die Sowjetunion den baltischen Status quo überhaupt zwei Jahrzehnte lang hinnahm, hatte vier Gründe. Zunächst ließ der Glaube an eine baldige kommunistische Weltrevolution partielle äußere Vorstöße überflüssig erscheinen. Dann erforderte der ‚Aufbau des Sozialismus in einem Lande' alle Kräfte. Mit dem Bestreben, in den Völkerbund aufgenommen zu werden, war eine aggressive Politik gegenüber den baltischen Staaten ebenfalls nicht zu vereinbaren. Schließlich war, solange mit einer Gegenaktion der Westmächte oder des nationalsozialistischen Deutschland zu rechnen war, das Risiko zu hoch. Je mehr jedoch Osteuropa zum Krisengebiet wurde, je mehr die sowjetische Außenpolitik wieder an die traditionellen russischen Vorbilder anknüpfte, je mehr der Völkerbund an Bedeutung verlor und je mehr die Sowjetunion zum begehrten Bündnispartner aufrückte, desto größer wurde aus sowjetischer Sicht die Notwendigkeit, aber auch die Chance, das Baltikum wieder unter Kontrolle zu bringen.

„Bedenken Sie . . ., daß die Sowjetunion einen deutschen Angriff nicht auf ihrem eigenen Boden abwehrt", bemerkte der sowjetische Gesandte in Tallinn bereits 1934 zum stellvertretenden estnischen Außenminister.[7] 1936 sprach – nach Presseberichten – der Leningrader Parteisekretär Ždanov vom „kleinen Fenster nach Europa", das erweitert werden müsse.[8] Im März 1938 soll der sowjetische Militärattaché in Warschau erklärt haben, wenn Polen in Litauen und das Deutsche Reich ins Memelland einmarschierten, würde die Sowjetunion Lettland und Estland besetzen.[9] Vom Frühjahr 1939 an forderte die Sowjetunion in ihren Bündnisverhandlungen mit den Westmächten, die Selbständigkeit Finnlands, Estlands und Lettlands auch gegen den Willen der betroffenen Regierungen und gegen „direkte" wie „indirekte Aggressionen" zu schützen. Das lief praktisch auf ein unbeschränktes Interventionsrecht – was war eine „indirekte Aggression"? – der benachbarten Sowjetunion hinaus, was neben andern Gründen zum Scheitern dieser Bündnisverhandlungen beitrug.[10] Der Chef der politischen Abteilung der Sowjetarmee verlangte in einer Rede am 14. März 1939 von den Soldaten, wenn die Sowjetunion angegriffen würde, „die Kriegshandlungen auf das Territorium des Feindes zu verlegen . . . und die Zahl der Sowjetrepubliken zu vermehren".[11]

Das letzte Zitat spricht auch dafür, daß die Sowjetunion wohl schon 1939 willens war, es auf die Dauer nicht mit Stützpunkteabkommen bewenden zu lassen. Tatsächlich kamen 1941 sowjetische Armeekarten aus dem Jahr 1939 zum Vorschein, auf welchen bereits eine „lettische Sowjetrepublik" eingetragen war.[12] Argumente gegen die vollständige Eingliederung in die Sowjetunion, die ja aus sowjetischer Sicht für die Betroffenen ein Gewinn, nicht ein Verlust war, gab es kaum. Man mußte nur den richtigen Zeitpunkt abwarten. Dieser war im Juni 1940 gegeben. Einerseits waren das Deutsche Reich und die Westmächte durch die Schlacht um Frankreich völlig in Anspruch genommen. Anderseits war zu befürchten, daß das Deutsche Reich nach dem absehbaren Sieg im Westen die Absicht haben könnte, seinen Einfluß auf das preisgegebene baltische Terrain wieder zu vergrößern. In diesem Fall konnte sich auch die mittlerweile verbesserte – vorläufig allerdings völlig ungefährliche – Zusammenarbeit der drei baltischen Staaten für die Sowjetunion ungünstig auswirken.[13] Die Umwandlung in Sowjetrepubliken ergab sich für die Sowjetführung daher nicht nur aus der Logik der marxistisch verstandenen Historie, sondern auch aus der sowjetischen Staatsräson.

IV. Das Interesse des Türöffners: Das Deutsche Reich und das Baltikum

Warum öffnete der Mann mit der Hakenkreuzbinde so bereitwillig die Tür zum Operationssaal? Warum betätigte er sich nicht selbst – wie anderswo – als Chirurg und operierte zu seinen Gunsten? Warum gab er das Baltikum dem Rivalen preis? Tatsächlich hatte das nationalsozialistische Deutschland von Haus aus ein sehr hohes Interesse an den baltischen Staaten. Einmal lagen sie auf dem Weg nach Osten, den Hitler bekanntlich einzuschlagen beabsichtigte. Die jahrhundertelange deutsch-baltische Vorherrschaft über Estland und Lettland diente Hitler in manchem als Vorbild für jene Ostkolonisation, die er selbst in viel größerem Umfang durchzuführen gedachte. Noch im April 1939 erachtete daher die ‚Volksdeutsche Mittelstelle' eine Rückwanderung der Baltendeutschen für höchst unerwünscht, da diese „wichtige volkstumspolitische Aufgaben zu erfüllen" hätten.[14]

Auch wirtschaftlich waren die baltischen Staaten nicht ohne Bedeutung. Noch im Juli 1939 studierte das ‚Reichsamt für Wirtschaftsaufbau' die „Möglichkeiten einer Großraumwirtschaft unter deutscher Führung" unter Einschluß Skandinaviens, Finnlands und der baltischen Staaten, wobei die letzteren die „Fleisch- und Fettlücke" zu decken hatten.[15] Daneben war der estnische Ölschieferabbau für das an Erdölmangel leidende Reich von großer Bedeutung. Je mehr Osteuropa zum Krisenherd wurde, desto näher rückte das Baltikum in Hitlers Blickfeld. „Das Baltikum ist nächst den Sudetendeutschen unser Ziel", sagte er im April 1938; von der „Arrondierung des Lebensraums im Osten . . ., dem Aufrollen des Ostsee- und Baltikumproblems" war im Mai 1939 die Rede.[16] Mit der Rückgewinnung des Memellandes im März 1939 geriet Litauen schon aus geographischen Gründen in ein beinahe satellitenartiges Verhältnis zum Reich. Am 7. Juni 1939 schloß das Reich zudem mit Estland und Lettland Nichtangriffspakte, am Ende desselben Monats besuchten General Halder und Admiral Canaris Estland.[17]

Verglichen mit diesen Bemühungen wirkt der Abschluß des deutsch-sowjetischen Nichtangriffspaktes mit der Zuteilung Estlands und Lettlands in die sowjetische Interessensphäre wie eine Drehung um 180 Grad. Nachdem das Deutsche Reich und die Sowjetunion schon seit längerem eher mühsame Wirtschaftsverhandlungen geführt hatten, ließ die letztere im Juni durchblicken, daß sie auch an einem politischen Entgegenkommen interessiert sei, doch bildeten dabei die deutschen Interessen im Baltikum ein Problem. Das löste die Kehrtwende aus. Am 26. Juli war das Deutsche Reich bereit, „die Integrität Finnlands, Estlands und Lettlands anzuerkennen", drei Tage später war es schon damit einverstanden, „lebenswichtige sowjetische Ostseeinteressen zu respektieren". Dementsprechend kamen die deutsch-sowjetischen Verhandlungen rasch voran. Mitte August war das Reich bereit, die Düna als Grenze der Interessensphären zu akzeptieren; als aber die Sowjetunion in den Schlußverhandlungen auch die kurländischen Häfen Ventspils und Liepaja forderte, akzeptierte die deutsche Führung ohne weiteres die Verlegung der Demarkationslinie an die lettisch-litauische Grenze.[18]

Ausschlaggebend für die Kehrtwende war die Entwicklung der internationalen Lage. Hitler hatte sich das Ziel gesetzt, noch im laufenden Jahr die ‚polnische Frage' friedlich oder militärisch, jedenfalls aber in seinem Sinne zu lösen. Dagegen schien sich nun hinter Polen eine antideutsche britisch-französisch-sowjetische Koalition zu bilden. Ein Zweifrontenkrieg wie vor 25 Jahren schien möglich. Da es für Hitler gegenüber Polen kein Zurück gab, war ihm jede Konzession recht, um die drohende antideutsche Koalition zu sprengen und den Blitzkrieg gegen Polen ohne störende Einmischung führen zu können. Die Preisgabe Finnlands, Lettlands und Estlands war die deutsche Opfergabe auf dem Altar des Nichtangriffspaktes. Das Fernziel, der ‚Raumgewinn im Osten', wurde zugunsten des Nahziels, der Zerschlagung Polens, zurückgestellt.

Noch aber befand sich der dritte ‚Patient', Litauen, in deutscher Obhut. Daran sollte nach deutscher Auffassung nichts geändert werden. Im Gegenteil: Litauen sollte zu aktivem Vorgehen gegen Polen angehalten, aber auch zu einem deutschen Protektorat werden. „Litauen steht... unter dem Schutz des Deutschen Reiches", hieß es in einem Entwurf zu einem deutsch-litauischen Militärpakt vom 20. September.[19] Nur fünf Tage später schlug jedoch Stalin den Abtausch Litauens gegen polnische Gebiete vor, nur acht Tage später ging das Deutsche Reich darauf ein. Der Abtausch nützte primär der Sowjetunion, deren Einflußbereich nun bis an die ostpreußische Grenze reichte und die sich zudem kaum mehr mit rein polnischen und daher schwer integrierbaren Gebieten herumschlagen mußte. Die Stellung des Deutschen Reiches hatte sich verschlechtert: Zwar war Polen so gut wie besiegt, aber man stand wider Erwarten im Krieg mit den Westmächten, bekam die Blockade zu spüren und war auf sowjetische Rohstofflieferungen angewiesen. Demgegenüber befand sich die Sowjetunion nach wie vor in der Position des lachenden Dritten.

Das deutsche Nachgeben wog um so schwerer, als Stalin mittlerweile deutlich gemacht hatte, was er unter der Wahrnehmung seiner Interessen in seiner Sphäre verstand. Ob sich die deutsche Führung darüber schon im August 1939 völlig im klaren war, ist schwer zu sagen. Himmler äußerte sich am 25. September, man habe ursprünglich angenommen, bis zur Besetzung der baltischen Staaten durch die Sowjetunion würde noch geraume Zeit vergehen.[20] Jetzt, einen Monat später, war es offensichtlich, daß es Stalin eilig hatte. Estland befand sich bereits unter dem Druck des Ultimatums. Bezeichnenderweise wurde denn auch gemeinsam mit der Abänderung der Interessengrenzen die Aussiedlung der Baltendeutschen aus Lettland und Estland vereinbart. Mit dem Zusatzvertrag vom 28. September gab der Türöffner mit der Hakenkreuzbinde dem Chirurgen tatsächlich freie Bahn – mit welchen Hintergedanken bereits, braucht hier nicht diskutiert zu werden.

V. Die Patienten

1. Das wirtschaftliche Befinden

In der bisherigen Darstellung haben wir die baltischen Staaten hauptsächlich als Objekte der großen Politik, als Bauern auf dem Schachbrett kennengelernt. Für die Geschichtsschreibung kann dies jedoch kein Anlaß sein, sich nicht näher mit ihnen zu beschäftigen. Der Historiker tut gut daran, seine Aufmerksamkeit nicht nur auf die Handelnden und Herrschenden, sondern auch auf die Behandelten und Leidenden zu richten. – Waren die baltischen Staaten, wie es die sowjetische Geschichtsschreibung bisher darstellte, arme Hungerleider, ausgebeutete Proletarier, die da ins Wartezimmer geschlichen kamen und den Onkel Doktor wohl wirklich nötig hatten?

Die baltischen Republiken waren landwirtschaftlich geprägte Kleinstaaten. In Estland und Lettland lebten etwa zwei Drittel, in Litauen sogar fast achtzig Prozent der Bevölkerung von der Landwirtschaft. Nachdem im Anschluß an die Erlangung der Unabhängigkeit umfassende Landreformen durchgeführt worden waren, bestand kaum mehr Großgrundbesitz. Mittel- und Kleinbauern beherrschten die Szene und bildeten auch politisch die eigentliche tragende Schicht der neuen Staaten. Siedlungsmäßig dominierten in den meisten Regionen schon vor dem Ersten Weltkrieg die Einzelhöfe. Diese Tendenz nahm in der Zwischenkriegszeit noch zu und wurde bewußt gefördert – der selbständige, allein verantwortliche Bauer wurde dem russischen *kolchoznik* entgegengestellt. Dieser Individualismus war jedoch mit einem sehr regen Genossenschaftswesen verbunden. Genossenschaften vermittelten Kredite, organisierten die Produktion, vor allem in der Milchwirtschaft, und sorgten für Export und Vermarktung. Die Produktivität konnte stark gesteigert werden. Bei einem gesamteuropäischen Durchschnitt von 100 lag der Produktivitätsindex einer landwirtschaftlich tätigen Person in den 30er Jahren in Lettland bei 111, in Estland bei 99 und in Litauen bei 73 – zur selben Zeit in Deutschland bei 195, in Polen dagegen nur bei 49 und in der Sowjetunion sogar nur bei 39.[21]

Die Lage der Industrie war nach dem Ersten Weltkrieg schwierig. Der Krieg hatte ihr schwere Verluste zugefügt. Zudem war sie ganz auf den russischen Binnenmarkt ausgerichtet gewesen und verdankte ihre Existenz vor allem den Schutzzöllen und der günstigen Lage an den Verbindungspunkten zwischen Ostsee und russischem Eisenbahnnetz. Nach 1918 fiel die Sowjetunion als Abnehmer weitgehend aus. Für Exporte nach Westeuropa fehlte es vielfach an der Qualität; negativ fielen auch die langen Verkehrswege ins Gewicht. So sank beispielsweise die Zahl der Industriearbeiter in Lettland von etwa 100 000 vor dem Krieg auf 21 000 im Jahr 1920. Mit der Zeit gelang jedoch der Aufbau kleinerer Betriebe, die vor allem eigene Rohstoffe verarbeiteten: Furnier- und Zelluloseproduktion, Verarbeitung landwirtschaftlicher Erzeugnisse. Die Zahl der in Industriebetrieben mit mehr als fünf Beschäftigten angestellten Arbeiter stieg zwischen 1927 und 1938 in Estland von 33 000 auf 58 000, in Lettland von 60 000 auf 110 000 und in Litauen von 20 000 auf 40 000.[22] In Estland begannen in den 30er Jahren der Abbau von Brennschiefer und die darauf beruhende Ölproduktion eine immer größere Rolle zu spielen. 1939 wurden 1,65 Millionen Tonnen (1934: 0,58) abgebaut und daraus 180 000 Tonnen Rohöl (1934: 50 000) gewonnen.[23]

Die konjunkturelle Entwicklung verlief nach den chaotischen Anfängen in den Unabhängigkeitskriegen zunächst relativ günstig. Allen drei Staaten gelang bis zur Mitte der zwanziger Jahre die Schaffung einer stabilen eigenen Währung. Die um 1930 einsetzende Weltwirtschaftskrise wirkte sich, vor allem wegen des Zusammenbruchs der Agrarpreise, verheerend aus. Der Übergang zu autoritären Regimen und das weltweite Anziehen der Konjunktur führten in der zweiten Hälfte der 30er Jahre jedoch zu einer markanten Verbesserung der Lage. Die Arbeitslosigkeit konnte fast vollständig abgebaut werden. Dabei spielten die im Vergleich zum übrigen Europa tiefen Löhne und Preise eine wichtige Rolle. Zwischen 1934 und 1938 verbesserte sich der lettische Außenhandel von 180 Millionen Lat auf 455 Millionen, der estnische von 124 Millionen Kronen auf 211 Millionen und der litauische von 286 Millionen Litas auf 457.[24]

Die baltischen Staaten waren, im Vergleich zu Mittel- und Westeuropa, auch vor dem Zweiten Weltkrieg arme Länder. Der wirtschaftliche Fortschritt war etwa gleich weit gediehen wie im benachbarten Finnland. Die Tendenz war im ganzen positiv. Die Unterschiede zwischen reich und arm waren relativ gering. Zu sozialen Unruhen kam es nur 1934/35 in Teilen der bäuerlichen Bevölkerung Litauens wegen der extrem niedrigen Agrarpreise. Von einem Krieg hatten die baltischen Staaten, selbst wenn er sie nicht direkt erfaßte, nur Schlechtes zu erwarten, vor allem den Verlust ihrer west- und mitteleuropäischen Absatz- und Einkaufsmärkte. Der Anschluß an die Sowjetunion war aus wirtschaftlicher Sicht ebenfalls nicht sinnvoll. Der dortige Lebensstandard war wesentlich niedriger. 1938 konnte sich ein sowjetischer Arbeiter mit einem Wochenlohn 66 kg Brot oder 4,3 kg Fleisch kaufen, der estnische dagegen 104 kg Brot oder 31 kg Fleisch, der lettische 125 kg Brot oder 28 kg Fleisch, der litauische 105 kg Brot oder 30 kg Fleisch. Schuhe und Kleider waren in der Sowjetunion, gemessen an den Löhnen, vier- bis achtmal so teuer wie im Baltikum.[25] Im Oktober 1939 berichtete die ›Neue Zürcher Zeitung‹ über den Einmarsch sowjetischer Soldaten in ihre neu gewonnenen estnischen Stützpunkte: „In den Straßen von Reval (Tallinn) sah man viele russische Matrosen, die über estnisches Geld verfügten und lebhafte Kauflust verrieten. Besonders begehrt waren Schuhe und warme Unterkleider. Die Russen äußerten ihre Verwunderung über die freien Kaufmöglichkeiten und den relativen Wohlstand in den estnischen Bauernhöfen."[26] – Ökonomisch gesehen hatten offensichtlich weniger die Patienten als vielmehr der operierende Arzt eine Kur nötig.

2. Der innenpolitische Zustand

Die innere Entwicklung der baltischen Staaten wies zahlreiche Übereinstimmungen auf. Alle drei konstituierten sich als parlamentarisch-demokratische Republiken im wesentlichen nach französischem Vorbild. Alle drei zeichneten sich durch Parteienvielfalt, ausufernden Parlamentarismus, instabile und häufig wechselnde Regierungen aus. Alle drei gingen früher oder später durch einen Staatsstreich zu einem autoritären System, einer ‚Rechtsdiktatur' über. In allen drei wurde der Staatsstreich nicht etwa von einer neu aufstrebenden politischen Bewegung, sondern von markanten Vertretern der ‚Staatsgründergeneration' durchgeführt. Getragen wurden diese Regime von Armee und Verwaltung, von Staatsparteien (Estland, Litauen) und paramilitärischen Formationen. Ihr Charakter war im ganzen konservativ-agrarisch; die ideologische Fixierung ging nicht über einen mehr oder weniger penetranten Nationalismus hinaus. Ansätze zur Errichtung eines korporativen Staatsaufbaus nach faschistischem Muster bestanden, zur Errichtung eines ‚totalitären Staates' wie in Deutschland fehlten jedoch allein schon die technischen und organisatorischen Mittel. Abgesehen von den Kommunisten wurden politische Gegner milde behandelt; auch die Presse war ziemlich frei.[27] 1940 gab es in Lettland 200 politische Gefangene, in Estland weit unter 100.[28] Selbst ein marxistischer estnischer Autor hebt diesen Unterschied hervor: „Doch war der Faschismus in Estland und in den andern baltischen Staaten unvergleichbar schwächer als in Deutschland und Italien. Hier fehlte das System des öffentlichen Terrors und der Konzentrationslager."[29]

Genese und Weiterentwicklung der drei autoritären Regime waren unterschiedlich. In Estland zeigten sich Anfang der 30er Jahre die häufig wechselnden Regierungen der Weltwirtschaftskrise nicht gewachsen. Der Reformunwille und die Ohnmacht des Parlamentes beflügelten die Entwicklung eines faschistischen Wehrverbandes, der sogenannten ‚Freiheitskämpfer'. Eine Abstimmung über eine Verfassungsänderung zeigte, daß diese auf dem besten Weg waren, über Wahlen an die Macht zu gelangen. Um dies zu verhindern, erklärte Ministerpräsident Päts im März 1934 den Ausnahmezustand, ließ sich vom Parlament, das gleich darauf aufgelöst wurde, außerordentliche Vollmachten erteilen und verbot die ‚Freiheitskämpfer'. Doch Päts betrachtete seine Herrschaft offenbar mehr als eine Art Notstandsdiktatur und steuerte gewissermaßen auf eine Semidemokratie mit starker präsidialer Spitze zu. Nachdem bereits im Dezember 1936 eine verfassunggebende Nationalversammlung gewählt worden war, trat zum 1. Januar 1938 eine neue Verfassung in Kraft. Sie schuf ein Zweikammersystem: Die Mitglieder des Abgeordnetenhauses wurden in Einerwahlkreisen vom Volk gewählt, die Mitglieder des Staatsrates durch Berufsorganisationen, Kommunen oder durch den Staatspräsidenten ernannt. Der mit weitreichenden Kompetenzen versehene Staatspräsident wurde von einer Wahlversammlung, bestehend aus

Abgeordnetenhaus, Staatsrat und Vertretern der Gemeinden, auf sechs Jahre gewählt. Bei den anschließenden Wahlen zum Abgeordnetenhaus errangen die Vertreter der Opposition immerhin ein Drittel der Sitze, obwohl eigentliche Oppositionsparteien nicht zugelassen waren.[30] So schien eine allmähliche Öffnung des Regimes zumindest möglich.

Nur zwei Monate nach Päts, im Mai 1934, griff auch der lettische Ministerpräsident Ulmanis nach der Alleinherrschaft. Der wesentliche Grund war die Zerrüttung des Parlamentes auf dem Höhepunkt der Wirtschaftskrise, das einerseits keine wirklich handlungsfähige Regierung bilden konnte, anderseits für eine Verfassungsreform mit Stärkung der Exekutivgewalt nicht zu gewinnen war. Ulmanis suspendierte die Verfassung, ohne eine neue zu schaffen, er löste die Parteien auf, ohne eine eigentliche Staatspartei zu bilden. Zwar gelang es ihm, Persönlichkeiten aus verschiedenen Lagern zur Mitarbeit zu gewinnen. Mehr und mehr zeichneten sich aber innerhalb seines Kabinetts, vor allem in außenpolitischen Fragen, Gegensätze ab. Mit einer forcierten Lettisierungspolitik im wirtschaftlichen und kulturellen Bereich verärgerte Ulmanis zudem die nationalen Minderheiten, die immerhin ein Viertel der Bevölkerung ausmachten.[31] Eine über die Person des Staats- und Ministerpräsidenten hinausweisende Perspektive ging dem Regime völlig ab.

Litauen blickte 1939 bereits auf dreizehn Jahre Diktatur zurück. 1926 war eine gemäßigt-linke Regierung, die einen Ausgleich mit Polen im Streit um Vilnius angestrebt hatte, von der Armee gestürzt worden. Die Macht ging daraufhin an die nationalistische Partei der *Tautininkai* über, die zuvor bei den Wahlen nur fünf von 85 Mandaten errungen hatten, jedoch einige in den Unabhängigkeitskämpfen verdiente Persönlichkeiten zu den Ihren zählten. Das Regime des seitherigen Staatspräsidenten Antanas Smetona, der sich als *Tautos Vadas* (Volksführer) in die Reihe der mittelalterlichen litauischen Großfürsten stellte, entnahm dem italienischen Faschismus unverkennbare Anleihen. Noch mehr als dort klafften jedoch Ideologie und Wirklichkeit auseinander. Zwar propagierte Smetona über seine etwa 13000 Mitglieder zählende Staatspartei immer wieder die Einmaligkeit und Geschlossenheit der litauischen Nation, doch dominierten in der politischen Praxis eher Apathie und Korruption.[32] Empfindliche Stöße erlitt Smetonas Regime durch außenpolitische Rückschläge. Im März 1938 nötigte Polen Litauen ultimativ, die bestehende Grenzziehung und damit die Zugehörigkeit von Vilnius zu Polen anzuerkennen, ein Jahr später erzwang das Deutsche Reich auf dieselbe Weise die Rückgabe des Memelgebietes. Der Verlust Klaipedas (Memel) führte zu einem Aufwallen der nationalen Gefühle, aber auch zur Forderung nach einer Demokratisierung. Smetona gab diesem Verlangen, das auch von Teilen der Armee unterstützt wurde, zunächst nach, bildete Ende März 1939 eine Koalitionsregierung und erließ im Sommer eine Teilamnestie. Es war jedoch nur ein momentanes Nachgeben. Für Smetona selbst und die noch radikaleren *Tautininkai* war die Konsequenz, die es aus der immer schwierigeren politischen Lage zu ziehen galt, nicht die Öffnung des Regimes, sondern die Stärkung der nationalen Einheit unter Ausschluß jeder Opposition. Im November 1939 bildete Smetona wieder eine fast reine *Tautininkai*-Regierung, im Januar 1940 überwarf er sich auch noch mit seinem Generalstabschef, dessen angeblich gefügigerer Nachfolger sich freilich einige Monate später als Mann Moskaus entpuppte.[33] Von allen drei baltischen Regierungen saß die litauische wohl am wenigsten fest im Sattel.

Die Angehörigen der baltischen Völker bejahten zweifellos die Existenz und die Unabhängigkeit ihrer Staaten. Nicht so uneingeschränkt galt dies freilich für die nationalen Minderheiten, namentlich die Russen, die in Lettland gut zehn Prozent, in Estland acht Prozent der Bevölkerung stellten. Der Anschluß an die Sowjetunion war nur für wenige Bürger eine erwägenswerte Alternative zu den bestehenden autoritären Regimen, bedeutete sie doch die Unterwerfung unter die Diktatur Stalins. Die kommunistischen Untergrundparteien zählten in Litauen zwischen 1400 und 1800 Mitglieder, in Lettland etwa 1000 und in Estland 130; ihr potentieller Anhang bei freien Wahlen dürfte kaum über fünf Prozent hinausgegangen sein.[34] Die autoritäre Struktur der baltischen Staaten führte jedoch dazu, daß zwischen Regierung und Volk kein wirklicher Dialog stattfand. Die Regierung wußte nicht genau, wie weit sie sich auf das Volk verlassen konnte und was sie ihm zumuten durfte. Das Volk hatte anderseits keine Möglichkeit, seinen Willen und seine Bereitschaft – etwa zur Verteidigung der Unabhängigkeit – kundzutun. Politisch ganz gesund waren die Patienten im Warteraum also nicht. Aber sie hätten aus freien Stücken wohl einen andern Arzt gewählt!

3. Ihr außenpolitischer Kurs

Die selbständigen baltischen Staaten waren in einer Zeit der Vorherrschaft der Westmächte, der deutschen und der sowjetischen Schwäche entstanden. Unter anderen Umständen hätten sie die Unabhängigkeit wohl gar nicht errungen. Im Unterschied zu manchen übrigen osteuropäischen Staaten des ‚cordon sanitaire' waren sie mit den Westmächten zwar nicht verbündet, genossen aber als Mitglieder des Völkerbundes doch deren indirekte Protektion. Mit dem Niedergang des Völkerbundes und dem machtpolitischen Aufstieg des Deutschen Reiches und der Sowjetunion änderte sich die politische Großwetterlage zuungunsten der baltischen Republiken. Diese versuchten nun – wie auch Finnland – durch eine konsequente Neutralitätspolitik sowohl einer deutschen wie auch einer sowjetischen Hegemonie zu entgehen und eine Art Pufferzone zu bilden. Diese Rechnung konnte aufgehen, solange sich das Deutsche Reich und die Sowjetunion feindselig gegenüberstanden und der Angriff des einen die Intervention des anderen auslösen konnte. Auf diese Situation hin waren auch die militärischen Vorbereitungsmaßnahmen ausgerichtet: Man wollte Widerstand leisten, bis Hilfe von dritter Seite kam. Auf die Möglichkeit, daß diese ausbleiben würde, war man nicht vorbereitet.[35] Als Mittel zur Verbesserung der Beziehungen galten Nichtangriffspakte, die alle baltischen Staaten mit der Sowjetunion (seit 1926 beziehungsweise 1932), Lettland und Estland auch mit dem Deutschen Reich (seit Juni 1939) verbanden. Dagegen wurden Garantieerklärungen durch Großmächtegruppen, wie sie etwa die Westmächte und die Sowjetunion anstrebten, konsequent abgelehnt, weil sie ein Interventionsrecht ohne Beistandsgesuch implizierten. In diesem Punkt waren sich die baltischen Staaten mit dem finnischen Außenminister Erkko völlig einig, als dieser am 6. Juni 1939 erklärte: „Eine solche automatische Garantie . . . ist unvereinbar mit der finnischen Selbständigkeit und Souveränität. Finnland muß sich gegenüber jedem Staat, der auf der Grundlage einer solchen angemaßten Garantie einen sogenannten Beistand zu geben beabsichtigt, wie gegenüber einem Angriff verhalten."[36]

Das übereinstimmende Ziel, in Konflikten die Neutralität zu bewahren, und die ähnliche geostrategische Lage hätten eine enge außenpolitische Zusammenarbeit der drei baltischen Staaten erwarten lassen. Eine solche fand jedoch nicht statt. Zwar bestand bereits seit 1923 ein estnisch-lettischer Beistandspakt, seit 1934 zudem im Rahmen der ‚baltischen Entente' eine regelmäßige Außenministerkonferenz aller drei Staaten, doch erwiesen sich beide in der Krise als ungenügende Instrumente. Die Ursache lag einerseits in innerbaltischen Konflikten und Eifersüchteleien, andererseits in unterschiedlichen Lagebeurteilungen.

Litauen befand sich seit 1920 im Dauerkonflikt mit Polen wegen Vilnius, seit 1923 in einem meist gespannten Verhältnis zum Deutschen Reich wegen des Memelgebietes. Die beiden anderen baltischen Staaten wollten damit nichts zu tun haben und hielten daher gegenüber Litauen auf Distanz. Zwischen Estland und Lettland gab es zwar keine tiefen politischen Streitfragen, dafür national bestimmte Rivalitäten. So wurde beispielsweise die Geschichte der finnisch-ugrischen Liven, welche – nur noch einige hundert Personen stark – auf der kurländischen Halbinsel lebten, mit den Esten aber stammverwandt waren, zu einem Streitpunkt, der 1937 auf dem baltischen Historikerkongreß in Riga zur Ausweisung eines estnischen Volkskundlers führte.[37]

Auch in der Beurteilung der weltpolitischen Lage unterschieden sich die baltischen Staaten. Estland fürchtete vor allem die Sowjetunion; bereits 1938 äußerte der estnische Außenminister Selter die Angst, die Russen wollten das estnische Volk ausrotten.[38] Dementsprechend strebte er vor allem deutsche Unterstützung an.[39] Der lettische Außenminister Munters glaubte dagegen noch im Juni 1939 – in einem Gespräch mit Hitler –, der sowjetischen Führung gehe es nur darum, den Staat zusammenzuhalten; sie treibe „eine Politik von Tag zu Tag, ohne große Ziele und Gedanken".[40] Innerhalb der lettischen Regierung waren Ulmanis und Munters für Anlehnung an Großbritannien, der Kriegsminister für eine solche an die Sowjetunion und der Finanzminister für eine Hinwendung zum Deutschen Reich.[41] Litauen endlich, das bis zum Oktober 1939 keine gemeinsame Grenze mit der Sowjetunion besaß, fühlte sich vor allem von Polen und dem Deutschen Reich bedroht. Daher richtete es seine Hoffnungen vornehmlich auf die Sowjetunion, die ihm allein das nach wie vor ersehnte Vilnius verschaffen konnte.[42]

Das Verhältnis unter den drei baltischen Staaten war 1939 durch Mißtrauen gekennzeichnet. Die Esten zweifelten am Verteidigungswillen der Letten; den Letten waren die Esten zu deutschfreundlich.[43] An diesem Zustand änderten selbst der Abschluß des deutsch-sowjetischen Nichtangriffspaktes vom 23. August 1939, dessen geheime Abmachungen über die Abgrenzung von Interessensphären in Riga und Tallinn sehr rasch bekannt wurden,[44] und der Kriegsausbruch nichts. Sie lösten nicht einmal besondere diplomatische, geschweige denn militärische Aktivitäten aus. Jeder Staat hoffte für sich, der Kelch möge an ihm vorübergehen. Auf der Wartebank unseres Karikaturisten blicken sich die drei Patienten nicht an, und keiner eilt dem bereits amputierten Esten zu Hilfe.

4. Die militärische Stärke

Alle drei baltischen Staaten erklärten – wie Finnland –, daß sie nötigenfalls ihre Neutralität auch militärisch verteidigen würden. Finnland hat dies bekanntlich getan, die baltischen Staaten taten es nicht. Man ist geneigt, dies einfach auf die größere militärische Kraft Finnlands zurückzuführen. Ein Vergleich zeigt jedoch, daß sich die Armeen der baltischen Staaten und Finnlands, gemessen an der Einwohnerzahl, voneinander nicht stark

Die militärische Stärke Finnlands und der baltischen Staaten (46)

	Estland	*Lettland*	*Litauen*	*alle baltischen Staaten*	*Finnland*
Fläche	48000 km^2	66000 km^2	53000 km^2*	167000 km^2	383000 km^2
Einwohner	1,1 Mio.	2,0 Mio.	2,4 Mio.	5,5 Mio.	3,8 Mio.
Grenze zur Sowjetunion	277 km	269 km	—*	546 km	1590 km
Anteil der Militärausgaben am Budget (1934)	20 %	24 %	20 %		19 %
Dienstzeit	1–1,5 Jahre	1–1,25 Jahre	1,5–2 Jahre		1–1,75 Jahre
Friedensstärke des Landheeres	16000	25000	24000	65000	30000
Kriegsstärke bei maximaler Mobilisierung	100000	130000	130000	360000	280000
Bürgergarden u. ä.	60000	68000	55000	183000	110000
Panzer	30	40	30	100	60
Flugzeuge**	125	175	100	400	180
U-Boote	2	2	–	4	5

* ohne Memelgebiet und Gebiet von Vilnius (Grenzen im Sommer 1939)

** Es liegen unterschiedliche Zahlen vor, je nachdem, ob z. B. Schulflugzeuge mitgezählt werden unterschieden. Alle vier waren eher bescheiden und altmodisch bewaffnet, alle vier verfügten in Friedenszeiten über einen etwa gleich hohen Budgetanteil, hinter allen vier stand eine nur wenig entwickelte Rüstungsindustrie. Zusammengezählt wären die drei baltischen Armeen sogar wesentlich stärker als die finnische gewesen. Finnland hatte weitaus die längste Grenze gegen die Sowjetunion zu verteidigen, wobei freilich das Gebiet nördliche des Ladogasees sehr unwegsam war. Aber auch die Wälder und Sümpfe an der baltisch-sowjetischen Grenze boten durchaus Verteidigungsmöglichkeiten; der Peipussee, der einen großen Teil der sowjetisch-estnischen Grenze einnahm, friert allerdings im Winter zu. Ein nicht unwichtiger Vorteil für Finnland war, daß es im Notfall über eine Landverbindung mit Norwegen und Schweden verfügte und von dort her Nachschub beziehen konnte. Im finnisch-sowjetischen Winterkrieg dauerte es jedoch drei Wochen, bis die alliierten Waffenlieferungen einsetzten.[45]

Die baltischen Armeen waren relativ rasch, innerhalb von 72 Stunden, mobilisierbar. Was den Ausbildungsstand anbetraf, schnitt die estnische Armee bei westlichen Beobachtern am besten ab. Das höhere lettische Offizierskorps galt als überaltert, während Soldaten und untere Offiziere gut beurteilt wurden. Das litauische Offizierkorps soll ziemlich stark politisiert gewesen sein, während den Soldaten Robustheit, aber kein sehr hoher Ausbildungsstand attestiert wurde.[47] Befestigungen – etwa 50 Eisenbetonbunker – gab es nur an der sowjetisch-estnischen Grenze zwischen Narva und dem Peipussee. Zwar hatten alle drei Staaten Verteidigungslinien für den Fall eines sowjetischen Angriffs festgelegt, doch trafen sich diese an den Grenzberührungspunkten nicht – das wohl deutlichste Zeichen unterbliebener militärischer Zusammenarbeit.[48] Auf die Probe gestellt wurde die Kampfkraft der baltischen Armeen nicht. Die drei Patienten nahmen keine Waffen in den Operationssaal mit.

VI. Der Weg in den Operationssaal: Der Abschluß der Stützpunktverträge

Während des deutsch-polnischen Krieges im September 1939 betrieben die drei baltischen Staaten ihre Neutralitätspolitik in höchst behutsamer Form. Litauen lehnte ein deutsches Angebot ab, sich am Krieg gegen Polen zu beteiligen und dabei Vilnius zu gewinnen. Zu einer umfassenden Mobilmachung kam es nirgends, da man – vor allem Lettland und Estland – die Sowjetunion um keinen Preis provozieren wollte. Dessenungeachtet fand die sowjetische Regierung einen Vorwand, um ihre Ansprüche anzumelden. Am 14. September hatte ein beschädigtes polnisches U-Boot Tallinn angelaufen, wurde dort interniert, konnte aber – mittlerweile wieder seetüchtig – wegen der ungenügenden Bewachung vier Tage später wieder entkommen. Die Sowjetunion reagierte darauf mit der Übernahme der Kontrolle über die estnischen Hoheitsgewässer. Die estnische Regierung entsandte darauf Außenminister Selter nach Moskau, wo diesem Molotow die Forderung nach Stützpunkten vorlegte. Selter reiste nach Tallinn zurück, wo die Regierung zum Schluß kam, man könne keinen militärischen Konflikt riskieren und müsse nachgeben. Erneut in Moskau, erfuhren Selter und seine Begleiter von Molotow die vermutlich erfundene Meldung, ein sowjetischer Dampfer sei vor Estland von einem unbekannten U-Boot angegriffen worden. Dies erfordere die vollständige Besetzung des Landes. Dieses Begehren wurde jedoch von Stalin, der sich einschaltete, zurückgezogen, worauf Selter den Beistandspakt unterschrieb. Während der Verhandlungen waren an der estnischen Grenze etwa 160000 Mann starke sowjetische Truppenverbände aufmarschiert. Sowjetische Flugzeuge verletzten den estnischen Luftraum und erschienen sogar über Tallinn. Nachdem mit Estland der erste Dominostein gefallen war, war nicht mehr viel Druck nötig, um auch Lettland und Litauen zum Nachgeben zu bewegen.[49]

Was veranlaßte die baltischen Regierungen, widerstandslos und rasch nachzugeben?

1. Die Alternative war militärischer Widerstand. Dieser schien

angesichts des Kräfteverhältnisses sinnlos. Päts fürchtete, ein Krieg würde zur völligen Ausrottung der Esten führen. Zudem war es für eine auch nur halbwegs ungestörte Mobilmachung zu spät.[50]

2. Hilfe von außen war nicht zu erhalten. Versuche Selters, mit der gleichzeitig in Moskau weilenden deutschen Delegation Kontakt aufzunehmen, blieben erfolglos. Zudem ließen sich die baltischen Republiken leicht auseinanderdividieren. Die lettische Regierung erfuhr erst bei der zweiten Moskau-Reise Selters von den sowjetischen Forderungen. Sie beeilte sich, nach Tallinn mitzuteilen, der casus foederis liege nicht vor, da Estland seine Lage selbst verschuldet habe. Estland hatte allerdings von vornherein nicht mit lettischer Hilfe gerechnet.[51]

3. In der Bevölkerung bestand durchaus eine gewisse Bereitschaft, die Unabhängigkeit zu verteidigen. Anläßlich der Memelkrise im Frühjahr 1939 sammelten die litauischen Bürger Geld für einen Bewaffnungsfonds; viele meldeten sich auch zur Nationalgarde.[52] Über die Lage in Lettland im Herbst 1939 berichtete der deutsche Gesandte aus Riga, „daß namentlich die Jugend ein ehrliches Interesse an der Freiheit und Unabhängigkeit des Landes nimmt und . . . auch ein gewisses Maß von militärischer Schlagkraft erreicht wurde. Aber diese positiven Faktoren wurden entscheidend beeinträchtigt . . . durch den tiefgehenden Gegensatz zwischen dem Staatspräsidenten und dem Kriegsminister".[53] Nebst den regierungsinternen Gegensätzen spielte auch die autoritäre Struktur der baltischen Regime und die dadurch eingeschränkte Kommunikation zwischen Volk und Regierung eine Rolle. Päts glaubte, das estnische Volk würde einen Entscheid zu militärischem Widerstand nicht begreifen.[54] Ein Appell an den Widerstandswillen des Volkes konnte auch, wie sich im Frühjahr in Litauen gezeigt hatte, zu Demokratisierungswünschen führen. Davon hielt, wie bereits gezeigt wurde, die Regierung Smetona nicht sehr viel. Päts in Estland war zwar bereit, bürgerliche Oppositionspolitiker in seine Regierung aufzunehmen, nicht aber, ein Mehrparteiensystem zuzulassen.[55] Die Sorge um die Erhaltung des Regimes sprach für ein Nachgeben gegenüber dem äußeren Druck, zumal die So-

wjetunion zusicherte, sich nicht in die inneren Angelegenheiten einmischen zu wollen und kommunistische Aufstandsversuche in keiner Weise zu unterstützen.
4. Die Führer der baltischen Staaten hofften auf Zeitgewinn. Möglicherweise ließen sie sich dabei von den Erfahrungen aus dem Kampf um die Unabhängigkeit leiten. Auch damals hatten zunächst deutsche und dann sowjetische Truppen ihre Länder überrannt; schließlich aber waren diese Fluten verebbt und die selbständigen baltischen Staaten aufgetaucht. Man rechnete mit dem Ausbruch eines deutsch-sowjetischen Konfliktes und hoffte, bis dahin einigermaßen durchhalten zu können.[56]
5. Schließlich darf eine gewisse mangelnde außenpolitische Erfahrung, vielleicht sogar Naivität nicht übersehen werden. Als Molotow beim zweiten Besuch Selters in Moskau seine Forderungen immer höher schraubte, erschien Stalin, ließ scheinbar mit sich reden und ging schließlich auf die ursprüngliche Forderung nach Stützpunkten zurück. Auch in den Verhandlungen mit Lettland und Litauen konnten deren Vertreter Konzessionen in der Frage der sowjetischen Truppenstärke erreichen. Diese blieb aber doch so hoch, daß die Sowjetunion den betreffenden Staat militärisch unter Kontrolle hatte. Der Georgier Stalin scheint sich dabei sowohl gegenüber Selter wie auch gegenüber dem litauischen stellvertretenden Ministerpräsidenten – in angeblichem Kontrast zum Großrussen Molotow – als Freund kleiner Nationen präsentiert zu haben. Vermutlich war das eine reine Posse, doch sie verfehlte ihre Wirkung bei Päts ebensowenig wie bei Ulmanis.[57] Beide waren ausgesprochene Innenpolitiker und hatten sich bisher um außenpolitische Fragen wenig gekümmert; von Päts wurde gesagt, er lese die Berichte der estnischen Gesandten meistens nicht.[58]

Mit dieser gewissen Naivität hing auch die Reaktion auf den Abschluß der Stützpunktverträge zusammen. Im Ausland, namentlich auch im Deutschen Reich, schrieb man die baltischen Staaten als selbständige Subjekte bereits ab und rechnete mit der baldigen Sowjetisierung. Die italienische Zeitung ›La Stampa‹ schrieb: „Der Sowjetmarsch von Osten nach Westen hat begonnen..., Deutschland ist mit anderen Widersachern beschäftigt ... Es bleibt nur die Feststellung übrig, daß ... Rußland mit Tausenden von Kampfwagen und Bombardierungsflugzeugen die wiederauferstandene Politik Iwans des Schrecklichen und Peters des Großen zur Geltung bringt."[59] In Litauen dagegen führte der Abschluß des Abkommens zu Freudenfesten, weil es den ersehnten Wiedergewinn von Vilnius brachte; die Regierung nützte den scheinbaren Erfolg propagandistisch aus, um ihre unsichere Stellung zu festigen.[60] In Estland und Lettland war dagegen der Pessimismus zunächst groß. Als dann aber in den folgenden Monaten keine weiteren sowjetischen Forderungen folgten, machte sich wieder eine gewisse Zuversicht breit. Man glaubte, die Souveränität gerettet zu haben und – etwa im Vergleich zu Ostpolen – noch gut weggekommen zu sein.[61] Als im März 1940 Finnland im Frieden von Moskau den Winterkrieg mit Gebietsverlusten abschließen mußte, meinte Estlands Präsident Päts zum deutschen Baron Wrangell: „Die Finnen haben gekämpft und doch ähnliche Zugeständnisse wie wir machen müssen. Sie haben unnötige Blutopfer getragen."[62] Die Zukunft sollte zeigen, daß Päts Unrecht hatte. Die baltischen Staaten brachten im Zweiten Weltkrieg sehr viel mehr Blutopfer als Finnland.

VII. Die finnische Weigerung – eine mögliche Alternative?

Das Männchen auf der Karikatur mit dem unbeschriebenen Fähnlein, das wohl stellvertretend für Finnland steht, weigerte sich, den Operationsraum zu betreten. Daraufhin wurde der Chirurg handgreiflich: Der finnisch-sowjetische Winterkrieg brach aus.

Es ist hier nicht der Ort, die allfällige Vermeidbarkeit dieses Krieges und die Zweckmäßigkeit des finnischen Verhaltens umfassend zu erörtern. Uns interessiert, welche finnische Politik dem Kriegsausbruch voranging und wie sie sich von jener der baltischen Staaten unterschied. Dadurch gewinnt auch die Handlungsweise der letzteren noch mehr Profil.

Seit 1937 zog Finnland einen möglichen Konflikt mit der Sowjetunion in Rechnung, seit dem August 1938 trat diese mit der Forderung nach Abtretung von Inseln im Finnischen Meerbusen an den Nachbarstaat heran. Im Unterschied zu den baltischen Staaten bekundete Finnland nicht nur verbal seine Bereitschaft, seine Unabhängigkeit militärisch zu verteidigen. An sich war der Rüstungsstand nicht besser als bei den südlichen Nachbarn. Der Aufwand für Verteidigungsmaßnahmen wurde jedoch stark erhöht: 1937 waren es 16 Prozent des Budgets, 1938 23 Prozent, 1939 30 Prozent. So konnten beispielsweise noch unmittelbar vor Kriegsbeginn hundert schwedische Panzerabwehrkanonen erworben werden – die einzigen, die man dann hatte. Im Sommer 1939 wurde eine viermonatige Volkskampagne zum Ausbau des höchst unvollkommenen Befestigungssystems auf der karelischen Landenge – der ‚Mannerheim-Linie' – organisiert. Eine große Zahl von Finnen opferte dazu ihre Ferien. Im Unterschied zu den baltischen Regierungen scheute sich die finnische nicht, an den Opferwillen ihrer Bürger zu appellieren.[63]

Nach dem Abschluß der baltischen Stützpunktverträge erreichte auch Finnland ein sowjetischer Forderungskatalog: die Abtretung einer Marine- und Luftbasis auf der Halbinsel Hanko sowie von Teilen Kareliens und der Fischerhalbinsel am Eismeer. Im Unterschied zu den baltischen Staaten wurde Finnland also auch ein Landverlust zugemutet, der freilich durch Gebiete nördlich des Ladogasees kompensiert werden sollte. Das in Finnland zu stationierende Truppenkontingent hätte dagegen nur 5000 Mann umfassen sollen. Die Annahme der sowjetischen Forderungen hätte jedoch auch hier – wie bei den baltischen Staaten – die künftigen Verteidigungsmöglichkeiten extrem reduziert, weil die Mannerheim-Linie verlorengegangen wäre. Im Unterschied zu den baltischen Regierungen taktierte die finnische sehr geschickt, indem sie einerseits die Verhandlungen in die Länge zog, gleichzeitig aber die allgemeine Mobilmachung durchführte. Große Teile der Zivilbevölkerung wurden aus den Städten evakuiert. Die Stimmung der Bevölkerung war noch wesentlich unnachgiebiger als jene der Regierung. Auch die Oppositionsparteien wurden konsultiert; diese unterstützten den Kurs der Regierung.[64] Ein Situationsbericht beschrieb am 12. Oktober die Lage: „Die Verteidigungsmaßnahmen werden mit Ruhe und Entschlossenheit weitergeführt... Überall in den Städten und Dörfern hält das zivile Freiwilligenkorps Übungen ab... Barrikaden und Tanksperren sind vorbereitet... In den Städten... sitzen Tausende in den Hallen und Quais auf ihrem Gepäck... Alles ist ernst und gefaßt. Gelegentlich stimmt irgend jemand eines der finnischen Nationallieder an, und die Menge fällt ein... Meist sind es Frauen, Kinder und Greise, die da warten; nur selten begleitet ein Familienvater die Seinen zum Bahnhof. Die Männer sind bereits eingezogen."[65]

Im Vergleich zu den baltischen Staaten fallen beim Verhalten Finnlands vor allem zwei Unterschiede auf: die weitgehende Übereinstimmung von Regierung und Volk sowie die demonstrative Entschlossenheit zur Abwehr. War das finnische Verhalten richtig und wäre es für die baltischen Staaten nachahmenswert gewesen – wenn diese nicht bereits zuvor nach Moskau zitiert worden wären? Dagegen ließe sich anführen, daß Finnland nach dem Winterkrieg mehr Gebiete abtreten mußte, als die Sowjetunion zuvor gefordert hatte. Andererseits verschaffte es sich mit seinem Widerstand zweifellos sowohl bei der Sowjetunion wie auch bei den Westmächten einen gewissen Respekt, der zum Überleben als selbständiger Staat wesentlich beitrug. Die so betont friedfertigen und nachgiebigen baltischen Staaten sanken dagegen bei Freund und Feind zur ‚quantité négligeable' ab, die im Juni 1940 ziemlich unbemerkt in das sowjetische Imperium eingegliedert wurde und die auch später, etwa auf den alliierten Kriegskonferenzen, kein wirkliches Traktandum war.

Hätten die baltischen Staaten 1939 auch einen gewissen, vielleicht befristeten und begrenzten Widerstand leisten sollen? Solche Ratschläge zu erteilen ist wohl nicht Sache des aus relativ sicherem Stübchen auf die Schlachtfelder zurückblickenden Historikers. Wohl nicht zu Unrecht vertrat der lettische Sozialdemokrat Bruno Kalninš die Auffassung, daß neben militärischen Überlegungen vor allem die autoritäre Struktur der baltischen Regimes und die mangelnde Zusammenarbeit einen solchen Widerstand unmöglich machten.[66] Zumindest das zweite scheinen die baltischen Regierungen ex post auch realisiert zu haben. Nun plötzlich trafen sich die Generalstabschefs, wurden Verteidigungspläne koordiniert, versuchte man, die Bewaffnung zu vereinheitlichen. Estland und Lettland verlängerten sogar die Dienstzeit.[67] All das kam freilich zu spät und war höchstens geeignet, sowjetisches Stirnrunzeln hervorzurufen und den großen Nachbarn darin zu bestärken, auch dem Schein baltischer Selbständigkeit ein Ende zu bereiten. 1870 hatte der ehemalige Generalgouverneur der Ostseeprovinzen, Graf Peter Schuvalov, zu einem Vertreter der baltischen Ritterschaft gesagt: „Sie können ... den historischen Ruhm ihrer Provinzen konservieren, in Fragen der höchsten Politik das Schlachtfeld gewesen zu sein."[68] Dieser höchst fragwürdige Ruhm sollte den baltischen Staaten auch im Zweiten Weltkrieg erhalten bleiben.

Walther Hofer

Neutraler Kleinstaat im europäischen Konfliktfeld: Die Schweiz

In der Vortragsreihe über den Kriegsbeginn 1939 nimmt die Schweiz insofern eine Sonderstellung ein, als sie der einzige unter den hier behandelten Staaten ist, der nicht am Kriege teilgenommen hat oder sonst irgendwie in das kriegerische Geschehen verwickelt worden ist. Dies bedeutet andererseits keineswegs, daß die Schweiz in der Folge von den kriegerischen Ereignissen nicht berührt worden wäre – ganz im Gegenteil. Sie wurde zwar nicht militärisch angegriffen – abgesehen von zahlreichen Verletzungen des Luftraums durch beide kriegführenden Seiten –, doch geriet sie im Verlaufe des Krieges immer stärker unter politischen und vor allem wirtschaftlichen Druck, und zeitweise drohte sie zwischen Blockade und Gegenblockade zermalmt zu werden. Besonders schwierig wurde die Situation für den neutralen Kleinstaat, als sein Territorium nach dem überwältigenden Sieg Deutschlands im Westen und dem Kriegseintritt Italiens ab Juni 1940 für ganze vier Jahre von einer einzigen Kriegspartei, eben den Achsenmächten, eingeschlossen wurde, ganz im Unterschied zum Ersten Weltkrieg, wo die Schweiz stets gemeinsame Grenzen mit beiden Kriegsparteien gehabt hatte.

Es leuchtet ein, daß es den Handlungsspielraum eines neutralen Kleinstaates außerordentlich einengen mußte, auf Gedeih und Verderb von einer alles beherrschenden Hegemoniemacht abhängig zu sein. Da es sich um einen Binnenstaat handelte, der keinen Zugang zum offenen Meer hatte und dessen sämtliche Versorgungslinien durch die Achsenmächte kontrolliert werden konnten, befand er sich in einer außergewöhnlichen Situation. Es war daher nicht verwunderlich, daß das kleine und wirtschaftlich in hohem Maße auslandsabhängige Land nur noch mit großen Einschränkungen neutrale Politik betreiben konnte; verwunderlicher war schon, daß es überhaupt über die Runden kam und nicht vollends unter die Räder der übermächtigen Kriegsmaschinerie des Reiches geriet.[1]

I. Der Grundsatz bewaffneter Neutralität und der Schweizer Sonderstatus

Welcher Anteil der Armee bzw. der militärischen Abwehrbereitschaft bei dieser Erhaltung der Unabhängigkeit im Zweiten Weltkrieg zukommt, darüber ist in der Schweiz ausgiebig diskutiert worden. Bei manchen Historikern der jüngeren Generation ist es Mode geworden, diesen Anteil als gering einzuschätzen. Aus dem Umstand, daß von deutscher Seite weder bei der militärischen noch der politischen Führung jemals ernsthaft die Absicht einer Eroberung der Schweiz bestanden habe – wie es einer von ihnen formulierte –, wird voreilig der Schluß gezogen, die Armee habe keine maßgebliche Rolle gespielt. (Daß politische und militärische Führung unter den Bedingungen der persönlichen Diktatur Hitlers ein und dasselbe waren, sei nur nebenbei bemerkt.) Daß ohne Armee oder entsprechende militärische Abwehrbereitschaft die Situation eine ganz andere gewesen wäre, wird geflissentlich übersehen. Wenn behauptet wird, die Schweiz sei ja ohnehin allen Wünschen der ‚Achsenmächte' entgegengekommen, so wird erstens übersehen, daß die Schweiz dafür auch ihrerseits etwas bekam (nämlich die notwendigen Rohstoffe und auch Nahrungsmittel, um überhaupt überleben zu können), und zweitens kann man dies nur behaupten, wenn man nicht in Rechnung stellt, „wie die vermeintlichen Herren des neuen Europa mit Ländern umsprangen, die ihnen völlig wehrlos ausgesetzt waren".[2] In der Tat wäre eine politische Selbstbehauptung des Landes, die in hohem Maße auch von den wirtschaftlichen Gegebenheiten abhing, undenkbar gewesen, wenn sie sich nicht auf ein bestimmtes Ausmaß an militärischer Verteidigung hätte stützen können. So gesehen bildeten militärische, politisch-diplomatische und wirtschaftliche, aber auch geistige Landesverteidigung ein untrennbares Ganzes. Diese Feststellung wird von den geschichtlichen Tatsachen in vollem Umfange gestützt.

So hat das schweizerische Territorium von jeher, gerade auch nach der Proklamation der Neutralität von 1815, die besondere Aufmerksamkeit der Generalstäbe der umliegenden Länder genossen. Es gibt genügend dokumentarische Beweise dafür, daß sich die Nachbarstaaten, von denen bis 1918 alle vier Großmächte waren, stets in außerordentlichem Maß dafür interessiert haben, wie stark die militärische Abwehrbereitschaft der Schweiz jeweils war und insbesondere auch der politische Wille, die militärischen Mittel notfalls auch wirklich einzusetzen, und zwar gegen jeglichen möglichen Angreifer. Diese Lagebeurteilung finden wir aus naheliegenden Gründen vor allem in der Epoche der deutsch-französischen Kriege zwischen 1870 und 1939/40.[3] Eine schwach oder gar nicht verteidigte Neutralität der Schweiz hätte für beide Mächte im Kriegsfall ein großes Risiko dargestellt, da ein Angriff des potentiellen Gegners im Sinne einer Umfassungsoperation durch die Schweiz als um so wahrscheinlicher einberechnet werden mußte, je schwächer die schweizerische Verteidigung eingeschätzt wurde. Ebenso mußte jeweils die Versuchung zunehmen, einem solchen Umfassungsangriff des Gegners durch eine Präventivaktion zuvorzukommen. Dies gilt grundsätzlich auch und gerade für die Zeit vor dem Zweiten Weltkrieg. In Frankreich begrüßte man die militärischen Anstrengungen der Schweiz während der 30er Jahre, weil man befürchtete, die Wahrscheinlichkeit eines deutschen Umfassungsangriffs werde um so größer, je stärker die Maginotlinie würde. Auch wenn man der schweizerischen Armee zutraute, einen deutschen Angriff aufhalten oder zum mindesten entscheidend verzögern zu können, so hatte man andererseits Bedenken, ob rasch genug mobilisiert werden könnte.[4] Wie wir sehen werden, ist dieses Problem auch schweizerischerseits als vordringlich anerkannt worden, weshalb energische Maßnahmen zur Beschleunigung der Mobilmachung ergriffen worden sind.

Auch deutscherseits wurden entsprechende Beurteilungen der

militärischen Abwehrbereitschaft der Schweiz vorgenommen. So ist u.a. eine deutsche Studie aus den Jahren 1938/39 bekanntgeworden, die zum Ergebnis kam, daß eine Umgehungsaktion durch die Schweiz weder Deutschland noch Frankreich nennenswerte Vorteile bieten würde.[5] In erster Linie wurde dafür der Gebirgscharakter des Geländes angeführt. Dabei ist es selbstverständlich, daß das Gelände eben nur dann ein ausschlaggebender militärischer Faktor sein kann, wenn es entsprechend verteidigt wird. Was geschehen mußte, wenn dies nicht der Fall war, dies hatte man während der französischen Revolutionskriege erlebt, als die Schweiz zu einem der Hauptkriegsschauplätze wurde.[6] Daß die ‚Achsenmächte' sich der für sie lebenswichtigen Alpenpässe und -tunnels bemächtigt hätten, wenn sie nicht mit deren gründlicher Zerstörung hätten rechnen müssen, dies kann ohne weiteres angenommen werden. Daß das faschistische Italien Pläne hegte, seine Nordgrenze auf die Schweizer Alpen zu verlegen, ist ebenfalls bekannt. Auch zu einer Teilung des Landes in Zusammenarbeit mit dem Reich wäre man bereit gewesen. Das hätte auch den nie preisgegebenen Zielen der Irredenta entsprochen, nämlich der Einverleibung aller italienisch sprechenden Regionen, zu denen in der Schweiz der ganze Kanton Tessin und Teile Graubündens gehören – wobei man in Rom bereit gewesen wäre, wie im Falle Südtirols, auch noch wesentlich über die Sprachgrenze hinauszugreifen (falls es dann Hitler zugelassen hätte).[7] Es ist wirklich naiv zu glauben, daß es nichts mit der schweizerischen Abwehrbereitschaft zu tun hatte, wenn aus all diesen Plänen schließlich nichts geworden ist. Die Schweiz war schon gut beraten, wenn sie unabhängig von den Schwankungen der internationalen Konjunktur konsequent am Grundsatz der *bewaffneten* Neutralität festgehalten hat.

Diese traditionelle schweizerische Politik der permanenten bewaffneten Neutralität ist auch in den Verträgen honoriert worden, welche die ‚Friedensordnung' nach dem Ersten Weltkrieg begründen sollten. So sind in Artikel 435 des Vertrages von Versailles die Garantien von 1815 erneuert worden, und zwar mit der bezeichnenden Formel, daß diese „internationale

Abmachungen zum Zwecke der Aufrechterhaltung des Friedens bilden". Was die Satzung des Völkerbundes anbetrifft, so wurde Neutralität mit ihr für unvereinbar gehalten. Es bedurfte einer Ausnahmeregelung, wenn die Schweiz mit ihrem Neutralitätsstatut Mitglied werden wollte. Dies wurde möglich dank der Londoner Erklärung des Völkerbundsrates vom 13. Februar 1920, in welcher die Schweiz von den Verpflichtungen entbunden wurde, an militärischen Sanktionen teilzunehmen. Dabei berief man sich auf den Umstand, daß sich die Schweiz in einer „einzigartigen Lage" befinde, und zwar „auf Grund einer jahrhundertealten Überlieferung, die im Völkerrecht ausdrücklich Aufnahme gefunden hat". Weiter anerkannte der Rat, „daß die immerwährende Neutralität der Schweiz und die Garantie der Unverletzlichkeit ihres Gebietes ... im Interesse des allgemeinen Friedens gerechtfertigt und daher mit dem Völkerbund vereinbar sind".[8] Diese Regelungen bedeuteten, daß die Schweiz in der Staatengesellschaft der Zwischenkriegszeit einen Sonderstatus erhielt. In der Schweiz sprach (und spricht) man von einem Übergang von der „integralen" zur „differentiellen" Neutralität (da ja die übrigen Verpflichtungen, die sich aus der Mitgliedschaft beim Völkerbund ergaben, bestehen blieben, insbesondere die Teilnahme an wirtschaftlichen und finanziellen Sanktionen).

II. Die Beziehungen zu Deutschland

Die Schweiz hat unter ihrem Außenminister Motta in der Folge dann eine sehr aktive Völkerbundspolitik betrieben. Von Anfang an hat der schweizerische Vertreter übrigens auf die mangelnde Universalität der Liga hingewiesen, wobei das schweizerische Interesse an der baldmöglichen Mitgliedschaft Deutschlands im Zentrum stand. Man betrachtete diese Lücke in Bern als Hypothek, die auf der schweizerischen Neutralitätspolitik lastete, handelte es sich bei Deutschland doch um einen der großen Nachbarstaaten, mit welchem man stets besonders enge wirtschaftliche und kulturelle Beziehungen gepflogen hatte.[9] Es verdient schon hier festgehalten zu werden, daß die Beziehungen zwischen den beiden ungleichen Ländern seit der Gründung des Deutschen Reiches – von einigen Episoden abgesehen – immer ausgezeichnet gewesen sind, ob es sich nun um das Kaiserreich oder die Weimarer Republik gehandelt hat. Wenn nach 1933 sehr rasch eine Verschlechterung dieser Beziehungen eingetreten ist, wenn auch weniger auf der Ebene der Regierungskontakte als in der öffentlichen Meinung, so ist dies einzig und allein dem Umstand zuzuschreiben, daß in Deutschland eine totalitäre und schließlich auch terroristische Diktatur errichtet wurde, die bald auch zu neuen expansionistischen Abenteuern aufbrechen sollte. (Folgerichtig ist denn auch nach dem Untergang des Hitlerstaates sofort der alte Zustand enger und gutnachbarschaftlicher Beziehungen zwischen den beiden Ländern wiederhergestellt worden.)[10]

Die Bedrohung, der man sich seitens des nördlichen Nachbarn in wachsendem Maße ausgesetzt fühlte, war gleich eine mehrfache: Der totalitäre Staatsgedanke erschien als Gefahr für die demokratischen Ideale und Institutionen, Volkstumsgedanke und Rassenlehre trafen den mehrsprachigen Kleinstaat in seinem Kern, und die immer stärker und rascher aufrüstende Großmacht an der eigenen Grenze wurde mehr und mehr auch als potentielle militärische Bedrohung empfunden. Es leuchtet daher ein, daß das Verhältnis und die Beziehungen zu Deutschland im Verlaufe der Jahre immer stärker ins Zentrum der schweizerischen Außenpolitik getreten sind. So heißt es denn auch in dem offiziösen ‚Handbuch der schweizerischen Außenpolitik': „Seit 1933 bestimmten vorab zwei Probleme die schweizerische Außenpolitik: einerseits das Verhältnis zum nationalsozialistischen Deutschland, andererseits (seit im Herbst 1933 das Deutsche Reich den Völkerbund verlassen hatte) ihr Verhältnis zum Völkerbund." Und es heißt dann bezüglich Deutschland noch weiter: „Im Verhältnis zu Deutschland war der Bundesrat gewillt, eindeutigen Rechtsverletzungen mit Entschiedenheit entgegenzutreten, im übrigen aber durch eine Politik kompromißbereiter Konzilianz die deutsche Aggressivität zu dämpfen."[11]

Die letztlich rein weltanschaulich bedingte rapide Verschlechterung des traditionell so guten Klimas, wie sie in den Beziehungen zwischen den beiden Ländern seit 1933 eintrat, konnte andererseits die Tatsache nicht aus der Welt schaffen, daß Deutschland auch nach der NS-Machtergreifung wirtschaftlich das blieb, was es seit Jahr und Tag gewesen war, nämlich der mit Abstand wichtigste Handelspartner der Schweiz. Schon das wilhelminische Deutschland hatte als Handelspartner unangefochten den ersten Platz eingenommen. Die Schweiz importierte z. B. 1913 wertmäßig mehr Waren aus Deutschland als aus Frankreich, Italien und England zusammen. Ende der 20er Jahre war Deutschland zum besten Käufer für viele schweizerische Erzeugnisse geworden, bevor die Weltwirtschaftskrise dann einen schweren Einbruch mit sich brachte. Umgekehrt kaufte die Schweiz am Ende der ‚goldenen 20er Jahre' fast die Hälfte aller Apparate und Instrumente und fast 70 Prozent der Maschinen in Deutschland. In dem für die schweizerische Wirtschaft entscheidenden Rohstoffsektor spielte Deutschland ebenfalls traditionell eine große Rolle, jedenfalls längst vor dem ominösen Datum 1933. So lieferte Deutschland Ende der 20er Jahre 45 Prozent der benötigten Kohle und über 40 Prozent an Eisen und Stahl. Der deutliche Anteil an Eisen- und Stahlimporten ging unter Hitler dann stark zurück, da die eigene Aufrüstung Vorrang hatte. 1937 lieferte dafür Frankreich mehr als die Hälfte des Stahl- und Eisenbedarfs, das Reich nur noch etwa ein Viertel. Als Kohlelieferant blieb aber Deutschland weiterhin an der Spitze und deckte immer ungefähr die Hälfte des Bedarfs, wobei zu bedenken ist, daß Kohle damals der weitaus wichtigste Energieträger war. Die Situation, unter der die Schweiz nach 1940 so sehr zu leiden hatte, nämlich in der Energieversorgung ganz einseitig von Deutschland abhängig zu sein, zeichnete sich also durchaus schon vor dem Krieg ab. Als Frankreich nach seinem katastrophalen Zusammenbruch als Eisen- und Stahllieferant ebenfalls ausfiel bzw. dem NS-Kriegswirtschaftsimperium einverleibt wurde, ist die schweizerische Abhängigkeit und damit auch Erpreßbarkeit seitens der europäischen Hegemonialmacht noch größer geworden.[12]

Interessanterweise war das Reich bis über den Kriegsbeginn hinaus an den sonst so begehrten schweizerischen Waffenlieferungen kaum beteiligt. Die genau überlieferten Zahlen zeigen, daß bis zum Zusammenbruch Frankreichs die beiden Westmächte den Löwenanteil der schweizerischen Rüstungsproduktion übernommen haben, so daß deutsche Unterhändler Ende Mai 1940 ihren Schweizer Kollegen den Vorwurf machen konnten, die Schweiz erscheine als eine „große Rüstungswerkstatt, die fast ausschließlich für England und Frankreich arbeite". Damit war es nun allerdings rasch zu Ende, nachdem die Deutschen in Europa das Kommando übernommen hatten.[13] Doch ergibt sich daraus, daß es ebenfalls eine klare Konsequenz des totalen Umsturzes der europäischen Machtverhältnisse gewesen ist, wenn die Schweiz in der Folge ihre Rüstungsproduktion derartig einseitig auf das Reich umstellen mußte. Wenn die Kriegsmateriallieferungen an das kriegführende Deutschland bis heute einen der Hauptangriffspunkte der Kritik an der damaligen schweizerischen Politik darstellen, so darf hier nicht übersehen werden, daß diese Lieferungen das Kernstück der schweizerischen Gegenleistungen an einen mächtigen Nachbarn bildeten, der zudem jederzeit in der Lage war, etwa mit dem angewandten Mittel der Kohlensperre, eine wirkunsvolle Erpressertaktik zu verfolgen. Mit Recht hat man von einem regelrechten Teufelskreis gesprochen: Ohne Rohstoffe keine Exporte, ohne Exporte keine Rohstoffe. Unter solchen absolut exzeptionellen Bedingungen gab es in der Tat nur eine Politik: wirtschaftliche Konzessionen unter Aufrechterhaltung des politischen Unabhängigkeitswillens und der militärischen Verteidigungsfähigkeit. Aber auch diese war letztlich davon abhängig, daß die Wirtschaft einigermaßen funktionierte und damit das Volk überlebte – womit der Kreis geschlossen ist.

Im Verlaufe der 30er Jahre verwandelte sich die internationale Szenerie immer stärker in eine Richtung, die das ursprünglich aktive Engagement der Schweiz in der Völkerbundspolitik in neuem Lichte erscheinen ließ. Durch den frühen Austritt Deutschlands aus der Genfer Liga war der unerfreuliche Zustand wiederhergestellt, wie er zu Beginn der Völkerbundsära geherrscht hatte: Es fehlte wiederum einer der großen Nachbarstaaten der Schweiz. Die immer schärfer werdende Ablehnung des Völkerbundes durch Hitler-Deutschland war auch nicht geeignet, die Situation der Schweiz zu erleichtern. Das Versagen der Liga gegenüber der fernöstlichen Aggressionspolitik Japans und das Scheitern der Abrüstungskonferenz und damit der kollektiven Sicherheitspolitik ließen das Ansehen der seinerzeit mit so viel Enthusiasmus begrüßten Institution auf einen Tiefstand sinken. Zwar raffte sich der Völkerbund dann doch noch zu halbherzigen Sanktionen gegenüber dem faschistischen Italien auf, als dieses das Völkerbundsmitglied Abessinien überfiel. Die Schweiz aber geriet dadurch in ein schwerwiegendes Dilemma: Sollte sie in Erfüllung ihrer Verpflichtungen die Sanktionen mitmachen und dadurch den großen Nachbarstaat Italien herausfordern und überhaupt die schweizerisch-italienischen Beziehungen gefährden oder sollte sie dem reinen Kalkül der Staatsräson und damit der Neutralität folgen und dadurch vertragsbrüchig gegenüber dem Völkerbund werden? Es wurde eine schwierige Gratwanderung, indem man versuchte, einen mittleren Weg zu gehen.[14] Als dann Italien 1937 ebenfalls Genf verließ und sich zudem mit dem Dritten Reich zur sogenannten ‚Achse' verbündete, war eine Situation entstanden, in welcher von den drei großen Nachbarstaaten nur noch Frankreich dem Völkerbund angehörte. Wie wenig dies indessen ins Gewicht fiel, hatte sich beim schwächlichen Verhalten der einstmals vorherrschenden Militärmacht anläßlich der Remilitarisierung des Rheinlandes durch Hitler gezeigt.

Im Mai 1936 macht der Chef des Militärdepartements (Verteidigungsminister), Rudolf Minger, die zuständigen parlamentarischen Kommissionen auf die gefährliche Entwicklung der internationalen Lage aufmerksam. Der italienisch-abessinische Krieg habe gezeigt, „das die Diktaturstaaten eine gewaltige Gefahr bedeuten". Der Völkerbund habe gegenüber Italien versagt, und dies habe Deutschland „zum Schritt vom 7. März" ermutigt – d. h. zur Remilitarisierung des Rheinlandes –, „was ein gewagtes Experiment war". Für einen Angriffskrieg sei Deutschland heute noch nicht „reif". Wie lange die Zeit der Vorbereitung noch dauern werde, sei fraglich. Und dann kommt der geradezu prophetische Satz: „Man wird aber nach meiner Ansicht mit etwa drei Jahren rechnen dürfen ...", d. h. also 1939! Minger hatte übrigens Ende Januar gerade die Remilitarisierung vorausgesagt, als er im Zusammenhang mit dem noch im Gang befindlichen Krieg in Abessinien nach anderen Kriegsgefahren Ausschau hielt. Auch die ganzen Begleitumstände dieses ersten großen Coups von Hitler hat er vollkommen richtig vorausgesagt: daß Frankreich es nicht wagen werde, deshalb zum Krieg zu schreiten, und daß der Völkerbund höchstens protestieren könne...[15] Auch wenn man in Rechnung stellt, daß Minger aus taktischen Erwägungen ein möglichst dunkles Bild der Lage entwerfen mußte – denn er wollte ja seine Kreditvorlagen für die weitere militärische Aufrüstung durchbringen –, so ist man über den Weitblick dieses Mannes, der als einfacher Bauer keine höhere Schulbildung genossen hatte, immer wieder erstaunt. Ihm kommt ganz persönlich ein großes Verdienst zu, wenn die Schweiz bei Kriegsbeginn einigermaßen gerüstet dastand.

Es war also kein Zweifel möglich: Innerhalb ganz weniger Jahre hatte sich in Europa eine unübersehbare Gewichtsverschiebung vollzogen. Das Gesetz des Handelns war von den einstigen Siegermächten an die ‚Achsenmächte' übergegangen. Die offensichtliche Befriedungspolitik, die der neue britische Premierminister Chamberlain ab 1937 den europäischen Diktatoren gegenüber zu betreiben begann, vervollständigte das wenig ersprießliche Bild. Es bedurfte nur noch eines besonders schockierenden Ereignisses, um den letzten Anstoß zu geben zur Auslösung des längst in der Luft liegenden Entschlusses, auch die letzten noch bestehenden internationalen Verpflichtungen der Schweiz aufzukündigen, soweit sie die Neutralität einschränkten. Dieses Ereignis war der Anschluß Österreichs.

Zwei Monate später war die Rückkehr der Schweiz zur absoluten bzw. integralen Neutralität perfekt. In einer Resolution vom 14. Mai 1938 nahm der Völkerbundsrat Kenntnis von der Absicht der Schweiz, „sich in keiner Weise mehr an der Durchführung der Paktbestimmungen über die Sanktionen zu beteiligen..." Anderseits mußte die Schweiz einwilligen, „in allen anderen Beziehungen ihre Stellung als Völkerbundsmitglied unverändert beizubehalten..." Zu den verbleibenden Verpflichtungen gehörten vor allem jene, die sich aus dem Umstand ergaben, daß die Schweiz auch weiterhin den Sitz der Organisation beherbergte. (Neutralitätspolitisch noch heikler war der Betrieb einer Radiostation des Völkerbundes auf Schweizer Boden.)[16] Hier hakten die ‚Achsenmächte' denn auch ein, indem sie darauf hinwiesen, daß die weitere Gewährung des „Gastrechtes" an die verhaßte Institution geeignet sei, der Schweiz auch in Zukunft Schwierigkeiten zu bereiten bei ihrem Versuch, wiederum eine uneingeschränkte Neutralitätspolitik zu betreiben. Insbesondere der Leiter der Außenpolitik, Bundesrat Motta, war indessen an einer ausdrücklichen Anerkennung der neuen außenpolitischen Linie der Schweiz durch Deutschland und Italien interessiert. Dem Hickhack wurde schließlich damit ein Ende gesetzt, daß Hitler selbst eingriff und dem neuen schweizerischen Gesandten anläßlich seines Antrittsbesuches mitteilte, daß er „hocherfreut" sei über die Lösung, die in der Neutralitätsfrage gefunden worden sei. Nach dem Bericht des schweizerischen Gesandten soll der deutsche Diktator bei dieser Gelegenheit sogar gesagt haben, er sei ohnehin „wie jedermann [!] in Deutschland auch *vor* der Rückkehr der Schweiz zur umfassenden Neutralität der Ansicht gewesen, daß die Schweiz im Ernstfall neutral bleiben werde". Am 21. Juni 1938 ließen dann die ‚Achsenmächte' in gleichlautenden Noten ihre bisherigen Einwände fallen und bezeichneten die Neutralität der Schweiz als wichtig für den Frieden in Europa. Beide Regierungen versicherten zudem, daß sie diese jederzeit achten würden.[17]

Wie wenig solche Erklärungen indessen zum Nennwert zu nehmen waren, geht daraus hervor, daß seitens Deutschlands auch nach diesem angeblich alles entscheidenden Wort des ‚Führers' die publizistische Kampagne gegen die schweizerische Neutralitätsauffassung unbeirrt weiterging. Daß dies ebenfalls nur dank Regie von ganz oben geschehen konnte, dürfte angesichts der inzwischen längst eingeebneten Medienlandschaft des Reiches ohne weiteres einleuchten. Nun hatte die Interpretation der Neutralität, insbesondere ihr Verhältnis zur Pressefreiheit, schon seit Jahren, eigentlich von Beginn der NS-Ära an, in dem deutsch-schweizerischen ‚Pressekrieg' eine wichtige, ja zentrale Rolle gespielt. Dieser Pressekrieg hatte seinen sozusagen natürlichen Ursprung in der völlig diametralen Staatsauffassung des nationalsozialistischen Totalitarismus einerseits und der liberalen Demokratie der Schweiz anderseits, zwei unvereinbare politische Systeme, denen ebenso unvereinbare Auffassungen über die Rolle und Aufgabe der Presse entsprachen. Da die Schweizer Blätter in ihrer überwältigenden Mehrheit im Zeichen der liberalen Pressefreiheit von Anfang an mit ihrem kritischen Urteil über die Vorgänge im Dritten Reich nicht hinter dem Berg gehalten hatten, war der Dauerkonflikt praktisch vorprogrammiert.[18]

Einen ersten Höhepunkt hat der Konflikt nach der blutigen ‚Bereinigung' der ‚Röhm-Affäre' 1934 erreicht, schrieb doch die Schweizer Presse ganz offen, daß Deutschland nun endgültig aufgehört habe, ein Rechtsstaat zu sein. Nachdem insbesondere linke Presseerzeugnisse der Schweiz schon in der Frühphase des neuen Regimes verboten worden waren, traf nun der Bannstrahl von Goebbels auch die drei führenden bürgerlichen Blätter der Schweiz, deren deutsche Auflage in den vergangenen Monaten teilweise explosionsartig angestiegen war, was dem Propagandaminister verständlicherweise ganz besonders in die Nase gestochen hatte.[19] Andererseits tadelte auch die Schweizer Regierung wiederholt den überbordenden Ton gewisser Blätter im eigenen Lande. Schließlich wurde 1935 auf ihre Initiative hin eine „konsultative Pressekommission“ eingesetzt, die eine Art Selbstkontrolle der Presse ermöglichen sollte. Sie stehe auf dem Standpunkt, ließ diese Kommission in einer an alle Redaktionen und Verleger gerichteten Erklärung verlauten, „daß die Schweiz zur unbedingten Wahrung ihrer Unabhängigkeit jede fremde Einmischung in interne Angelegenheiten aufs schärfste zurückzuweisen hat“. Das sei jedoch nur möglich, „wenn die Redaktoren und Verleger der Schweizer Presse bei Berichten über das Ausland die internationalen Rechts- und Anstandsregeln beachten, selbst in Fällen höchst berechtigter Kritik“. Der Erklärung war eine Art Injurienkatalog beigelegt, eine Sammlung von Ausdrücken, „die die Redaktoren aus ihrem Wortschatz streichen sollten“. Unter diesen Ausdrücken finden sich solche wie Meuchelmörder, Brandstifterregierung, meineidige Minister, Blutsäufer, Galgengesindel, Henker u. a. Daran kann man ermessen, welchen Hitzegrad die Pressepolemik inzwischen erreicht hatte. [20]Auf zwei Tagungen deutscher und schweizerischer Presseleute im Jahre 1937 ist dann versucht worden, den Konflikt beizulegen. Die Schweizer lehnten aber das deutsche Verlangen ab, sie sollten zusichern, „Verdächtigungen der Absichten der deutschen Außenpolitik zu unterlassen“, weil dies einer „Vertrauenskundgebung auf Vorschuß“ gleichkommen würde. Auch nachher hat der deutsche Druck nicht nachgelassen, die Schweiz zu einem Presseabkommen nach österreichischem Vorbild zu veranlassen. Spätestens nach dem Anschluß Österreichs war aber jedermann deutlich geworden, welche Rolle ein solches ‚Stillhalteabkommen‘ in der NS-Taktik zu spielen hatte, nämlich den Willen zum Widerstand zu untergraben.

Nun erreichte also ausgerechnet nach der Rückkehr der Schweiz zur integralen Neutralität und deren ausdrücklicher Anerkennung durch Hitler die Polemik gegen die schweizerische Neutralitätskonzeption einen neuen Höhepunkt, nicht zuletzt deswegen, weil sie nun in ‚wissenschaftlichem‘ Gewande daherkam, indem ein Schüler des bekannten Juristen Carl Schmitt in einer Reihe von Artikeln in der typischen Denkart seines Meisters eine den Bedürfnissen der NS-Diktatur angepaßte Neutralitätsdoktrin zu entwicklen versuchte.[21] Das Stichwort hatte kein Geringerer als Goebbels selbst ausgegeben, als er der „Staatsneutralität", wie die Schweiz sie verstand, die sog. „Volksneutralität" entgegensetzte. In diesem Zusammenhang hatte der Propagandaminister „objektive" Berichterstattung über das „neue Deutschland" verlangt, was offensichtlich darauf hinauslaufen sollte, die Errungenschaften des Dritten Reiches zu preisen und nicht über die Gewalttaten zu berichten – also über Autobahnen und nicht über Judenverfolgungen. In diesem Sinne wurde nun argumentiert, die Neutralität könne nur eine „totalitäre" sein, es bestehe auch im Frieden bereits die Pflicht zur „gesinnungsmäßigen Neutralität", was der schweizerischen Auffassung in der Tat diametral widersprach. Hinsichtlich ihrer Pressepolitik wurde der Schweiz vorgeworfen, sie vertrete den Standpunkt, daß „Staatsneutralität" vereinbar sei mit „Volksfeindschaft". Ablehnung der „Volksneutralität" müsse aber betrachtet werden „als gewolltes, selbsttätiges, rechtswirksames Erlöschen der Neutralitätsposition" dem nationalsozialistischen Deutschland gegenüber. Diese Linie wurde nach Kriegsbeginn noch verschärft weiterverfolgt. So verkündete Goebbels im Februar 1940 auf einer geheimen Propagandatagung, es sei unvereinbar mit dem Begriff der Neutralität, zwischen öffentlicher Meinung und Staatsmeinung einen Unterschied zu konstruieren. Und er ordnete an, „daß die neutralen Staaten ... allmählich unter den Terror des von uns neugebildeten Neutralitätsbegriffs zu bringen seien".[22] In der Tat sollte dann dieser Terror in Form neuer Aggressionen nur wenige Monate später gegen eine ganze Reihe von kleineren Staaten losbrechen, denen Hitler allen peinlichste Respektierung ihrer Neutralität zugesichert hatte (April 1940 Dänemark und Norwegen, Mai 1940 Holland, Belgien und Luxemburg).

Eine vergleichbare Pressefehde spielte sich übrigens auch zwischen der Schweiz und Italien ab. Die Beziehungen zum südlichen Nachbarstaat wurden durch die faschistische Machtergreifung in ähnlicher Weise und aus prinzipiell analogen Gründen belastet wie zehn Jahre später mit Deutschland. Allerdings nahm die gegenseitige Verbitterung zu keiner Zeit dieselben Ausmaße an wie im deutschen Fall. Dies hängt u. a. damit zusammen, daß die Vorgänge in Deutschland die deutschsprachige Schweiz, die fast 70 Prozent des Landes ausmacht, viel unmittelbarer berührten als die Vorgänge im Süden, von denen andererseits die italienischsprachige Schweiz um so direkter betroffen wurde. Seitens des faschistischen Italien wurde hier doppelbödige Politik betrieben. Offiziellen Beteuerungen über freundnachbarschaftliche Gefühle und Respektierung der schweizerischen Integrität und Unabhängigkeit standen subversive Umtriebe von Agenten gegenüber, die von faschistenfreundlichen Gruppen und Grüppchen in der Schweiz eifrig unterstützt wurden und selbstverständlich nur mit stillschweigender oder gar wohlwollender Billigung durch Rom inszeniert werden konnten. Andererseits gab es auch antifaschistische Umtriebe in der Schweiz, bis zur Vorbereitung von Attentaten gegen Mussolini, welche den Machthabern in Rom zu dauernden Klagen Anlaß gaben. Der Leiter der schweizerischen Außenpolitik, Bundesrat Motta, selber Angehöriger der italienischsprachigen Schweiz, machte sich über weite Strecken, darüber kann es längst keine Zweifel mehr geben, falsche Vorstellungen über die wahren Gefühle und die eigentlichen Absichten der italienischen Faschistenführer der Schweiz gegenüber. Und diese waren alles andere als wohlwollend, obwohl Motta das sich selbst und der schweizerischen Öffentlichkeit immer wieder einzureden versuchte.

Es leuchtet ein, daß die Politik des faschistischen Italien in der schweizerischen Öffentlichkeit um so negativer beurteilt wurde, je mehr sich Mussolini ins Schlepptau der Politik Hitlers nehmen ließ. Auf diesem Weg stellte der Abschluß des ‚Stahlpaktes' vom Mai 1939 einen Meilenstein dar – so schien es wenigstens, denn man konnte ja nicht voraussehen, daß Italien dann schließlich bei Kriegsbeginn doch nicht – noch nicht – an die Seite Deutschlands treten werde. Jedenfalls ist die ursprünglich weit mildere Beurteilung des italienischen Faschismus im Lichte der immer enger werdenden Zusammenarbeit mit dem Reich einer stets kritischer werdenden Haltung gewichen. Folgerichtig erreichte die Fehde im Sommer 1939 zwischen den beiden Ländern einen neuen Höhepunkt, indem nun auch führende bürgerliche Schweizer Zeitungen verboten wurden, nachdem dieses Schicksal linke Blätter schon längst vorher ereilt hatte. Ciano sprach dem schweizerischen Gesandten gegenüber von einer dauernd feindseliger werdenden Haltung der gesamten Schweizer Presse. Und von Unterwürfigkeit gegenüber den (westlichen) Demokratien war die Rede.[23]

V. Der nationale Schulterschluß

Der Ernst der Lage ist schrittweise oder, noch besser, ruckartig ins öffentliche Bewußtsein getreten. Auch von Schockwellen könnte man sprechen, wie sie von Hitlers meist überfallartigen Unternehmungen ausgingen. Und jeder dieser Schocks hatte einen weiteren Schub an Verteidigungsanstrengungen zur Folge und führte zu einem noch engeren Zusammenrücken an der innenpolitischen Front. Den ersten solchen Schock löste der Anschluß Österreichs aus. Die Einverleibung des kleinen Nachbarstaates in das mächtige Deutsche Reich wurde in der Schweiz mit „tiefster innerer Erschütterung" – so die ›Neue Zürcher Zeitung‹ – zur Kenntnis genommen.[24] Die gesamte schweizerische Presse – mit Ausnahme der rechtsextremistischen Blätter, die indessen innenpolitisch kaum ins Gewicht fielen – war sich einig in der vorbehaltlosen Ablehnung und Verurteilung des nationalsozialistischen Gewaltstreiches. Allgemein befürchtete man auch, dies sei nur der Beginn einer neuen Phase der NS-Außenpolitik, weitere Aggressionen würden folgen, der Name der Tschechoslowakei wurde bereits offen genannt.

Zur aufgebrachten öffentlichen Meinung stand die unmittelbare Reaktion der Landesregierung in offensichtlichem Gegensatz. Denn bereits wenige Tage nach der proklamierten Vereinigung Österreichs mit dem Deutschen Reich nahm der Bundesrat davon in bestätigendem Sinne Kenntnis und wandelte die schweizerische Gesandtschaft in Wien mit sofortiger Wirkung in ein Generalkonsulat um. Die Eilfertigkeit, mit welcher sich die offizielle Schweiz den neu geschaffenen Machtverhältnissen an ihren Grenzen ‚anpaßte', wurde schon damals kritisiert, und diese Kritik ist in der Geschichtsschreibung wieder aufgenommen und teilweise noch verschärft worden. Dieser Kritik gegenüber ist festzuhalten, daß von dem kleinen neutralen Staat Schweiz wohl kaum eine andere Haltung erwartet werden durfte, als sie die westlichen Großmächte an den Tag legten, die als Vormächte des Völkerbundes am ehesten berufen gewesen wären, etwas zur Erhaltung des Kleinstaates Österreich zu tun. Doch außer verbalen Protesten geschah bekanntlich nichts. Der britische Premierminister hatte ja bereits kurz zuvor, in einer Rede im Unterhaus vom Februar 1938, ganz offen erklärt, daß es einer Irreführung der kleinen Staaten gleichkäme, wenn man sie glauben machte, daß der Völkerbund sie noch vor Angriffen schützen könne. Zweitens sei zu unterscheiden zwischen der Haltung, die man nach außen einnahm, und den Konsequenzen, die man für die Politik im Innern zu ziehen gewillt war.

Von einer offiziellen ‚Genugtuung' über das Verschwinden des kleinen östlichen Grenznachbarn kann gewiß keine Rede sein, und es liegt auf der Hand, daß es zu allerletzt im Interesse der Schweiz gelegen sein konnte, den mächtigen Nachbarn im Norden nun auch noch an der praktisch unbefestigten Ostgrenze zu haben, die bislang durch das militärisch völlig ungefährliche und in enger freundnachbarschaftlicher Beziehung zur Schweiz lebende Österreich ‚gedeckt' worden war. Der Befestigung des Talkessels von Sargans, der eine geradezu ideale Einfallspforte von Osten her darstellte, wurde in der Folge denn auch höchste Priorität eingeräumt. Sargans wurde in kürzester Zeit zur dritten großen modernen Fortifikation ausgebaut, auf die sich später neben Gotthard und St. Maurice die militärische Landesverteidigung stützen konnte, nachdem sich die Armee aufgrund des totalen Umsturzes der europäischen Machtverhältnisse und der damit verbundenen völligen Isolierung des Landes seit 1940 in das Gebirgsmassiv, in die sog. ‚Reduitstellung' zurückgezogen hatte.

Die politischen und auch militärischen Folgerungen, die aus dem Verschwinden des östlichen Grenznachbarn gezogen worden sind, sprechen eine ganz andere Sprache. Das einzige, worüber man Genugtuung empfinden konnte, war der Umstand, daß es über Hitlers Gewaltstreich nicht zu einer allgemeinen militärischen Konfrontation gekommen ist; denn allzu groß wäre dann die Gefahr einer Verwicklung des eigenen Landes gewesen. Eine Generalstabsstudie von Ende 1937 hatte festgestellt, „daß die unmittelbaren Rückwirkungen eines deutschen Überfalls auf Österreich für unser Land geringfügig sein werden, wenn eine Intervention anderer Mächte nicht erfolgt".[25] Da man, auch aufgrund nachrichtendienstlicher und diplomatischer Berichte, an ein solches Eingreifen anderer Großmächte nicht glaubte, hat die Regierung im März 1938 nur ganz bescheidene militärische Mittel eingesetzt, was ihr übrigens teilweise scharfe öffentliche Kritik eingebracht hat.[26] Um so entschiedener handelte sie, um der durch den Anschluß eingetretenen massiven Verschlechterung der strategischen Lage Rechnung zu tragen. Schon nach wenigen Wochen wurden gleich vier Vorlagen zur Verstärkung der Verteidigungsbereitschaft veröffentlicht.

Im begleitenden Kommentar wurde festgestellt, daß sich die militärische Lage der Schweiz verschlechtert habe, während der Völkerbund weiter an Macht und Ansehen verlustig gegangen sei. Daraus gelte es, die Konsequenzen zu ziehen. Mehr denn je sei die Schweiz auf sich selbst angewiesen, und dementsprechend müßten die notwendigen Maßnahmen getroffen werden, „um den Willen zur vorbehaltlosen Aufrechterhaltung unserer Neutralität und Selbständigkeit durchzusetzen".[27] Welche Lehre man aus dem Untergang Österreichs zu ziehen gewillt war, wird noch deutlicher aus einem Wort des Chefs des Militärdepartements, wenn er nur wenige Tage nach dem Anschluß in einer Sitzung der Landesverteidigungskommission sagte: „Bis heute war der Fall eines isolierten Angriffs einer Großmacht gegen uns undenkbar, heute müssen wir diese Gefahr wenigstens als möglich ins Auge fassen und bedenken, daß wir in Zukunft auf uns selbst angewiesen sind."[28]

Im Juni 1938 folgte bereits eine neue Vorlage, in welcher in politisch höchst geschickter Weise Ausbau der Landesverteidigung und Bekämpfung der Arbeitslosigkeit kombiniert wurden. Von der für die damalige Zeit ungeheueren Summe von über

400 Millionen Franken wurde je ungefähr die Hälfte für die Landesverteidigung und die Arbeitsbeschaffung bereitgestellt. Militärisch stand, wie schon angedeutet, der Festungsbau im Vordergrund sowie die Flugzeugbeschaffung. In der begleitenden Botschaft hieß es dazu: „Die Ereignisse in Mitteleuropa haben auf die militärpolitische Lage der Schweiz einen Einfluß gehabt, welcher uns zwingt, die bisherigen Anstrengungen zur militärischen Sicherung unseres Landes mit aller Energie und unverzüglich zu verstärken."[29] Der Vorsteher des Volkswirtschaftsdepartements hat dazu festgestellt, „daß nach den Vorgängen in Österreich bei uns die öffentliche Meinung dreierlei erwartet:

1. einen weiteren Ausbau der Landesverteidigung,
2. eine verstärkte Aktion im Gebiete der Arbeitsbeschaffung,
3. verstärkte Anstrengungen zur Wirtschaftsbelebung."[30]

Die Regierung erkannte also, daß es angesichts der erhöhten Gefahren, die der schweizerischen Unabhängigkeit drohten, nicht nur um die Ergreifung militärischer Maßnahmen gehen konnte – so wichtig und zentral sie auch gewesen sind –, sondern daß auch vermehrt etwas geschehen mußte, die soziale und wirtschaftliche Lage zu entspannen, um eine möglichst geschlossene Einheit der nationalen Kräfte zu erreichen.[31] Daß die politisch-psychologischen Voraussetzungen für einen solchen nationalen Schulterschluß jetzt besonders günstig waren, hatte sich bereits wenige Tage nach dem Anschluß gezeigt, als am 21. März 1938 der Bundesrat eine feierliche Erklärung vor dem Parlament abgab, der alle Fraktionen einmütig zustimmten, also auch die Sozialdemokraten, die der rein bürgerlichen Regierung jahrelang ablehnend gegenübergestanden hatten. Es war eine erhebende Demonstration der Geschlossenheit und Verteidigungsbereitschaft der Nation. Sie wurde auch im Ausland stark beachtet und gewürdigt.

Im Frühjahr 1938 wurde eine Verordnung über die Organisation der Kriegswirtschaft erlassen, in der Erkenntnis, daß zur geistig-politischen und militärischen auch die wirtschaftliche Landesverteidigung zu treten hatte. Bis Ende des Jahres war der entsprechende Apparat bereitgestellt. Es ging recht eigentlich um eine ‚Schattenorganisation', die im Ernstfall sozusagen von einem Tag zum anderen ihre Funktionen ausüben konnte. Eine der wichtigsten Aufgaben war dabei die Sicherstellung der Landesversorgung mit lebens- und existenzwichtigen Gütern wie z.B. Lebens- und Futtermitteln sowie natürlich vor allem auch Rohstoffen für die industrielle Erzeugung. Es wurden größere Vorräte angelegt und eine wesentliche Erweiterung der Ackerbaufläche ins Auge gefaßt. Man führte mit sämtlichen Nachbarstaaten und weiteren Ländern vorsorgliche Verhandlungen über die Zufuhr lebenswichtiger Güter auch in Krisen- bzw. Kriegszeiten, wozu auch die Sicherung der Zufahrtswege zu Land, zu Wasser und in der Luft gehörten sowie die Benutzung von Freihäfen. Auch wenn es dabei manche Schwierigkeiten zu überwinden gab, kann doch gesagt werden, daß gerade die neutrale Schweiz sich wirtschaftlich in denkbar umfassender Weise auf die kommenden Entwicklungen vorbereitet hat. Daß sie im Verlaufe des Krieges dann trotzdem in eine derart schwierige Lage geraten ist, war vor allem auch eine Folge der einseitigen Entwicklung der Kriegslage, die so nicht vorausgesehen werden konnte.[32]

VI. Die Mobilmachung der Armee

Schon die nächste Krise, die sog. ‚Sudetenkrise', setzte die soeben demonstrierte nationale Geschlossenheit wiederum schweren Belastungsproben aus, obschon sie durch die Münchner Konferenz eine friedliche Lösung gefunden zu haben schien. Es entstand eine scharfe Kontroverse über die Frage, ob die Landesregierung im Herbst 1938 richtig gehandelt habe, wenn sie kaum nennenswerte militärische Vorsichtsmaßnahmen ergriff. Zwar hatte ihr der Verlauf bzw. die Beilegung der Krise nachträglich recht gegeben, trotzdem gab es eine weit verbreitete Malaise, die in Teilen der Presse und dann auch im Parlament zum Ausdruck kam. Das führende bürgerliche Blatt, die ›Neue Zürcher Zeitung‹, stellte die Frage, ob „das bedächtige Tempo, mit dem die Demokratie ihre Beschlüsse zu fassen pflegt, der

Schlagkraft des totalitären Staates" noch gewachsen sei (18. 10. 1938). Zweifel wurden laut über die wirkliche Kriegsbereitschaft der Armee. Der bekannte Historiker Gottfried Guggenbühl schrieb in der genannten Zeitung, man habe in Bern sicher klug gehandelt, „indem man der eigenen Information vertraute und die Nerven nicht verlor. Aber man hätte die Nerven auch noch nicht verloren und sogar weise gehandelt, wenn trotz allem die Armee ganz oder teilweise aufgeboten worden wäre." Man wies darauf hin, daß praktisch alle anderen „betroffenen" Länder ganz oder teilweise mobilisiert hatten. Die Schweiz aber hätte nicht einmal einen verantwortlichen Oberbefehlshaber gehabt (der ja von der Bundesversammlung hätte gewählt werden müssen).[33] In einer heftigen Parlamentsdebatte wurde die Regierung aufgefordert, Bericht über den Stand der Landesverteidigung zu erstatten. Gleichzeitig wurden Maßnahmen zur Verbesserung der Grenzsicherung gegen einen überfallartigen Angriff verlangt. Auch gegen Subversionsversuche im Innern wurde nun schärfer vorgegangen durch den Erlaß von Maßnahmen „gegen staatsgefährliche Umtriebe und zum Schutze der Demokratie", die sich vor allem gegen das Treiben der Rechtsextremisten richteten. Als Gefahren, die von dieser Seite kamen, wurden ausdrücklich genannt: ihr Einsatz für die Ideen des Nationalsozialismus auf Schweizer Boden, ihre Diskreditierung der schweizerischen Demokratie und ihre Propaganda für einen fremden Staat und dessen völlig unschweizerische Staatsauffassung.[34]

Die im Zusammenhang mit der ‚Sudetenkrise' geäußerten Befürchtungen über die Möglichkeiten eines Überfalls aus heiterem Himmel schienen alsbald bestätigt zu werden, als Hitler nur wenige Monate später die ‚Resttschechei' annektierte. Daß dieser erneute Gewaltstreich, der nicht nur einen weiteren unabhängigen Staat zum Verschwinden brachte, sondern auch einen eben feierlich unterzeichneten Vertrag zerriß, in der Schweizer Presse aufs schärfste verurteilt wurde, liegt auf der Hand. Es wurde immer wieder der Meinung Ausdruck gegeben, daß man dem Krieg einen Schritt näher gerückt sei und daß bei der nächsten deutschen Gewaltaktion die Kanonen in Europa losgehen würden. Auch vom mutmaßlich nächsten Opfer war schon die Rede: Polen. Der Coup gegen Prag war derart überfallartig erfolgt, daß kaum Zeit geblieben war, rechtzeitig irgendwelche ins Gewicht fallende militärische Vorkehren zu treffen. Hingegen wurden weitere Lehren gezogen, um gegen einen strategischen Überfall besser gewappnet zu sein. Dabei kam der besseren Sicherung der Grenzen und der ständigen Besetzung der Befestigungswerke erste Priorität zu. Aber auch der Beschleunigung der Mobilmachung widmete man besondere Aufmerksamkeit. Ihr kam angesichts des Umstandes, daß es im schweizerischen Milizsystem keine stehenden Truppen gab, entscheidende Bedeutung zu. „Die Kriegsmobilmachung bildete sozusagen die Hauptprobe für unser Milizsystem." (H. Senn) In der Tat gelang es, die Mobilmachungsdauer schließlich von fünf auf drei Tage herabzusetzen.

Daß die schweizerischen Behörden durch den Kriegsausbruch nicht überrascht worden sind, zeigt der Umstand, daß sie bereits vor dem deutschen Überfall auf Polen Maßnahmen ergriffen, die beweisen, daß man mit Krieg rechnete.[35] Als sich am 22. August 1939 die Meldung über den bevorstehenden Abschluß eines Nichtangriffspaktes zwischen dem Reich und der Sowjetunion verbreitete, stellte man in der gerade tagenden Landesverteidigungskommission fest, nun könne Hitler ungehindert in Polen einmarschieren. Der Chef des Generalstabes rechnete mit einer Kriegswahrscheinlichkeit von 50 Prozent. Sofort wurden alle notwendigen Befehle erteilt, um die volle Bereitschaft für eine allfällige Generalmobilmachung zu erstellen. Als Großbritannien am 25. August sein Hilfsversprechen für Polen in eine formelle zweiseitige Allianz verwandelte, sah sich die Regierung veranlaßt, auch öffentlich auf eine mögliche Einberufung der Wehrmänner zu den Waffen hinzuweisen. Es wurde auch bereits der Beschluß gefaßt, die Grenzbrigaden und Teile der Fliegertruppen aufzubieten, also praktisch Teilmobilmachung anzuordnen. Das Gros der Grenztruppen war bereits am Abend des 29. August einsatzbereit. Für den 30. August wurde die Bundesversammlung, d. h. die beiden Kammern des Parlaments, zu einer außerordentlichen Sitzung einberufen, um einen Oberbefehlshaber zu wählen. Es gehörte – und gehört auch heute noch – zu den Eigenheiten des schweizerischen Milizsystems, daß es keinen Oberbefehlshaber in Friedenszeiten gibt, in welchen vielmehr die erwähnte Landesverteidigungskommission, bestehend aus den höchsten militärischen Kommandanten unter Leitung des Chefs des Militärdepartements, oberstes Führungsorgan ist. Neben der Wahl des französischsprachigen Korpskommandanten Henri Guisan zum ‚General' erteilte das Parlament der Bundesregierung die notwendigen Vollmachten für Kriegszeiten. Diese erließ am folgenden Tag, d. h. am 31. August 1939, einen Tag vor Kriegsbeginn, eine feierliche Neutralitätserklärung. Darin hieß es in dem entscheidenden Passus, „daß die schweizerische Eidgenossenschaft mit allen ihr zu Gebote stehenden Mitteln die Unverletzlichkeit ihres Gebietes und die Neutralität, welche durch die Verträge von 1815 und die sie ergänzenden Abmachungen als im wahren Interesse der gesamten europäischen Politik liegend angesehen wurden, aufrechterhalten und wahren werde". Der Wortlaut stimmte im wesentlichen mit der Erklärung überein, die schon 1914 zu Beginn des Ersten Weltkrieges abgegeben worden war.[36]

Was die Reaktionen der drei benachbarten Großmächte anbetrifft, die ja in erster Linie angesprochen waren, erklärte Frankreich, es werde die schweizerische Neutralität peinlich achten. Auch die ‚Achsenmächte' reagierten positiv. Die deutsche Regierung drückte dabei die Erwartung aus, daß sich die Schweiz ihrerseits an die Richtlinien strenger Neutralität halten werde. Der italienische Gesandte gab das Versprechen ab, daß Italien im Kriegsfall seine Häfen den für die Schweiz bestimmten Waren offenhalten werde – eine für den Binnenstaat Schweiz sozusagen existenznotwendige Voraussetzung.

Nachdem am Freitag, dem 1. September 1939, der Überfall der deutschen Wehrmacht auf Polen bekanntgeworden war, wurde um 11 Uhr vormittags die Auslösung der allgemeinen Mobilmachung angeordnet. Bereits am 3. September, als der europäische Krieg Tatsache geworden war, konnte der Aufmarsch der Feldarmee in die vorbereiteten Stellungen beginnen und am

Tage darauf beendet werden. Insgesamt umfaßte das aufgebotene schweizerische Milizheer die ansehnliche Zahl von 630000 Mann. Welche Kampfkraft besaß diese Truppe?

Bei der Beurteilung dieser Frage ist von der Grundvoraussetzung auszugehen, daß es sich um eine Armee handelte, die ausschließlich für dic Verteidigung des eigenen Territoriums im Falle eines Angriffs bestimmt gewesen ist. Ohne die Stärken und Schwächen ihrer Organisation, Ausrüstung und Führung im einzelnen noch darlegen zu können, kann die Ansicht damaliger ausländischer Beobachter dahingehend zusammengefaßt werden, daß diese Armee nach wohl unvermeidlichen Rückschlägen im Fall eines Großangriffs durchaus fähig gewesen wäre, im gebirgigen Gelände, insbesondere im Alpenraum, längerdauernden Widerstand zu leisten. Dieser Respekt vor dem Gelände kommt auch sehr deutlich zum Ausdruck in Angriffsplanungen, die im deutschen Generalstab 1940 erstellt worden sind. So schnell man glaubte, das schweizerische Mittelland erobern zu können, auf einen Angriff in den Alpenraum hat man ausdrücklich verzichtet. Der strategische Entschluß, sich in diese Alpenfestung zurückzuziehen, nachdem die Schweiz völlig von der einen Kriegspartei eingeschlossen war, also die sog. ‚Reduitstellung' zu beziehen, erscheint auch im Lichte dieser fremden Beurteilung durchaus vernünftig, ja geradezu als einzige erfolgversprechende Lösung.

Erich Angermann

Die Amerikaner und die Ausweitung der europäischen und asiatischen Kriege zum Zweiten Weltkrieg

„A Date which will Live in Infamy...": 7. Dezember 1941

I. Ein schändlicher Überfall?

„Ein Tag, der in Schande fortleben wird..." So nannte Franklin D. Roosevelt den japanischen Überfall auf Pearl Harbor in seiner klingenden Kriegsbotschaft an den Kongreß vom darauffolgenden Tage in charakteristischer Verbrämung des Geschehens. Denn so wünschte er, daß das amerikanische Volk, die Weltöffentlichkeit und die Nachwelt es sehen sollten: Ein feiger Angriff der treulosen Asiaten hatte, während man noch diplomatische Verhandlungen führte, das nichtsahnende, friedfertige Volk der Vereinigten Staaten brutal in einen Kampf auf Leben und Tod gestoßen.

Natürlich konnte man die Dinge auch anders sehen, und die Japaner taten das bekanntlich.[1] Gewiß zeugen die Camouflage ihres Aufmarsches und die Präzision des Einsatzes ihrer Streitkräfte eher von planerischer und operativer Kühnheit und Brillanz sowie von einem fast erschreckenden Kampfgeist als von besonderer Achtung vor völkerrechtlichem Herkommen. Aber das alles war nicht wirklich neu – man denke an den Überfall auf Port Arthur 1904 oder die meisten von Hitlers Feldzügen; das japanische Vorgehen ergab sich einfach aus der modernen Kriegstechnik und war nicht eigentlich schändlich.

Etwas überspitzt könnte man geradezu behaupten, die amerikanische militärische wie politische Führung habe durch ihr gänzliches Versagen in der Abwehr des japanischen Schlages Schande auf sich geladen. Denn von einer echten Überraschung konnte im Ernst allenfalls für das Angriffsziel Hawaii die Rede sein, kaum hinsichtlich des Zeitpunktes und schon gar nicht, was den Vorstoß auf die Philippinen und Südostasien anging. Daß man fast widerstandslos der Wucht der japanischen Erstschläge erlag, läßt sich – will man nicht mit den unbelehrbaren Kriegsgegnern und der späteren ‚revisionistischen' Neuinterpretation der amerikanischen Politik der Regierung Roosevelt kaltblütige Aufopferung zum Zweck des offenen Kriegseintritts unterstellen – eigentlich nur aus einem gänzlichen Mangel an Vorstellungskraft in Verbindung mit Inkompetenz der Führungskräfte und beispielloser Nachlässigkeit der zentralen wie der lokalen militärischen Stellen erklären. Die damals wahrgenommenen Warnsignale hätten im Grunde ausgereicht, und da man Sündenböcke brauchte, fand man sie unter den lokalen Militärs. Auch mental war die amerikanische Seite offenbar noch nicht für den Krieg gerüstet. Die Quellenlage erlaubt keine definitive Bewertung, denn manches ist bis heute nicht freigegeben. Ohnehin darf ich mich nicht in die verwirrenden Details der Vorgeschichte des Angriffs auf Pearl Harbor verlieren[2] und muß die Entwicklung im großen im Auge behalten.

Überrascht oder nicht – die Bevölkerung hätte natürlich viel eher einen Konflikt mit Hitler-Deutschland als mit den geringgeschätzten Japanern erwartet und sah sich nun doch sehr plötzlich in der Lage des mit zunächst überlegenen Kräften Angegriffenen. (Dabei hatte man in Pearl Harbor sogar noch Glück gehabt, weil die Flugzeugträger nicht im Hafen lagen, die Kreuzerflotte größtenteils verschont blieb und die arg mitgenommenen Schlachtschiffe der Pazifikflotte immerhin zum Teil wieder repariert werden konnten.) Dies war nun fast ausnahmslos auch für die bisherigen Kriegsgegner die Stunde des Zusammenstehens, ja man nahm die Herausforderung zumeist sogar mit einer gewissen Begeisterung an. Als am 11. Dezember 1941 verabredungsgemäß die deutschen und italienischen Kriegserklärungen erfolgten, waren die europäischen, afrikanischen und asiatischen Regionalkonflikte zum Zweiten Weltkrieg verschmolzen, wenn auch vielleicht nicht im Sinne *eines* übergreifenden, in seinen Teilabläufen interdependenten Prozesses. Verlauf und Ergebnisse dieses Krieges sind indes nicht mein Thema, sondern sein Zustandekommen und seine Eigenart sowie der amerikanische Anteil daran, soweit er sich ausmachen läßt.

II. Vorprägung der Gegensätze

Dank der Stabilisierungspolitik der Vereinigten Staaten gegenüber dem Europa der 20er Jahre waren die Beziehungen zum Deutschen Reich zwar nicht spannungsfrei, aber doch vergleichsweise positiv. Das beruhte wesentlich auf wirtschaftlicher Zusammenarbeit; kein Wunder also, daß deren Zusammenbruch infolge der Weltwirtschaftskrise und des von ihr ausgelösten ökonomischen Nationalismus die beiden Industrienationen, die von der Depression besonders früh und hart getroffen wurden, auf divergierende und bald schon gegensätzliche wirtschaftspolitische Kurse verwies und daß dabei gewisse nationale Stil- und Struktureigenheiten noch stärker als bislang zutage traten.[3] Beide strebten zur Überwindung der Krise Exportoffensiven an, aber freilich unter gänzlich verschiedenen Prämissen: Während das trotz aller Misere immer noch devisenstarke und rohstoffreiche Amerika eine Steigerung des Außenhandels einfach zur – allerdings wichtigen – Abrundung der vom *New Deal* erhofften wirtschaftlichen Erholung benötigte, mußte der deutsche Habenichts zur Ankurbelung seiner brachliegenden Produktionskapazitäten (die Rüstung spielte erst späterhin eine bedeutende Rolle) erst einmal die Rohstoffe, Devisen und Kredite beschaffen.

Aus den Voraussetzungen ergaben sich die Methoden: Das durch Roosevelt ausgelöste Scheitern der Londoner Weltwährungskonferenz im Juli 1933 kam der deutschen Regierung gerade recht; denn nun konnte man auf der Grundlage einer Reihe währungspolitischer Manipulationen zu einer Außenhandelspolitik mit bilateralen Vereinbarungen und devisenunabhängigen Kompensationsgeschäften übergehen. Namentlich im südosteuropäischen Raum und in Lateinamerika geschah dies mit wachsendem Erfolg, so daß sich die Vereinigten Staaten fast zwangsläufig zu handelspolitischer Rivalität herausgefordert sahen. Denn natürlich eignet ja dem Bilateralismus, wenn er erfolgreich gehandhabt wird, eine den Wettbewerb ausschließende Konsequenz, die dem amerikanischen Prinzip der *Open Door* und der darauf basierenden, durch das Außenhandelsgesetz von 1934 festgelegten multilateralen Handelspolitik geradewegs entgegenstand, auch wenn diese selbst in Form der unbedingten Meistbegünstigung zu bilateraler Einengung neigte.

Als freilich die deutsche Regierung nicht zuletzt wegen der negativen Handelsbilanz versuchte, auch die Amerikaner in ihr Schema einzubinden und zu diesem Zweck auf Oktober 1935 den Handelsvertrag von 1923 kündigte, erwies sich die amerikanische Position doch als die stärkere: Das inzwischen ausgebaute amerikanische Vertragssystem schloß nicht nur die Deutschen von der Meistbegünstigung aus; es fand hier auch den – nach Lage der Dinge – einzig wirksamen Weg zu einer Art *Economic Containment* der Nazis. Besonders der Deutschland-Experte George Messersmith hat dies klarsichtig erkannt, und etwa der britisch-amerikanische Handelsvertrag von 1938 ist daher auch allseits als politischer Schritt *gegen* Hitler-Deutschland gewertet worden. Inzwischen hatte sich die Lage allerdings auch sonst grundlegend gewandelt.

Gewiß wird man den Abscheu der breiten Öffentlichkeit gegenüber dem Naziterror gegen Juden und politische Gegner nicht überschätzen dürfen; jedenfalls reichte es lange nicht zur tätigen Gegnerschaft, etwa dem Fernbleiben von den Olympischen Spielen 1936 oder einer vermehrten Zulassung jüdischer Flüchtlinge (deren Zahl einfach aus den nationalen Quoten berechnet wurde). Und obwohl es an scharfsichtig-kritischen Beobachtern in Diplomatie und Berichterstattung nicht fehlte, wurde doch vieles, wie die erfolgreiche Ankurbelung der Wirtschaft, die Autobahnen und selbst noch die ersten expansiven Schritte zum Abwerfen der Fesseln des Versailler Vertrages, auch bewundert. In den ersten Jahren nach 1933 wurden auch regierungsamtlich beiderseits die Gegensätze heruntergespielt und die Ähnlichkeiten hervorgehoben; so das Führerprinzip, das Zusammenstehen der Volksgemeinschaft in der Not, korporative Organisationen, energische Reformen im nationalen Interesse usw. Aber Roosevelt, die reformfreudigen *Liberals* (damals noch kein Schimpfwort!), selbstverständlich das artikulationsfähige Judentum, Politiker und Publizisten mit Auslandserfahrung und andere *Opinion Leaders* hatten nie ein Hehl aus ihrer Abneigung gegen den Hitlerismus gemacht. Indessen interessierte sich der Durchschnittsamerikaner überhaupt nur marginal für auswärtige Angelegenheiten; hatte man doch drängende Sorgen genug. Die öffentliche Meinung aber war, was immer man von Hitler oder auch den Japanern hielt, dezidiert isolationistisch beherrscht, ja sie wurde förmlich überschwemmt von sensationeller Enthüllungsliteratur über gewaltige Kriegsgewinne im letzten Krieg: Nie wieder sollte Amerika in auswärtige Konflikte hineingezogen werden.

Roosevelt und anderen Internationalisten waren mithin ganz und gar die Hände gebunden durch die Neutralitätsgesetze und die sie tragende öffentliche Meinung der 30er Jahre, denn er war ein viel zu feinfühliger Führer, als daß er auch nur zum Teil seine innenpolitischen Reformen für außenpolitische Chimären aufs Spiel gesetzt hätte. Ohnehin verstärkte sich ja gegen Ende des Jahrzehnts der Vorwurf, der Präsident strebe diktatorische Machtfülle an.[4]

So blieb der amerikanischen Regierung angesichts zunehmender Aggressivität der Achsenmächte und Japans nur ein doppelter Weg: Im Unterschied zu Großbritannien, das unter binnenwirtschaftlichen Zwängen noch immer Hitler durch *Economic Appeasement*, also wirtschaftliches Entgegenkommen, zu beschwichtigen hoffte, versuchten die USA seit Mitte der 30er Jahre, die expansiven Mächte durch verstärkten handelspolitischen Widerstand in Schach zu halten, 1939 etwa auch mit einer Sondersteuer auf deutsche Waren. Zugleich warf Roosevelt in wiederholten Warnungen das moralische Gewicht seiner Person und seines Amtes in die Waagschale – so in der berühmten ‚Quarantänerede' vom 5. Oktober 1937, in der er anläßlich des erneuten japanischen Angriffs in China eine Art Quarantäne der Völkergemeinschaft gegen die Ausbreitung von Rechts- und Friedensbruch vorschlug; so in seinen Botschaften an Hitler anläßlich der ‚Sudetenkrise', am 14. April, 24. und 25. August 1939; namentlich aber auch in seiner scharfen Reaktion auf die ‚Reichskristallnacht' 1938 und in seiner *State of the Union Message* vom 4. Januar 1939. Gegen Japan verfolgte man einen ähnlichen Kurs, beginnend mit der Kündigung des Handelsvertrages von 1911 im Sommer 1939 und ersten empfindlichen Handelsbeschränkungen 1940.

Bis zum Kriegseintritt war freilich noch ein langer Weg. Die Stärke des Isolationismus schien zunächst eher noch zuzunehmen. Nach Ausweis der Meinungsumfragen im Oktober 1939 hielt es die Mehrheit zwar mit den Alliierten, wollte ihnen notfalls auch helfen, zwei Drittel aber nicht mit dem Risiko, selbst in den Krieg gezogen zu werden; einen unprovozierten Kriegseintritt lehnten 95 Prozent ab. Wie Senator Burton K. Wheeler von Montana meinte: „If it's our war, we ought to have the courage to go over and fight it – but it isn't our war."[5] Hinzu kam die Sorge fast aller führenden Militärs, die Vereinigten Staaten könnten völlig ungenügend gerüstet in einen Krieg auf zwei Schauplätzen, dem Pazifik und Ostasien sowie dem Atlantik und Europa, hineingezogen werden. Die richtige Einschätzung der tatsächlichen Gefahren hatte daher lebenswichtige Bedeutung.

III. Die weltpolitische Konstellation

Es ist wohl keine allzu schlimme Übertreibung zu behaupten, daß niemand von den führenden Staatsmännern der Zeit den großen Konflikt so zuinnerst als weltweit und jedem Kompromiß sich entziehend aufgefaßt hat wie die beiden Antipoden Hitler und Roosevelt. Roosevelts durchgängig verfochtene Ansicht, der totale Krieg könne nur durch einen totalen Sieg, einen *Unconditional Surrender* der unterlegenen Seite beendet werden, war daher nur konsequent, und die Nazis, namentlich Hitler und Goebbels, vertraten ja die gleiche Meinung. Hitlers Haßtiraden gegen den „Judenstämmling" Franklin Roosevelt – und übrigens auch seine Frau Eleanor –, die ja alles an hemmungslosem Haß übersteigen, was er über andere äußerte, waren also gar nicht so unbegründet und zeugen immerhin für einen gewissen Instinkt, der ihn das Zentrum des letztlich nicht zu brechenden Widerstandes, soweit es das gab, richtig orten ließ.[6] Natürlich ließ es auch Churchill weder an entschiedener Gegnerschaft noch, gemäß seiner ganzen, der Erhaltung des Empire verpflichteten politischen Herkunft, an weltweitem Denken fehlen; aber für ihn standen verständlicherweise doch das Überleben Englands und die Erhaltung seiner Führungsrolle ganz im Vordergrund. Auf amerikanischer Seite hielt man, wie schon der Handelsvertrag von 1938 zeigte und später immer deutlicher wurde, das Empire mit seiner kolonialen Struktur und seinen Handelspräferenzen nicht unbedingt für erhaltenswert. Zwar glaubte schon in den ersten Kriegsjahren und vollends seit den spektakulären deutschen Siegen im Sommer 1940 eine Mehrheit der Amerikaner, daß eine britische Niederlage Sicherheit und Interessen der USA gefährden würde; und doch teilten sie erst seit dem Herbst 1941 mehrheitlich die Meinung des Präsidenten und seiner ‚internationalistischen' Berater, daß solches Unheil um den Preis des eigenen Kriegseintritts verhindert werden müsse. Wie konnte sich diese Ansicht gegen den ursprünglich soviel stärkeren Isolationismus durchsetzen?

Im Grunde hat Roosevelt und haben die Amerikaner unter seiner behutsamen und gleichwohl entschlossenen Führung Hitler nur beim Wort genommen, da allerdings, wo Worte und Taten nicht übereinstimmten (wie bei Hitlers Nichtangriffsbeteuerungen und vielen Untaten der Nazis), sich ihr eigenes Bild gemacht. Das wurde vorgeprägt durch die geschilderte Wirtschaftsrivalität sowie den immer offenkundiger werdenden ideologischen Gegensatz der demokratisch regierten Länder und ihrer autoritär geführten Widersacher, bis zu einem gewissen Grad auch durch deren großsprecherische Propaganda. Es ließ sich dann aber leicht konsolidieren und gegen die ganz auf die eigene Stärke und Unabhängigkeit des Handelns pochenden Isolationisten unter Führung des *America First Committee* ins Feld führen.

Der entscheidende Unterschied zwischen den beiden erbittert

sich befehdenden Richtungen lag ja weder in mangelndem Patriotismus noch in einer Leugnung der Geschehnisse in der Außenwelt. Umstritten waren lediglich deren Auslegung im Blick auf das eigene nationale Interesse und die daraus abzuleitenden politischen Folgerungen: Ein nach modernsten Vorstellungen hochgerüstetes großes Land wie die Vereinigten Staaten, das kraft seiner Ressourcen so gut wie autark sei und durch zwei Weltmeere mit starken Flotten geschützt werden könne, werde keine Macht der Welt mit Erfolg angreifen können, so argumentierten die *Isolationists*; man solle sich also gegen die Händel der verderbten Alten Welt wie auch die kolonialen Streitigkeiten Afrikas und Asiens abschirmen und die Ausfälle durch inneren Ausbau und Entwicklung des interamerikanischen Handels wettmachen. Dem setzten Roosevelt und die *Internationalists* ihre Konzeption eines weltweiten Austauschs von Gütern und Ideen entgegen, die ebenso bis in die Anfänge der Republik zurückreiche wie die auf George Washingtons mißverstandene *Farewell Address* sich berufende isolationistische Tradition.

IV. Hitlers und Roosevelts globale Konzepte

Obwohl sie in sich inkonsistent, auch gewissen Änderungen unterworfen waren und es zu Beginn des Polen-Feldzuges nicht einmal eine Stabsplanung für den größeren Krieg gab, sind die weltpolitischen Ideen Hitlers dank den Forschungen von Gerhard Weinberg, Andreas Hillgruber u. a. doch wenigstens im großen und ganzen zu erkennen.[7] Stark verkürzt kann man wohl sagen, daß zwar die beiden Hauptziele die Judenvernichtung und die Gewinnung von Lebensraum waren, wobei die Vereinigten Staaten keine primäre Rolle spielten. Indessen war Hitler seit dem allerdings erst postum veröffentlichten sogenannten ‚Zweiten Buch' von 1928 der Überzeugung, daß die USA als stärkste Konkurrenz auf dem Weltmarkt und am schwersten anzugreifende Macht der Welt als letzter Gegner bekämpft werden müßten: „Die allerletzte Entscheidung über den

Ausgang des Kampfes um den Weltmarkt wird bei der Gewalt und nicht bei der Wirtschaft selber liegen."[8] Die Erfahrungen mit der Weltwirtschaftskrise, Neutralitätsgesetzen und kraftloser Hinnahme aggressiver Schritte der späteren Dreierpacktmächte ließen in den 30er Jahren Hitlers hohe Meinung von der Gefährlichkeit des amerikanischen Gegners bis zur offenen Verachtung absinken, obwohl der deutsche Botschafter in Washington, Hans Heinrich Dieckhoff, rechtzeitig davor warnte, sich allzusehr auf den Isolationismus als bestimmende Kraft der amerikanischen Außenpolitik zu verlassen.

1940/41 taucht das Motiv einer geradezu endzeitlichen Feindschaft gegenüber den Amerikanern wieder auf, nun verstärkt durch den sich versteifenden wirtschaftlichen Widerstand, die Unterstützung Englands, die den weiteren britischen Kampf gegen die deutsche Hegemonie erst ermöglichte, und seinen immer krassere psychopathische Formen annehmenden Judenhaß, der hinter allem amerikanischen Verhalten nur mehr das „Weltjudentum" am Werke sah, denn „alles wird durch den Juden versaut", wie es dann 1945 lautete.[9] Zunächst freilich galt es, erst einmal die USA aus dem Krieg herauszuhalten, bis die europäischen Aufgaben gelöst waren; daher der strenge, bis September 1941 auch strikt eingehaltene Befehl an die Kriegsmarine, selbst von amerikanischen Schiffen provozierten Kampfhandlungen unter allen Umständen aus dem Wege zu gehen. Indessen sollten, nachdem Hitler begriffen hatte, daß England nicht als ‚Junior Partner' im Kampf gegen die Vereinigten Staaten zu gewinnen war, durch eine ‚kontinentale Großraumpolitik' die Voraussetzungen für den großen Endkampf geschaffen werden: In einem raschen Feldzug sollte die Sowjetunion bis zum Ural niedergeworfen und als ‚Lebensraum' für eine autarke deutsche Großraumwirtschaft gewonnen werden, während man den Rest gegebenenfalls den Japanern überlassen wollte. Diese zogen zwar, ihrer eigenen Erfahrungen im Grenzkrieg mit Rußland (‚Zwischenfall von Nomonhan', Mai 1939) eingedenk, nicht recht mit. Sie schlossen vielmehr einen Nichtangriffspakt mit den Sowjets und sollten ja nach Hitlers Vorstellungen lieber zu einem Vorstoß nach Süden ermuntert werden, um die britischen und amerikanischen Streitkräfte im Pazifik in Schach zu halten. Indessen wollte Hitler den Krieg im Westen hinhaltend führen, durch den Ausbau einer neuen U-Boot-Flotte die atlantischen Verbindungslinien abschneiden und nach dem Sieg im Osten mit dem Ausbau von Marine- und Luftstützpunkten an der europäischen und nordafrikanischen Westküste wie auf den vorgelagerten Inselgruppen, auch durch die Eroberung Gibraltars, den Angriff auf die amerikanische Ostküste vorbereiten. Von Südrußland wollte man dann über den Kaukasus, Afghanistan und Iran nach Süden vordringen, um sich im Persischen Golf oder im Roten Meer mit der japanischen Flotte zu treffen und die britische Position im unruhigen Vorderen Orient und Indien, das Hitler für das Kernstück des Empire hielt, vollends zu zerstören.

Nun erschienen solche Konzepte 1940/41 nicht ganz so abwegig, ja närrisch wie heute. Hielten doch die westlichen Politiker und Militärs unter dem Eindruck des kläglichen Winterkriegs gegen Finnland 1939/40 die Widerstandskraft der UdSSR auch nicht für größer als die deutsche Führung, nämlich einige Wochen, allenfalls Monate. Galten nicht die deutschen ‚Blitzkriege' als unwiderstehlich; waren nicht die Versenkungszahlen der deutschen U-Boote mörderisch; krochen nicht allenthalben die schwächeren Gegner zu Kreuze; und *mußten* nicht die Japaner geradezu die Gunst der Stunde nutzen? Daß alles schließlich ganz anders kam, hat abgesehen von der unglaublichen allgemeinen Überspannung der deutschen Kräfte, wie mir scheint, drei Hauptgründe: vor allem die unerwartete Stabilisierung der militärischen und moralischen Widerstandkräfte in Rußlands ‚Großem Vaterländischem Krieg' schon seit Ende Juli und erst recht im Winterkrieg, für den die deutschen Truppen auszustatten man im Eifer des Gefechts vergessen hatte; sodann der zähe, nach einer Krise im Sommer 1940 seit der Luftschlacht über England anhaltende, unerwartet bald schon tatkräftig von den Vereinigten Staaten unterstützte Widerstandsgeist Großbritanniens; und endlich eine Reihe die deutschen Kräfte zersplitternder und abnützender Ereignisse, die in Hitlers Kalkül nicht bedacht waren und ihn angesichts enormer amerikanischer Aufrüstungsanstrengungen bald mehr und mehr unter Zeitdruck brachten: Noch 1940 brachen Italiens militärische Operationen in Griechenland und Nordafrika zusammen, so daß die zu Hilfe eilende Deutsche Wehrmacht im April 1941 auch gleich noch das widerspenstige Jugoslawien und im Mai Kreta unterwerfen mußte, während Rommels Afrika-Korps im Hinblick auf den Rußland-Feldzug nahe der ägyptischen Grenze Defensivstellungen bezog. Mit dem ‚Unternehmen Barbarossa' aber nahm die Entwicklung seit dem 22. Juni 1941 ihren weiteren Lauf, und die Vereinigten Staaten hatten zunehmenden Anteil daran.

Daß dem so war, lag ganz wesentlich daran, daß Roosevelt und andere *Internationalists* aus den Erfahrungen der letzten Jahrzehnte längst ein gleichermaßen globales Gegenkonzept entwickelt hatten und ihren Landsleuten mit Geschick zu vermitteln wußten, wobei namentlich der Präsident auch nicht vor Tricks und Irreführungen zurückschreckte. Aber das war ja Roosevelts Stärke: daß er die öffentliche Meinung so zu motivieren und zu lenken verstand, daß sie seinem politischen Kurs immer gerade noch folgte. Im Kern ging die Gegenkonzeption wie Hitler selbst von der *One World*-Vorstellung aus, es könnten auf die Dauer so grundverschiedene Ordnungssysteme wie auf Autarkie bedachte Planwirtschaft und freier Welthandel, aggressiver Expansionismus und staatliche Abkapselung des eigenen Machtbereiches, autoritärer Führerstaat und freiheitliche Demokratie nicht friedlich koexistieren; wie der vormalige Botschafter in Paris, William C. Bullitt, 1941 in Abwandlung eines berühmten Wortes von Abraham Lincoln formulierte: „This earth cannot endure permanently half Nazi and half free."[10]

V. Wege in den Krieg

Wenn dies zutraf – und mehr und mehr Politiker und *Opinion Leaders* kamen unter dem Eindruck der deutschen Blitzsiege und des japanischen Vordringens nach Südostasien 1940/41 zu der Einsicht, daß es der Fall war –, wenn also durch die Machtausbreitung der Dreierpaktmächte künftig in Tat und Wahrheit auch die nationalen Lebensinteressen der Vereinigten Staaten bedroht waren, dann durften sie im Abwehrkampf auch nicht länger beiseite stehen. Dann mußte sich auch weltpolitisch das Prinzip kollektiver Sicherheit durchsetzen; insofern kann man Roosevelts Haltung im Zweiten Weltkrieg geradezu als außenpolitische Weiterführung der inneren Neuordnung aus gesamtgesellschaftlicher Verantwortung durch den *New Deal* betrachten. In erster Linie hieß das zu verhindern, daß Großbritannien in dem großen Ringen unterlag oder – fast noch schlimmer – sich mit den Mächten der ‚Neuen Ordnung' arrangierte.

Da die Lage bei Kriegsausbruch ja noch durchaus nicht so eindeutig war und die große Mehrheit der amerikanischen Bevölkerung erst noch für die globale Auffassung des nationalen Interesses gewonnen werden mußte, durfte die Regierung nichts übereilen. Auch die beschwörende Warnung der Militärs, daß die USA, die bei Kriegsausbruch über volle fünf Divisionen in ihren gesamten Besitzungen verfügten, einem Krieg, und schon gar einem Krieg auf zwei oder mehr Schauplätzen, vorerst in keiner Weise gewachsen seien, sprach dafür, jedenfalls einen offenen Kriegseintritt hinauszuzögern. Daher Roosevelts schrittweises, oft sorgfältig getarntes Vorgehen. Wenn man bedenkt, daß es 1939 im Vorfeld des Krieges nicht einmal möglich war, die Weitergeltung der *Cash-and-Carry*-Klausel, also der Erlaubnis zum Abtransport barbezahlten Kriegsmaterials auf eigenen Schiffen, im Kongreß durchzubringen, kann man ermessen, wie weit und dornig der zu gehende Weg war.

Es ist weder möglich noch nötig, ihn hier in seinen einzelnen Stationen nachzuzeichnen. Der Durchbruch kam mit den deutschen Erfolgen des Sommers 1940: Ab Mai erhielt Großbritannien immer größere Kriegslieferungen, was durch eine Wiedereinführung der *Cash-and-Carry*-Klausel am 4. November 1939 ermöglicht wurde. Gleichzeitig begann eine gigantische Wiederaufrüstung der Streitkräfte, für die der Kongreß bis Oktober bereits 17 Milliarden Dollar bewilligte, da man sich über diese Notwendigkeit auch mit den Isolationisten einig war. Roosevelt entschloß sich zu einer dritten Präsidentschaftskandidatur und mußte nun mitten im Wahlkampf die Verlängerung der zum

1. Januar 1940 eingeführten Wehrpflicht durchbringen, was mit nur einer Stimme Mehrheit gelang. Zugleich wurden im Juli die ersten Handelsbeschränkungen gegen Japan verhängt, am 26. September sogar ein totales Stahl- und Schrottembargo. Die Antwort war am Tag darauf der Abschluß des hauptsächlich gegen Amerika gerichteten Dreimächtepaktes.

Als die britischen Devisen knapp wurden, brachte Roosevelt in einer höchst dubiosen Transaktion die Übereignung von fünfzig „veralteten“ Zerstörern gegen Stützpunktrechte auf britischen Besitzungen zuwege. Auf einen dramatischen Appell Churchills hin bereitete er zunächst propagandistisch seit Dezember das am 11. März 1941 angenommene *Lend-Lease*-Programm mit einem Volumen von vorerst 7 Milliarden Dollar vor: „We must be the great arsenal of democracy“, wie es in seinem *Fireside Chat* vom 29. Dezember hieß, während Oppositionsführer Robert A. Taft den Verleih von Kriegsmaterial bissig mit dem Ausleihen eines Kaugummis verglich, den man ja auch nicht nach Benützung *in natura* zurückhaben wolle.[11] In der Folge wurde der Begriff einer Hilfe *short of war* noch weiter gestreckt durch immer stärkere Unterstützung für England, Übernahme der Besatzungen von Grönland (10. 4.) und Island (7. 7.), Gewährung von Reparaturmöglichkeiten in amerikanischen Häfen, Geleitschutz auch für britische Handelsschiffe, bis man schließlich durch selbstfabrizierte Zwischenfälle in einen ‚unerklärten Krieg‘ hinüberglitt und der Präsident am 11. September den Befehl erteilte, auf deutsche Kriegsschiffe ‚auf Sicht‘ das Feuer zu eröffnen. Schon seit Februar hatten gemeinsame Generalstabsbesprechungen die Strategie des *Germany First* festgelegt, da man zu Recht in Hitler-Deutschland den gefährlicheren Feind erkannte, waren am 27. Mai der unbegrenzte nationale Notstand und am 14. August nach einem Treffen mit Churchill die *Atlantic Charter* verkündet sowie am 14. Juni die deutschen und italienischen Vermögen ‚eingefroren‘ worden. Ihre entscheidende Wende nahm die Entwicklung mit dem deutschen Überfall auf Rußland am 22. Juni 1941. Dessen Ansehen als Militärmacht war ja in der amerikanischen Öffentlichkeit denkbar schlecht und zudem belastet durch die Greuel der

Säuberungsaktionen, die Beteiligung an der Vergewaltigung Polens und die von sowjetischer Seite bis zur letzten Minute eifrig eingehaltenen, für die deutsche Wirtschaft überaus wichtigen Kriegslieferungen. (Daß Stalin im November 1940 sogar mit dem Gedanken gespielt hatte, sich dem Dreimächtepakt gegen England anzuschließen, wußte man damals natürlich nicht.) So spielte die UdSSR im amerikanischen Kalkül bislang keine bedeutende Rolle, wenn man auch behutsam versuchte, sie aus der deutschen Umarmung zu lösen.[12]

Vor allem aber rang sich nun im Kronrat vom 2. Juli die japanische Regierung zum weiteren Vordringen in Südostasien durch, als sie den Rücken gegenüber Rußland vollends frei wußte und nachdem sie sich noch einmal des deutschen und italienischen Eingreifens für den Fall einer kriegerischen Verwicklung mit den Vereinigten Staaten versichert hatte. Umgekehrt hatten diese just um diese Zeit (21. Juni) deutlich gemacht, daß sie ohne alle Rücksicht auf die namentlich von einer besseren Rohstoffversorgung abhängigen Lebensinteressen Japans dessen geplanter ‚Neuer Ordnung‘ keinerlei Zugeständnisse zu machen gesonnen waren. Das Wechselspiel zwischen weiterem japanischem Vordringen und immer härteren amerikanischen Reaktionen ist hier nicht noch einmal zu schildern. Soviel ist klar, daß Japan schon wegen seiner miserablen Rohstofflage sehr bald zuschlagen mußte, wenn es das Risiko eines Krieges mit Amerika überhaupt eingehen wollte: Die für die Flotte lebenswichtigen Erdölvorräte reichten für maximal zwei Jahre! So geschah es denn auch. Als die Verhandlungen mit Außenminister Cordell Hulls Ultimatum vom 26. November 1941 praktisch zusammenbrachen, war die Angriffsflotte (die der amerikanischen Beobachtung entwischt war) bereits nach Hawaii in Marsch gesetzt. Die Amerikaner aber, die ja in Kenntnis des Code den japanischen Funkverkehr mithörten und doch wohl auch am 4. Dezember den ihnen bekannten Angriffsbefehl ‚Ostwind-Regen‘ empfingen, mußten wissen, daß die Japaner nunmehr – wo auch immer – losschlagen würden.

Inzwischen hatte sich der deutsche Angriff auf die UdSSR bei Leningrad, Moskau und Rostow festgefahren, war Rußland im

Interesse der eigenen Sicherheit am 6. November in das *Lend-Lease*-Programm einbezogen und damit der Weg in das Kriegsbündnis geebnet worden. Die gewaltigen japanischen Anfangserfolge (Vordringen bis in den Südpazifik und im Westen über Niederländisch Indien und Malaya bis Burma) brachten zwar die USA und ihre Verbündeten in arge Bedrängnis. Sie hatten aber das Gegenteil der beabsichtigten Wirkung auf die amerikanische Bevölkerung: Statt sie zu entmutigen, spornten die schweren Schläge sie erst recht zu entschlossenem Widerstand an. (Unschuldige Leidtragende wurden die etwa 112 000 Amerikaner japanischer Abkunft in den westlichen Staaten, deren *Relocation* in Lagern im Landesinneren kein Ruhmesblatt der Nation war.) Als indessen der japanische Vormarsch im Mai/Juni 1942 auf Guadalcanal im Südpazifik und durch die Seeschlacht bei den Midway Islands zum Stehen kam, konnten sich die Alliierten wieder dem (niemals aufgegebenen) *Germany First*-Konzept zuwenden, allmählich ihre gewaltige materielle Überlegenheit zum Tragen bringen und ihre Führung und Kampfweise methodisch aufbauen. Umgekehrt vermochten die Japaner namentlich ihre großen Schiffsverluste nie wieder wettzumachen und wegen der Kriegsereignisse und der Überdehnung ihrer Kräfte auch die neuerworbenen Rohstoffquellen nicht wirklich zu nutzen.

Bemerkenswert ist, daß es aus Mangel an wechselseitigem Verständnis und Vertrauen offenbar keine nennenswerten strategischen Absprachen zwischen Japanern und Deutschen gab: Die Überdehnung der japanischen Kräfte im Süden bedeutete strategisch eher eine Belastung; ein Eingreifen in Sibirien kam nicht in Frage. Von der ihnen zugedachten Rolle im Indischen Ozean scheinen die Japaner nicht einmal gewußt, geschweige denn ihre Strategie daran orientiert zu haben. Man stelle sich vor, Montgomerys Nachschub durch das Rote Meer wäre durch die japanische Flotte gestört worden, als die Deutschen das Mittelmeer beherrschten und Rommel nach El Alamein vorstieß! Gewiß war die strategische und politische Koordination der Kriege auch auf seiten der Alliierten schwierig, und es bestanden viele Meinungsverschiedenheiten, insbesondere über die von der Sowjetunion geforderte rasche Errichtung einer ‚Zweiten Front' in Westeuropa. Und doch waren sie auf diesem Gebiet mit ihren großen Konferenzen wie auch mit ständigen diplomatischen und militärischen Absprachen immer erfolgreicher, während die deutsche Führung fast nur mehr auf Notlagen reagieren konnte. Das zeigte vor allem das Ineinandergreifen der großen Offensiven im Westen und Osten seit der Invasion Frankreichs am 6. Juli 1944.

VI. Erwartungen und Fragen

Doch das war beim Kriegseintritt 1941 alles noch Zukunftsmusik, von der sich nicht einmal Roosevelt und seine Ratgeber eine klare Vorstellung machen konnten.[13] Fragt man sich sonst, mit welchen Vorstellungen das amerikanische Volk in den Krieg hineinging, so wird man zwar einen unbedingten Siegeswillen konstatieren, sicher auch die Erwartung gewaltiger wirtschaftlicher, industrieller und wissenschaftlicher Rüstungsleistungen. Aber natürlich blieben die kriegsbedingten Einschränkungen des täglichen Leben sowie auch die Verluste verglichen mit anderen Nationen gering. Daß die Kriegswirtschaft benachteiligten Gruppen wie Frauen und Schwarzen neue Möglichkeiten bieten würde, überhaupt gewisse gesellschaftliche und ökonomische Strukturänderungen, mochte man noch ahnen. Anderes – wie die Heraufkunft des Atomzeitalters, schon 1939 in Albert Einsteins berühmtem Brief an den Präsidenten antizipiert, oder die neuen kybernetischen Möglichkeiten oder die Ausbildung eines neuen weltpolitischen Gegensatzes zwischen Ost und West – entzog sich so gut wie sicher auch dem kühnsten Vorausblick, es sei denn in der vagen Form Tocquevilles, der schon in der ersten Hälfte des 19. Jahrhunderts die Gefährdung der Freiheit im Zeitalter der Massendemokratie vorausgesagt und gemeint hatte, die beiden Großmächte seien wohl „nach einem geheimen Plan der Vorsehung berufen, eines Tages die Geschikke der halben Welt in ihrer Hand zu halten".[14] Aber einige Probleme der Zukunft zeichneten sich doch bereits damals ab, zumindest in Umrissen.

Ein ganzes Bündel davon steckte allein schon in der allmählich sich durchsetzenden Konzeption einer kollektiven Sicherheit, die seit der ‚Erklärung der Vereinten Nationen' am 2. Januar 1942 Gestalt anzunehmen begann. Wie der Völkerbund krankte sie daran, daß ihre Grundsätze nur für Sieger und Neutrale, nicht aber für die zu Besiegenden gelten sollten, sonst aber keine Qualifikation für die Mitgliedschaft vorgesehen war. Von der ursprünglich ins Auge gefaßten straffen Führungsstruktur mit den Großmächten als Ordnungshütern blieb wenig mehr als ein Sicherheitsrat, in dem jede von ihnen ein absolutes Veto hatte. Auch so aber wurde der Abschied von einer 200jährigen Tradition uneingeschränkter außenpolitischer Handlungsfreiheit erforderlich. Dabei stellte sich angesichts der von Roosevelt aus ideologischer Überzeugung wie auch um eines wirklich offenen, von Restriktionen freien Weltmarktes willen betriebenen Dekolonisation (wie schon die Isolationisten und übrigens auch Hitler richtig erkannten) die Frage, ob sich Großbritannien unter den gegebenen Machtverhältnissen überhaupt noch als Weltmacht ersten Ranges würde halten können – *Succeeding John Bull*, wie der britische Historiker D. C. Watt ein gescheites Buch zum Thema genannt hat.[15] Damit stellte sich also sehr rasch die weitere Frage, ob die Vereinigten Staaten in dem neuen Weltstaatensystem eine überragende Hegemonialstellung einnehmen sollten, denn daß etwa die Sowjetunion ihnen einst eine solche streitig machen könnte, wäre 1941 eine geradezu lächerliche Prophezeiung gewesen und war ja auch erst ein Ergebnis des Krieges und der Folgezeit, verschärft durch das zeitweise Atomwaffenmonopol der USA. Niemand drückte es 1940 unverblümter aus als der Zeitschriftenzar Henry Luce in seinem Artikel *The American Century* in der Februar-Nummer von ›Life‹, daß das Land mit seiner ohnehin starken Ausstrahlung in Lebensstil, Kultur, Technik und Wissenschaft in der Auseinandersetzung mit den autoritären Staaten die Aufgabe habe, durch eine Art *Pax Americana* die politischen und wirtschaftlichen Voraussetzungen zu schaffen für ein „system of free economic enterprise – an economic order compatible with freedom and progress", verbunden mit allerhand menschenfreundlichen Vorschlägen. Solche Ansichten fanden natürlich sehr geteilte Aufnahme, selbst bei Leuten, die damit sympathisierten, und Roosevelt hütete sich selbstverständlich vor derartigen Prognosen.[16] Hitler wiederum sinnierte am 16. Dezember 1941: „Seltsam, daß wir mit Hilfe Japans die Position der weißen Rasse in Ostasien vernichten – und daß England mit den bolschewistischen Schweinen gegen Europa kämpft", und am 24. Februar 1945: „Der Krieg mit Amerika ist eine tragische Verkettung. Ebenso vernunftwidrig wie unsinnig."[17]

Sollte also der Zweite Weltkrieg durch die Einbeziehung der Vereinigten Staaten als der einzigen Hitlers wahnwitziger Kriegführung wirklich überlegenen Weltmacht der letzte hemmungslose Krieg um die Vorherrschaft in der Welt gewesen sein? Wir wissen es so wenig wie die Menschen im Jahre 1941. Aber es möchte ja sein, daß die Erfahrungen des Kalten Krieges, die Atomwaffen und andere neuartige Gefahren wie Umweltzerstörung, Nord-Süd-Probleme, religiöser Fanatismus usw. doch zu einer gewissen Zähmung der Bellona geführt haben.

Eberhard Jäckel
Der Weg Japans in den Zweiten Weltkrieg

Der Weg Japans in den Zweiten Weltkrieg war erheblich länger und gewundener als derjenige Deutschlands und Italiens. Während hier der Kriegswille Hitlers und Mussolinis ausschlaggebend war und die Hauptfrage folglich lautet, welche Bedingungen es ihnen ermöglichten, ihren Willen durchzusetzen, gab es in Japan weder einen solchen Willen noch einen Führer. Dort gab es rasch wechselnde Regierungen, die nie eine zusammenhängende Politik formulieren konnten, zumal da sie sich mit zwei anderen Machtfaktoren, dem Heer und der Marine, über die zu treffenden Entscheidungen verständigen mußten. Aber nicht nur waren die drei Faktoren uneinig und bemüht, sich zu überlisten, sie waren überdies in verschiedene Fraktionen gespalten, die ihre Vorstellungen durchzusetzen versuchten, und das nicht in einem irgendwie geregelten Verfahren, sondern indem sie sie ihren Rivalen und auch ihren Vorgesetzten durch Eigenmächtigkeiten möglichst auferlegten. Das erste Kennzeichen des japanischen Weges in den Krieg ist die lähmende Schwierigkeit der Entschlußbildung.

Entsprechend schwierig ist die Arbeit des Historikers. Schon die Benennung der Entscheidungsträger stößt auf fast unüberwindliche Hindernisse. Die Begriffe müssen daher mit besonderer Sorgfalt gewählt werden. Wenn im folgenden verallgemeinernd von Japan gesprochen wird, ist immer die tatsächliche Politik des Landes gemeint. Bei den Planungen hingegen wird zwischen den Machtfaktoren und Fraktionen unterschieden oder, da sie im engen Rahmen dieses Beitrages nur selten namhaft gemacht werden können, einfach von Teilen der japanischen Führung gesprochen. Im übrigen ist die ungeprüfte Übernahme von westlichen Vorstellungen ebenso zu vermeiden wie die von beschönigenden japanischen Bezeichnungen. Der Begriff ‚Zweiter Weltkrieg' wird nur verwandt, wenn der weltgeschichtliche Zusammenhang gemeint ist. In Japan heißt der Krieg nicht so, sondern allgemein ‚Pazifischer Krieg' (*Taiheyō sensō*).

Angesichts der genannten Unterschiede bei der Entschlußbildung ist die offensichtliche Übereinstimmung bei den Kriegszielen um so erstaunlicher. Sowohl Japan wie Deutschland und Italien kämpften um die Errichtung von Großreichen, die zudem insofern gleichartig waren, als sie anders als frühere Kolonialreiche jeweils aus einer unmittelbaren Erweiterung des Mutterlandes hervorgingen. Deutschland, das allerdings mit der Ermordung der europäischen Juden noch ein anderes, nur ihm eigenes Kriegsziel verfolgte, erstrebte ein solches Großreich in Mittel- und Osteuropa, Italien im Mittelmeer sowie in Afrika und Japan in Ostasien mit der weithin euphemistisch-ideologischen Bezeichnung einer ‚Großostasiatischen Gemeinsamen Wohlstandssphäre' (*Daitōa kyōeiken*), weswegen der Krieg früher meistens ‚Großostasiatischer Krieg' (*Daitōa sensō*) genannt wurde. Wie unterschiedliche Wege zu gleichen oder doch ähnlichen Zielen führen konnten, das ist in der Tat die Hauptfrage, wenn der Zweite Weltkrieg als Ganzes erklärt werden soll, und hier vermag der japanische Fall sogar neues Licht auf den deutschen und auch auf den italienischen zu werfen. Davon soll am Schluß die Rede sein.

Wenn nun der Weg Japans in den Pazifischen Krieg beschrieben und erklärt werden soll, so ist zunächst die zu untersuchende Strecke zu bestimmen. Wenn man, was meistens getan wird, nur den Weg vom Eindringen nach Französisch-Indochina bis zum Angriff auf Pearl Harbor, also die unmittelbare Vorgeschichte der Jahre 1940 und 1941, untersucht, dann kann man zu einer hinreichenden Erklärung nicht gelangen. Denn in dieser Phase ging es, jedenfalls in der japanischen Sicht, die Ministerpräsident Tōjō am 1. Dezember 1941 dem Kaiser vortrug, um die amerikanische Forderung, Japan solle sich aus China zurückziehen. Um aber zu verstehen, warum die japanische Regierung dazu nicht bereit war, muß man wissen, wie Japan nach China geraten war, und das ist eine sehr lange Geschichte.

Auf die Frage, wie Japan nach China geraten war, kann man zunächst die einfache Antwort geben, daß Japan seit 1937 einen unerklärten Krieg gegen China führte und in dessen Verlauf nicht nur weit in das Land eingedrungen, sondern sogar über dessen Grenzen hinausgedrungen war. Wir unterscheiden daher zwischen einem kurzen und einem langen Weg Japans in den Krieg. Man muß, um den kurzen Weg in den Pazifischen Krieg erklären zu können, den langen Weg in den Chinesischen Krieg erklären, denn dieser Krieg führte zu jenem.

Das Ziel des Chinesischen Krieges, der in Japan übrigens verniedlichend immer nur ‚China-Zwischenfall' genannt wurde, kann so beschrieben werden, daß China gezwungen werden sollte, Manchukuo anzuerkennen, also jenen Staat, den Japan 1932 in der Mandschurei, einer Provinz Chinas, errichtet hatte, die es 1931 besetzt hatte. Damit verlängert sich der lange Weg bis ins Jahr 1931 und führt doch immer noch nicht zu einer Erklärung. Denn die Aussage, Japan habe die Mandschurei 1931 besetzt, ist unter allen Verkürzungen der bisherigen Aussagen eine besonders verkürzte. In Wahrheit saß Japan schon seit 1905 in Teilen der Mandschurei und hatte, wiederum sehr verkürzt ausgedrückt, 1931 die ganze Provinz nur besetzt, um die Teile, die es hatte, nicht zu verlieren. Es hatte sie übrigens 1895 schon einmal besessen und im selben Jahr wieder verloren, und damit verlängert sich der Weg Japans in den Krieg von 1941 bis zurück ins 19. Jahrhundert, bis zu den Anfängen japanischer Außenpolitik überhaupt nach der Öffnung des Landes im Jahre 1853 und der darauf folgenden Meiji-Restauration von 1868.

Damit allerdings ist der Anfang des langen Weges endlich erreicht, denn zuvor hatte sich Japan zweieinhalb Jahrhunderte vollständig von der Außenwelt abgeschlossen, und obwohl auch diese Phase natürlich zur japanischen Geschichte gehört, war ihr Ende doch ein tiefer Einschnitt, nämlich die Wiederaufnahme von Außenpolitik überhaupt und zugleich der Beginn des langen Weges in den Chinesischen Krieg.

Dieser Weg kann in einer ersten Annäherung folgendermaßen beschrieben werden: Alsbald nach seinem Wiedereintritt in die Weltpolitik begann Japan, über seine Grenzen hinauszudrängen. Das bedarf keiner spezifischen Erklärung, denn zu dieser Zeit, der Zeit des Imperialismus, drängten alle Staaten, die dazu imstande waren, über ihre Grenzen hinaus. Japan drängte zunächst nach Korea. Daraus ergaben sich Reibungen mit der alten Vormacht China. Sie führten 1894 zum Krieg mit China, und danach erhielt Japan erstmals und dann 1905 erneut Rechte in der Mandschurei. Sie wurde zur Schicksalsecke Japans. Zumal seit der chinesischen Revolution von 1911 versuchte China, die Fremden aus seinem Lande und besonders die Japaner aus der Mandschurei zu vertreiben. Als dieser Versuch sich dem Erfolg näherte, kam Japan ihm zuvor, indem es 1931 die ganze Mandschurei besetzte. Als China dies nicht hinnehmen wollte, eröffnete Japan 1937 den Krieg gegen China, um die Hinnahme zu erzwingen.

Als die Vereinigten Staaten diesen Krieg 1940 behinderten, ging der lange Weg in den kurzen über, von dem später mehr gesagt werden soll. Vorerst begnügen wir uns mit der Aussage, daß Japan zunächst verhandelte und dann, als die Verhandlungen nicht den gewünschten Erfolg hatten, den Krieg gegen die Vereinigten Staaten eröffnete.

So kann man, wie gesagt, in einer ersten Annäherung, die nicht falsch, aber keineswegs hinreichend ist, den Gesamtweg Japans in den Pazifischen Krieg beschreiben. Es kämpfte, um seinen Besitz in China zu sichern. Es erschien ihm unannehmbar, etwas zu räumen, das es so lange besessen hatte, und es erschien ihm als der sicherste Weg zur Sicherung seines Besitzes, ihn zu erweitern. So waren andere vor ihm verfahren. So war es 1931 und 1937 verfahren, und so verfuhr es 1941. Und in der Tat, so kann man hinzufügen, verlor Japan 1945 seinen Besitz, als dessen Sicherung gescheitert war.

Die japanische Kriegseröffnung nimmt so defensive oder präventive Züge an, die auf der deutschen Seite fehlen. Deutschland konnte 1939 den Krieg vermeiden, wenn es auf eine weitere Ausdehnung verzichtete. Japan hingegen schien 1941 den Krieg nur vermeiden zu können, wenn es auf eine bereits erfolgte Ausdehnung verzichtete. Aber das ist eine einseitige Sicht der Dinge. In Wahrheit eröffnete Japan den Krieg nicht nur und nicht einmal in erster Linie, um seinen Besitz in China zu sichern, sondern auch und vor allem, um ein Großreich in Ostasien zu errichten, das es tatsächlich binnen weniger Monate eroberte. Das war sein erklärtes Kriegsziel, und das kann man gleichfalls über einen langen Weg zurückverfolgen.

Schon vor der Öffnung des Landes im 19. Jahrhundert hatten einige Vorläufer und Führer der Meiji-Restauration vorgeschlagen, Japan solle auf das sich abzeichnende Vordringen Rußlands und Englands mit tiefgreifenden inneren Reformen antworten und diesen dann Expansionen etwa nach China, Siam und Indien folgen lassen. Von da an zieht sich eine nahezu ununterbrochene Kette von derlei Großreichsgedanken und -planungen durch die japanische Geschichte, und dazu kamen bald nach dem Ersten Weltkrieg auch Vorstellungen, Japan solle bei günstiger Gelegenheit sogar Krieg gegen die Vereinigten Staaten führen. Freilich waren dies zumeist keine staatlichen Planungen, jedenfalls anfänglich nicht. Aber es ließe sich in einer weiteren ersten Annäherung durchaus belegen, daß die Errichtung eines Großreiches in Ostasien ein konstantes japanischen Ziel war, das bei der Kriegseröffnung vielen vor Augen stand.

Die beiden ersten Annäherungen, die defensiv-präventive und die aggressiv-expansive, sind zugleich zwei Geschichtsbilder, die lange gängig waren. Sie sind beide nicht ganz falsch, aber unzureichend, weil sie eine Reihe von Faktoren vernachlässigen, ohne die der Vorgang nicht gedacht werden und ohne die das relative Gewicht der beiden Tendenzen nicht bestimmt werden kann. Damit gelangen wir zu einer zweiten, engeren Annäherung. Sie verlangt eine viel höhere Spezifizierung, für die unser Raum jedoch nicht ausreicht, so daß wir uns gleichwohl wiederum mit Verkürzungen begnügen müssen. Wir bleiben dabei zunächst noch auf dem langen Weg.

Ein bisher vernachlässigter, obwohl schon erwähnter Faktor ist die Art der Entschlußbildung. Die beiden folgenschwersten Schritte auf dem Weg in den Krieg, die Besetzung der Mandschurei und die Eröffnung des Krieges gegen China, waren nicht von der japanischen Führung beschlossen worden, weder von der Regierung noch von der Armeespitze und schon gar nicht vom Kaiser, sondern sie waren von untergeordneten unbotmäßigen Teilen des Heeres am Ort eigenmächtig ins Werk gesetzt worden. Freilich hatte die Führung beide Schritte, wenn auch höchst unwillig, nachträglich gebilligt und damit die Folgen auf sich genommen.

Die historische Beurteilung dieser Vorgänge ist nicht einfach. Zwar bleibt unsere Aussage richtig, Japan sei einem drohenden Verlust zuvorgekommen. Aber es ist nun hinzuzufügen, daß es dazu gegen den Willen seiner Führung genötigt wurde. Es war Führungsunfähigkeit, die natürlich ihrerseits ihre Gründe hatte, die Japan auf den abschüssigen Weg in den Krieg stieß. Indessen war er noch immer nicht unumkehrbar. Die beiden Fälle zeigen ja gerade, daß es Alternativen gab, die von vielen befürwortet wurden.

II. Die japanische Deutschlandpolitik

Ein bisher nicht genannter weiterer Faktor, ohne den der Weg Japans in den Pazifischen Krieg nicht gedacht werden kann, war Deutschland, freilich nicht in dem früher oft vermuteten Sinne, daß die beiden verbündeten Staaten konspiriert hätten. Die japanische Deutschlandpolitik war immer vom eigenen Interesse geleitet, ohne wirkliche Koordination mit dem Partner und zudem voller Mißtrauen und bitterer Enttäuschungen. Aber sie war gerade darum von ausschlaggebendem Gewicht. In ihrem Mittelpunkt stand erst das Verhältnis zur Sowjetunion und dann dasjenige zu den Vereinigten Staaten.

Die japanisch-sowjetischen Beziehungen hatten sich mit der Besetzung der nördlichen Mandschurei, wo es alte russische Interessen und Rechte gab, drastisch verschlechtert. In dieser Lage erhofften sich Teile der japanischen Führung von dem Antikominternpakt von 1936 deutsche Unterstützung. Danach wurden die Beziehungen zur Sowjetunion, wie zu erwarten gewesen war, noch schlechter. Seit 1937 kam es zu drei schweren

Grenzzwischenfällen. Während der dritte, der von Nomonhan, im Sommer 1939 an den Rand eines Krieges führte, was er nach der Absicht von einigen im japanischen Heer auch durchaus sollte, änderte Hitler plötzlich die Geschäftsgrundlage und schloß seinen Pakt mit Stalin. Japan, auch militärisch geschlagen, fühlte sich hintergangen und beendete den Nomonhan-Zwischenfall.

Als eine Woche später der Krieg in Europa begann, erblickte Japan darin ebenso wie 1914 eine ‚goldene Gelegenheit', weil es damit eine freiere Hand im Pazifik gewann. Das steigerte sich mit dem deutschen Sieg im Westfeldzug im Juni 1940. Indem nun die französischen und die niederländischen Positionen in Ostasien ganz und die britischen fast schutzlos waren und es vollends werden würden, wenn Britannien, was viele erwarteten, zusammenbrach, wurde Japan von diesem Machtvakuum geradezu magisch angezogen.

Unter diesem Eindruck schloß es im September 1940 mit Deutschland und Italien den Dreimächtepakt und näherte sich zugleich der Sowjetunion. Es verfolgte nun den Gedanken eines deutsch-italienisch-japanisch-sowjetischen Zusammenschlusses. Er bot in der Tat immense Vorteile. Hier konnte ein, zudem räumlich zusammenhängender Block entstehen, in dessen Schutz Japan in Südostasien eine aktive Politik gegen die Westmächte führen konnte. Es war ein Schritt in diese Richtung, daß Japan im April 1941 einen Neutralitätspakt mit der Sowjetunion schloß.

Doch während die Japaner noch glaubten, die Deutschen seien im Begriff, Britannien zu besiegen, änderte Hitler abermals die Geschäftsgrundlage und griff im Juni 1941 die Sowjetunion an. Während nun einige in der japanischen Führung eine Rückkehr zur früheren antisowjetischen Politik und eine Teilnahme am deutschen Krieg gegen die Sowjetunion befürworteten, entschloß Japan sich jedoch zur Neutralität und zur Fortführung seiner antiwestlichen Politik, zumal da diese inzwischen weit fortgeschritten war und zu amerikanischen Gegenmaßnahmen geführt hatte.

Damit rückte das Verhältnis zu den Vereinigten Staaten in

den Mittelpunkt auch der japanischen Deutschlandpolitik. Schon der Dreimächtepakt war ja gegen die Vereinigten Staaten gerichtet gewesen. Japan lenkte seine Aufmerksamkeit nun auf die Frage, welchen Nutzen Deutschland ihm im Falle eines Krieges mit den Vereinigten Staaten bieten konnte. Die Antwort war einfach. Wenn es in einem solchen Falle zugleich zu einem deutsch-amerikanischen Krieg kam, würden die Vereinigten Staaten einen Zweifrontenkrieg sowohl im Pazifik wie im Atlantik führen müssen, und entsprechend höher wären die japanischen Aussichten, den Pazifischen Krieg zu gewinnen.

Hier trafen sich die japanischen Interessen mit den deutschen. Hitler befürchtete eine amerikanische Intervention um so mehr, als sie im Ersten Weltkrieg den Ausschlag gegeben hatte, und so erblickte auch er einen Vorteil darin, die Vereinigten Staaten in einen Zweifrontenkrieg verwickeln zu können. Mit diesen Erwägungen einigten sich die Dreierpaktmächte im Dezember 1941, den Krieg gegen die Vereinigten Staaten zu eröffnen, und schlossen zugleich einen Nichtsonderfriedensvertrag, mit dem sie sich verpflichteten, den Krieg nicht ohne volles gegenseitiges Einverständnis zu beenden. Nur der Kuriosität halber sei angefügt, daß Deutschland Japan eine letzte Enttäuschung bereitete, als es im Mai 1945 unter Bruch dieses Vertrages seinen Krieg einseitig beendete.

Es wäre nun zwar übertrieben zu sagen, daß Deutschland Japan zuerst mit dem Antikominternpakt zu einer antisowjetischen und dann mit dem Hitler-Stalin-Pakt zu einer antiwestlichen Politik verführt hätte. Beide Orientierungen waren durchaus von japanischen Interessen bestimmt. Aber sie wurden jeweils durch die abrupten deutschen Kurswechsel bestärkt. Vor allem jedoch bestimmte die schiere Tatsache des Krieges in Europa den Weg Japans in den Pazifischen Krieg, und insofern war Deutschland ein ausschlaggebender Faktor.

Das entscheidende Verhältnis aber war natürlich dasjenige zu den Vereinigten Staaten, und zwar auch auf dem langen Weg. Die japanisch-amerikanischen Beziehungen hatten sich spätestens seit dem Ersten Weltkrieg fast ständig verschlechtert, und der Grund war immer China. Die Vereinigten Staaten glaubten, den Zugang zum chinesischen Markt unbedingt zu benötigen, und machten es daher 1899/1900 zu einem Axiom ihrer Außenpolitik, daß er allen Nationen offenstehen müsse (*Open Door Policy*). Folglich stieß jeder Versuch Japans, in China eine eigene Einflußsphäre zu gewinnen, auf amerikanischen Widerspruch. Da dieser Versuch nun aber das geradezu axiomatische Leitmotiv der japanischen Außenpolitik war, könnte man in einer wiederum ersten Annäherung sagen, daß dieser Gegensatz irgendwann zum Kriege führen und dieser angesichts der amerikanischen Überlegenheit, wenn Japan nicht nachgab, mit einer japanischen Niederlage enden mußte.

Dieser lange Weg begann schon 1894 und endete erst 1945. Zumal als Japan den europäischen Krieg von 1914 als ‚goldene Gelegenheit' ansah und 1915 von China weitgehende Rechte für sich erpreßte, stieß es auf amerikanischen Einspruch, was 1919 die Pariser Friedenskonferenz stark belastete und zu nachhaltiger Erbitterung auf beiden Seiten führte. Der Gegensatz steigerte sich 1931 mit der Besetzung der Mandschurei und noch einmal 1937, als Japan ansetzte, China vollends seiner Herrschaft zu unterwerfen. Ihre Überlegenheit gestattete es den Vereinigten Staaten, mit wirtschaftlichen Gegenmaßnahmen zu antworten. 1939 kündigten sie den Handelsvertrag von 1911, der daraufhin im Januar 1940 auslief, und seitdem konnten sie auf jeden japanischen Schritt mit Embargomaßnahmen reagieren, die deswegen so empfindlich waren, weil Japan auf Einfuhren angewiesen war. Manchen Japanern schien es, als müßten sie entweder nachgeben oder Krieg führen.

In dieser Lage wirkte Deutschland als Faktor auch auf die Vereinigten Staaten ein. Indem Deutschland und Italien zu Großreichsbildungen ansetzten, erweiterte die amerikanische

Regierung unter Roosevelt das alte Axiom von der notwendigen Offenheit des chinesischen Marktes zu dem globalen Axiom von der Notwendigkeit eines ungeteilten Weltmarktes, weil sie in dem anscheinend konzertierten Vorgehen der Dreierpaktmächte eine weltweite Herausforderung erblickte, der um so entschlossener auch hinsichtlich Japans widerstanden werden mußte. So führten die Ereignisse in Europa auf doppelte Weise zu einer Zuspitzung der Verhältnisse in Asien.

IV. Der kurze Weg in den Pazifischen Krieg

Mit diesen Einsichten wenden wir uns nun dem kurzen Weg in den Krieg zu und nennen zuerst die Ereignisse, ehe wir sie in einem zweiten Gang untersuchen. Im September 1940 drangen japanische Truppen in den Norden Französisch-Indochinas ein. Darauf antworteten die Vereinigten Staaten mit einem teilweisen Embargo. Im Juli 1941 drangen japanische Truppen auch in den Süden Indochinas ein. Darauf antworteten die Vereinigten Staaten mit einem vollständigen Embargo. Am 5. November beschloß Japan, noch drei Wochen zu verhandeln und dann militärische Operationen vorzusehen. Am 29. November und nochmals am 1. Dezember in Anwesenheit des Kaisers beschloß Japan, den Krieg gegen die Vereinigten Staaten, Britannien und die Niederlande zu eröffnen, und vollzog diesen Beschluß am 7. Dezember. Der kurze Weg in den Krieg war zu Ende. Wie kann man ihn erklären?

Das japanische Eindringen in den Norden Indochinas kann man leichter erklären als das in den Süden. Wenn es das Ziel des Chinesischen Krieges war, Chiang Kai-shek zur Anerkennung von Manchukuo zu zwingen, dann war es ein entsprechendes Mittel, ihm den Nachschub abzuschneiden, den er von außen erhielt. Indem Japan längs der chinesischen Küsten vorgedrungen war, hatte es die meisten Häfen gesperrt. Um so wichtiger wurden die übrigen Nachschubwege. Es waren vier, nämlich der Nordwesten, über den der sowjetische Nachschub kam, Französisch-Indochina, Burma, wo im Herbst 1938 eine eigens gebaute britische Nachschubstraße in Betrieb genommen worden war, und die noch unbesetzte Küste. Nach Schätzungen des japanischen Generalstabes kamen im Juni 1940 48 Prozent des Nachschubs über Indochina, 31 Prozent über die Burmastraße, 19 Prozent über die Küsten und zwei über den Nordwesten aus der Sowjetunion.

In diesem Monat brach Frankreich zusammen und geriet Britannien in höchste Bedrängnis. Es ist begreiflich, daß Japan dies ausnutzte. Tatsächlich fügten sich die Westmächte dem japanischen Druck. Frankreich unterband noch im Juni den Waffentransport nach China, und im Juli erklärte Britannien die Burmastraße für drei Monate geschlossen. Damit war China von fast 80 Prozent seines Nachschubs abgeschnitten. Es diente der Sicherung dieses Erfolges, daß Japan im September die Kontrolle in Nordindochina selbst übernahm.

Daraufhin verhängten die Vereinigten Staaten die erwähnten Embargomaßnahmen. Wenn Japan China den Nachschub abschnitt, konnte Amerika dasselbe mit Japan tun. Freilich war es sich des Risikos dieser Maßnahmen bewußt. Wenn sie zu stark wurden, konnten sie Japan in einen Angriff auf Niederländisch-Indien treiben, um sich dort zu versorgen. Was aber sollten die Vereinigten Staaten dann tun? Roosevelt wollte eine Konfrontation im Pazifik vermeiden, weil die Unterstützung Britanniens im Kampf gegen Deutschland seine erste Priorität war (*Germany first*). Also mußte er seine Embargomaßnahmen vorsichtig dosieren, und deswegen waren sie im September 1940 partiell.

Das japanische Eindringen auch nach Südindochina ist nicht so leicht zu erklären. Denn dies war nur noch sehr entfernt ein Schritt im Kampf gegen China. Es zielte vielmehr offensichtlich auf Singapore und Niederländisch-Indien und mußte wie der erste Schritt zu jenem großen Südvorstoß (*nanshin*) erscheinen, der besonders in der japanischen Marine seit langem geplant wurde. Aber er war in der japanischen Führung höchst umstritten, weil man fürchtete, er könne zum Krieg mit den Vereinigten Staaten führen. Das war nun das Dilemma Japans. Sollte es sich die amerikanische Schlinge um seinen Hals immer weiter zuziehen lassen oder sich mit einem großen Schlag daraus befreien? Oder anders gefragt: Was konnte es tun, um die Aufhebung der amerikanischen Embargomaßnahmen zu erreichen?

Darüber war die japanische Führung uneinig. Fast alle waren überzeugt, daß Japan einen langen Krieg mit Amerika nicht gewinnen konnte. Viele meinten daher, es müsse weiter verhandeln. Einige glaubten hingegen, daß Amerika auf einen Südvorstoß gegen die britischen und niederländischen Positionen nicht mit Krieg antworten werde und, falls es das doch tun sollte, daß Japan einen kurzen Krieg führen und gewinnen könne. Es war ein Kompromiß zwischen diesen Einschätzungen, daß Japan im Juli 1941, auch unter dem Eindruck des deutsch-sowjetischen Krieges, zwar nach Südindochina eindrang, den großen Südvorstoß aber nicht unternahm und weiter verhandelte. Gleichwohl reagierten die Vereinigten Staaten darauf mit dem vollständigen Embargo. Das stärkte diejenigen in der japanischen Führung, die den großen Südvorstoß ohnehin befürworteten, und führte zu dem Entschluß, ihn mit einem Schlag gegen die amerikanische Pazifikflotte einzuleiten.

Dazu stellen sich zwei Fragen. Erstens: Hat Roosevelt den japanischen Angriff provoziert? Seine Absicht war das eindeutig nicht. Bis zum Schluß wollte er schon mit Rücksicht auf den Krieg im Atlantik, aber auch auf die amerikanische öffentliche Meinung und auch auf grundsätzliche Friedenspolitik den Krieg vermeiden, und er war dafür zu weiteren Verhandlungen mit Japan bereit. Er konnte und wollte den Krieg weder direkt noch indirekt herbeiführen. Damit ist jedoch nicht gesagt, daß Japan sich nicht provoziert fühlte. Sicher ist, daß Roosevelt sich dieses Risikos bewußt war, und auch, daß er nach dem japanischen Angriff erleichtert war. Aber es war Japan, das den Krieg eröffnete.

Damit stellt sich zweitens noch einmal die Frage, warum es das tat. Die kurzfristigen Erwägungen waren die, daß Japan in den südlichen Rohstoffgebieten Ersatz für die gesperrten Einfuhren finden werde und auf dieser Basis notfalls auch einen längeren Krieg führen könne. Indessen sanken die besonders wichtigen Ölzufuhren aus Niederländisch-Indien schon bald unter die errechnete Quote ab, weil es, auch als Folge von Versenkungen, an Schiffsraum fehlte. Japan hatte sich verrechnet, und das führt noch einmal zu der Art der Entschlußbildung zurück. Es gab keine Institution oder Person, die in voller Kenntnis aller Umstände die letzten Entscheidungen traf, und so konnte es dazu kommen, daß Japan sich schließlich am Ende eines langen und gewundenen Weges in einen aussichtslosen Krieg stürzte.

V. Ein weltgeschichtlicher Vergleich

Das wird man von Deutschland und Italien nicht sagen. Dort gab es Zentralinstanzen, die klare Entscheidungen planten, trafen und durchsetzten. Aber es gab auch dort Fehleinschätzungen und Teile der höchsten Führung, die der Kriegseröffnung bis zum Schluß widerstrebten, und damit verringern sich die Unterschiede wieder. Damit kehren wir zu dem angekündigten Vergleich des japanischen Falles mit dem deutschen und dem italienischen zurück.

Vergleichen heißt nicht gleichsetzen. Das japanische Großreich beruhte auch auf ökonomischen Notwendigkeiten und Planungen, während das bereits hochindustrialisierte Deutschland ein agrarisches Erweiterungsgebiet objektiv nicht benötigte. Die japanische Politik sah auch die Befreiung einiger Länder von der westlichen Kolonialherrschaft und eine Zusammenarbeit mit ihnen vor, während die deutsche nur die unmittelbare Beherrschung und Ausbeutung kannte. Allerdings sahen sich sowohl Japan wie Deutschland und auch Italien als die jeweilige Vormacht in ihrem Einflußgebiet, und so kann trotz der Unterschiede von drei gleichartigen Großreichen gesprochen werden.

Der Zweite Weltkrieg nimmt so einen inhaltlichen Zusammenhang an. Während die drei Aggressoren für Großreichsbildungen kämpften, erblickten die Westmächte darin die Errichtung von abgeschlossenen Märkten und widersetzten sich deswegen. In einigen Fällen bedrohte die Expansion der Aggressoren auch unmittelbar den Besitzstand der Westmächte. Aber das war nicht überall der Fall, und so kann ihr übergeordnetes

Kriegsziel doch als die Wiederherstellung eines ungeteilten Weltmarktes bezeichnet werden. Auch die britische Gleichgewichtspolitik in Europa lief ja darauf hinaus. Die Sowjetunion nahm eine Sonderstellung ein. Ihr Kriegsziel war zunächst ausschließlich die Verteidigung des eigenen Staatsgebietes und später auch dessen Erweiterung. Dieser Zusammenhang des Krieges ist auch in seinem Ergebnis erkennbar. Während die Aggressoren alle ihre Erwerbungen verloren, machten die Westmächte entsprechend ihrem ausdrücklich erklärten Kriegsziel keine territorialen Gewinne, was allein die Sowjetunion tat.

Wenn man diesen Zusammenhang erklären will, muß man weit in die Geschichte zurückgehen und kann dann folgendes feststellen. Die Westmächte waren bereits vor dem 20. Jahrhundert zu Großreichen geworden, sei es durch koloniale Expansion oder wie die Vereinigten Staaten vor allem auf dem Wege der Durchdringung ihres Kontinents, und das gilt auch von Rußland, das allerdings 1905 in Asien und nach 1917 in Europa territoriale Verluste erlitt. Die späteren Aggressoren traten erst später in die Weltpolitik ein, und zwar gleichzeitig um 1870, als Deutschland und Italien Nationalstaaten wurden und Japan die Meiji-Restauration durchführte. Sie konnten daher zu territorialen Expansionen erst am Ende des 19. Jahrhunderts ansetzen und steigerten sie im Zweiten Weltkrieg zu Großreichsbildungen, als die Westmächte diese Phase bereits abgeschlossen hatten. Der tiefste Grund des Zweiten Weltkrieges ist demnach ein Phasenunterschied in der Entwicklung der Mächte.

Vor dieser Perspektive verlieren die Unterschiede zwischen den Wegen in den Krieg an Bedeutung. Der japanische Weg war gewundener als der deutsche und der italienische, und doch können alle drei Fälle auf den einen Faktor der weltgeschichtlichen Verspätung dieser Länder zurückgeführt werden. Das deutete die zeitgenössische Polemik schon an, wenn sie die Habenichtse den reichen Nationen gegenüberstellte. Noch treffender machte ein japanischer Zeitgenosse diesen Faktor anschaulich, als er sagte: Gerade als wir von den anderen das Grabschen gelernt hatten, pfiffen sie das Spiel ab.

Das führt den Historiker zu neuen Einsichten. Er mag ganz

zutreffend die Unterschiedlichkeit der Wege in den Krieg hervorheben und erkennt am Ende doch einen weltgeschichtlichen Zusammenhang. Diese Einsicht ist beunruhigend, weil sie die Annahme einer Zwangsläufigkeit der Entwicklung nahelegt, während der Krieg andererseits doch auch vermeidbar erscheint. Hätten ihn ein paar Umstände, etwa der Tod Hitlers im Jahre 1938, verhindern können, was fast sicher erscheint, oder war er seit vielen Jahrzehnten vorprogrammiert, was auch plausibel erscheint?

Hier steht der Historiker an den Grenzen seiner Möglichkeiten. Er verweist auf langfristige Trends und er untersucht auch die kurzfristige Entwicklung von Tag zu Tag. Natürlich will er seine auf zweifache Art gewonnenen Erkenntnisse zur Übereinstimmung bringen. Doch das scheint ihm nicht zu gelingen. Er kann zwar die unterschiedlichen kurzen Wege in den Zweiten Weltkrieg auf einen zusammenhängenden langen Weg plausibel zurückführen. Aber es bleibt ein Rest, den er nicht erklären kann.

Anmerkungen und Literaturhinweise

Innerhalb der Anmerkungen wurden folgende Abkürzungen verwendet:

ADAP	Akten zur Deutschen Auswärtigen Politik 1918–1945, aus dem Archiv des Deutschen Auswärtigen Amtes, Baden-Baden 1950 ff.
DBFP	Documents on British Foreign Policy 1919–1939, hg. von E. L. Woodward und R. Butler, London 1947 ff.
DDF	Documents Diplomatiques Français 1932–1939, hg. vom Ministère des Affaires Étrangères, Paris 1966 ff.
Hansard's	Parliamentary Debates, hg. von (Thomas Curson) Hansard, (London) 1812 ff.
HZ	Historische Zeitschrift
vol.	volume, Bd.

Josef Becker: Weltmacht oder Untergang. Der Weg von Hitlers Reich in den Zweiten Weltkrieg

1 M. Domarus, Hitler. Reden und Proklamationen 1932–1945. Kommentiert von einem deutschen Zeitgenossen, Bd. 2, München 1965, S. 1315.

2 Zit. nach W. Michalka (Hg.), Das Dritte Reich. Dokumente zur Innen- und Außenpolitik, Bd. 1, München 1985, S. 279. Zu Gleiwitz vgl. J. Runzheimer, Die Grenzzwischenfälle am Abend vor dem deutschen Angriff auf Polen, in: W. Benz u. H. Graml (Hgg.), Sommer 1939. Die Großmächte und der Europäische Krieg, Stuttgart 1979.

3 Vgl. W. S. Shirer, Aufstieg und Fall des Dritten Reiches, Frankfurt a. M., Wien, Zürich 1962, S. 544–548; generell M. Steinert, Hitlers Krieg und die Deutschen, Düsseldorf, Wien 1970; und W. Wette, Ideologien, Propaganda und Innenpolitik als Voraussetzung der Kriegspolitik des Dritten Reiches, in: W. Deist u. a. (Hgg.), Ursachen und Voraussetzungen der deutschen Kriegspolitik, Stuttgart 1979, S. 137 ff.

4 Vgl. Domarus, Hitler, S. 1317.

5 Vgl. E. Jäckel, Wie kam Hitler an die Macht?, in: K. D. Erdmann, Hagen Schulze (Hgg.), Weimar, Selbstpreisgabe einer Demokratie. Eine Bilanz heute, Düsseldorf 1980; ders., Hitlers Weltanschauung. Entwurf einer Herrschaft, Erw. u. überarb. Neuausgabe, Stuttgart 1981; generell aus der Fülle der Literatur: M. Broszat u. a. (Hgg.), Deutschlands Weg in die Diktatur. Internationale Konferenz zur nationalsozia-

listischen Machtübernahme im Reichstagsgebäude zu Berlin, Berlin 1983; J. Becker (Hg.), 1933 – Fünfzig Jahre danach. Die nationalsozialistische Machtergreifung in historischer Perspektive, München 1983; und K. D. Bracher, M. Funke, H.-A. Jacobsen (Hgg.), Nationalsozialistische Diktatur 1933–1945. Eine Bilanz, Bonn 1983.

6 Vgl. H. Stehkämper (Bearb.), Der Nachlaß des Reichskanzlers Wilhelm Marx, Bd. 2 Köln 1968, S. 251.

7 Vgl. K.-J. Müller, Nationalkonservative Eliten zwischen Kooperation und Widerstand, in: J. Schmädeke, P. Steinbach (Hgg.), Der Widerstand gegen den Nationalsozialismus. Die deutsche Gesellschaft und der Widerstand gegen Hitler, München, Zürich 1985, S. 37; sowie die einschlägigen Beiträge in: F. Knipping, K.-J. Müller (Hgg.), Machtbewußtsein in Deutschland am Vorabend des Zweiten Weltkrieges, Paderborn 1984.

8 Vgl. die Kontroverse zwischen P. Hoffmann und K.-J. Müller in: HZ 234/235, (1982); sowie E. Hill, Towards a New History of German Resistance to Hitler, in: Central European History 14, 1981; und K.-J. Müller, La Résistance Allemande au Régime Nazi: L'Historiographie en République Fédérale, in: Vingtième Siècle, Revue d'Histoire 1986. Der exiltschechische Historiker B. Celovsky bezeichnet Berk als „eine der hellsten Erscheinungen der jüngsten deutschen Geschichte" (Das Münchener Abkommen von 1938, Stuttgart 1958, S. 275).

9 Vgl. B.-J. Wendt, Großdeutschland. Außenpolitik und Kriegsvorbereitung des Hitler-Regimes, München 1987 (Zitat: S. 144).

10 K.-D. Erdmann, Die Zeit der Weltkriege (Handbuch der deutschen Geschichte, hg. von H. Grundmann), Stuttgart 1976, S. 409.

11 Vgl. zuletzt G. Mollin, Montankonzerne und „Drittes Reich". Der Gegensatz zwischen Monopolindustrie und Befehlswirtschaft in der deutschen Rüstung und Expansion 1936–1944, Göttingen 1988.

12 Vgl. die guten Überblicke von G. Schreiber, Hitler-Interpretationen 1923–1983. Ergebnisse, Methoden und Probleme der Forschung, 2. verb. Aufl. Darmstadt 1988; Ian Kershaw, Der NS-Staat, Geschichtsinterpretationen und Kontroversen im Überblick, Reinbek b. Hamburg 1988; J. Hiden, J. Farquharson, Explaining Hitler's Germany. Historians and the Third Reich, London 1983; W. Wippermann (Hg.), Kontroversen um Hitler, Frankfurt a. M. 1986; H. Mommsen, Adolf Hitler als „Führer" der Nation, Tübingen 1984; K. Hildebrand. Das Dritte Reich, München 1987; sowie W. Carr, Der Weg zum Krieg, Tübingen 1983.

13 Dazu: A. Hillgruber, Deutschlands Rolle in der Vorgeschichte der beiden Weltkriege, Göttingen 1967; ders., Der Zweite Weltkrieg 1939 bis 1945. Kriegsziele und Strategie der großen Mächte, Stuttgart u. a. 1982; ders., Die Zerstörung Europas. Beiträge zur Weltkriegsepoche 1914 bis 1945, Frankfurt/M., Berlin 1988; N. Rich, Hitler's War Aims, 2 Bde. New York 1973/74; J. Thies, Architekt der Weltherrschaft. Die

„Endziele" Hitlers, Düsseldorf 1976; E. Jäckel, Hitlers Weltanschauung; W. Hofer, Die Entfesselung des Zweiten Weltkrieges. Darstellung und Dokumente, Düsseldorf 1984; Wendt, Großdeutschland; und D. Junker, Kampf um die Weltmacht. Die USA und das Dritte Reich 1933–1945, Düsseldorf 1988.

14 Zit. nach Jäckel , Hitlers Weltanschauung, S. 138 (27. Nov. 1941).

15 Vgl. dazu jetzt: R. J. Overy, „Blitzkriegswirtschaft"? Finanzpolitik, Lebensstandard und Arbeitseinsatz in Deutschland 1939–1942, in: Vierteljahrshefte für Zeitgeschichte 36 (1989); sowie Wendt, Großdeutschland, S. 176.

16 Vgl. W. Michalka, Ribbentrop und die deutsche Weltpolitik 1933–40. Außenpolitische Konzeptionen und Entscheidungsprozesse im Dritten Reich, München 1980.

17 Zit. nach A. Hillgruber, Die gescheiterte Großmacht, Düsseldorf 1980, S. 106.

Władysław Bartoszewski: Polen: Die innen- und außenpolitische Lage im Sommer 1939

1 Die Angabe der Muttersprache war freiwillig; da manche Juden sich einfach als Polen bezeichneten, was durchaus statthaft war, erschien der Prozentanteil der jüdischen Bevölkerung in der Statistik geringer, als er in Wirklichkeit war.

2 Scriptor (Bearbeiter), Sejm i Senat 1938–1945. V. kadencja, Warszawa (Warschau) 1939, S. 416, 475.

3 Vgl. Gotthold Rhode, Geschichte Polens. Ein Überblick, 3., verbesserte Auflage, Darmstadt 1980, S. 480–482.

4 Neal Ascherson, Der Traum vom freien Vaterland. Polens Geschichte bis heute, Köln 1978, S. 76.

5 Jörg K. Hoensch, Geschichte Polens, Stuttgart 1983, S. 270.

6 Vgl. Ascherson, Der Traum vom freien Vaterland, S. 76; auch: Hoensch, Geschichte Polens, S. 271.

7 Martin Broszat, 200 Jahre deutsche Polenpolitik, Frankfurt/Main 1972, S. 244f.

8 Vgl. Winston Churchill, Rede im Unterhaus am 5. Oktober 1938, zit. nach Broszat, S. 251.

9 Vgl. Rhode, Geschichte Polens, S. 499.

10 Im Nürnberger Prozeß als Dokument 137, C vorgelegt, hier zit. nach Erich Kuby, Als Polen deutsch war. 1939–1945, Ismaning 1986, S. 45–46.

11 Zit. nach Broszat, 200 Jahre deutsche Polenpolitik, S. 259.

12 Vgl. ebd., S. 260.

13 Hans Roos, Geschichte der polnischen Nation 1918–1985. Von der Staatsgründung im Ersten Weltkrieg bis zur Gegenwart. 4., überarb.

und erw. Auflage, fortgeführt von Manfred Alexander, Stuttgart/Berlin/Köln/Mainz 1986, S. 162.

14 Nürnberger Dokumente, zit. nach Broszat, 200 Jahre deutsche Polenpolitik, S. 262.

15 Der Prozeß gegen die Hauptkriegsverbrecher vor dem Internationalen Militärgerichtshof, Nürnberg 1947, Bd. XXIV, S. 338ff., Dokument 798/PS.

16 Roos, Geschichte der polnischen Nation, S. 166–167.

17 Rhode, Geschichte Polens, S. 500f.

18 Hoensch, Geschichte Polens, S. 278.

Helmut Altrichter: Unauflösbare Widersprüche. Die sowjetische Politik und der Kriegsausbruch

1 Protokoll des VII. Weltkongresses der Kommunistischen Internationale, Moskau 25. Juli – 20. August 1935, Ungekürzte Ausgabe, 2. Auflage, Stuttgart 1976, S. 321ff., 984ff., 998ff.

2 ADAP, Serie D, Bd. VII, Dok. 228.

3 Vgl. Protokoll des VII. Weltkongresses u. a. S. 322, 1000ff.

4 Stellungnahmen dazu zusammengestellt bei W. Leonhard, Der Schock des Hitler-Stalin-Paktes. Erinnerungen aus der Sowjetunion, Westeuropa und den USA, Freiburg/Basel/Wien 1986.

5 Vgl. die sowjetischen Nichtangriffspakte mit Polen, Finnland, Estland, Lettland und Frankreich von 1932.

6 Vgl. ADAP, Serie D, Bd. VIII, Dok. 157ff. In Abänderung des Zusatzprotokolls vom 23. August fiel Zentralpolen nun ganz in die deutsche Interessensphäre, wofür die Sowjetunion – in einem neuen geheimen Zusatzprotokoll – das Zugriffsrecht auf Litauen erhielt; vgl. den Beitrag über die baltischen Staaten in diesem Band.

7 So W. Birkenfeld, Stalin als Wirtschaftspartner Hitlers (1939–1941), in: Vierteljahrsschrift für Sozial- und Wirtschaftsgeschichte 53 (1966), S. 477ff., hier S. 509.

8 J. Degras (Hg.), The Communist International 1919–1943, Documents, 3 Bde., Plymouth/London 2. Aufl. 1971.

9 So G. E. Zinov'ev, in: Die Kommunistische Internationale, 1919, S. XII.

10 Zur Entwicklung der Faschismusdiskussion in der Komintern vgl. L. Luks, Entstehung der kommunistischen Faschismustheorie. Die Auseinandersetzung der Komintern mit Faschismus und Nationalsozialismus 1921–1935, Stuttgart 1985, sowie den knappen Überblick W. Schieder, Faschismus, in: Sowjetsystem und demokratische Gesellschaft, Bd. 2, Freiburg 1968, S. 438ff.

11 Dazu sowie zum folgenden B. Pietrow, Stalinismus – Sicherheit – Offensive. Das „Dritte Reich“ in der Konzeption der sowjetischen Außenpolitik 1933–1941, S. 127ff.

12 So wiederholte es noch einmal Kuusinen auf dem XIII. Plenum des Exekutivkomitees der Komintern im Dezember 1933, vgl. XIII. Plenum des EKKI/Dezember 1933, Der Faschismus in Deutschland, Moskau/Leningrad 1934, S. 10.

13 Vgl. Protokoll des VII. Weltkongresses v. a. S. 321 ff., 984 ff.

14 L. Trotzki, Mein Leben. Versuch einer Autobiographie, Frankfurt 1961, S. 314.

15 J. W. Stalin, Werke, Bd. 10, Berlin 1953, S. 45. Daran schließt ab Mitte der 30er Jahre der Versuch an, einen neuen ‚Sowjetpatriotismus' zu propagieren, mit einer Rehabilitierung von Begriffen wie ‚Heimat' und ‚Vaterland' und Erinnerung an die ‚große ruhmreiche russische Geschichte'; vgl. dazu die Dokumentation von E. Oberländer, Sowjetpatriotismus und Geschichte, Köln 1967.

16 Aufzeichnung des Majors Marcks vom 19. 12. 1932, wieder abgedruckt bei F. A. Krummacher/H. Lange, Krieg und Frieden. Geschichte der deutsch-sowjetischen Beziehungen. Von Brest-Litowsk zum Unternehmen Barbarossa, München/Esslingen 1970, S. 516.

17 G. Hilger, Wir und der Kreml. Deutsch-sowjetische Beziehungen 1918–1941. Erinnerungen eines deutschen Diplomaten, Frankfurt/Berlin 1955, S. 243.

18 Zahlreiche Hinweise für die Unterscheidung von ‚parteipolitischer' Agitation und ‚staatspolitischem' Denken, für die sowjetische Erwartung, daß nach einer Übergangszeit in der Außenpolitik die Staatsraison wieder über die Parteiagitation triumphieren würde, bei Pietrow, Stalinismus, S. 39 ff.

19 Als Gesamtüberblick vgl. H.-A. Jacobsen, Primat der Sicherheit, 1928 bis 1938, in: D. Geyer (Hg.), Sowjetunion. Außenpolitik 1917–1955 (Osteuropa-Handbuch), Köln/Wien 1972, S. 231 ff.

20 Lenin, Werke, 4. Auflage, Berlin 1955 ff., Bd. 30, S. 490; Bd. 31, S. 214, 315 ff.; Stalin, Werke, Bd. 7, S. 257.

21 Zur britischen Politik vgl. die vorzügliche Untersuchung von G. Niedhart, Großbritannien und die Sowjetunion 1934–1939. Studien zur britischen Politik der Friedenssicherung zwischen den beiden Weltkriegen, München 1972.

22 Die Forschung hat dazu v. a. folgende Überlegungen zusammengetragen: Der sowjetisch-tschechische Vertrag machte die sowjetische Hilfeleistung von vorausgehender französischer Hilfe abhängig, die war aber nicht zu erwarten; um zu Hilfe zu kommen, hätte die Rote Armee eines Durchmarschrechtes durch Polen oder Rumänien bedurft, sie hat darum nicht nachgesucht noch wäre es ihr vermutlich gewährt worden; ohne Durchmarschrecht wäre Sowjetrußland aber Gefahr gelaufen, vom Völkerbund und als Aggressor verurteilt zu werden; fraglich ist vor allem, ob die Rote Armee damals überhaupt einsatzfähig war, vgl. dazu die Ausführungen unten.

23 Stalin, Werke, 2. Auflage Dortmund 1976, Bd. 14, S. 193.

24 Zu den Vertragsverhandlungen ausführlich R. W. Weber, Die Entstehungsgeschichte des Hitler-Stalin-Paktes 1939, Frankfurt/Bern/Cirencester 1980.

25 Die sowjetische Seite sieht das anders, betont den Friedenswillen der Sowjetunion, schreibt das Scheitern der Verhandlungen mit den Westmächten allein deren Verhalten zu und verteidigt den Pakt mit dem Zeitgewinn zur Stärkung der eigenen, sowjetischen Landesverteidigung; verwiesen sei nur auf A. A. Gromyko/B. N. Ponomarev (Hgg.), Istorija vnešnej politiki SSSR, 1917–1985, 2 Bde., 5. Aufl. Moskau 1986; A. L. Naročnickij (Hg.), SSSR v bor'be protiv fašistskoj agressii 1933–1945, Moskau 1986; V. J. Sipols, Die Vorgeschichte des deutsch-sowjetischen Nichtangriffsvertrages (aus dem Russischen), Moskau 1981. Die sowjetische Position wird ausgiebig referiert und diskutiert bei A. Hillgruber, Zur Entstehung des Zweiten Weltkrieges. Forschungsstand und Literatur, Düsseldorf 1980, sowie B. Pietrow, Stalinismus, passim. Wie schwer man sich gerade in diesem Zusammenhang tut, unhaltbare Positionen zu räumen, zeigt die Leugnung des geheimen Zusatzprotokolls; in einem soeben erschienenen Spiegelinterview hat es der frühere Außenminister und Vorsitzende des Obersten Sowjet, Gromyko, erneut als Fälschung bezeichnet (Spiegel No. 17, 24. April 1989, S. 170f.). Zur Klärung des Sachverhaltes hat der Volksdeputiertenkongreß – auf Druck der baltischen Delegierten – im Frühsommer eine Untersuchungskommission eingesetzt. Einen Überblick über den Quellenstand gibt H. König, Das deutsch-sowjetische Vertragswerk von 1939 und seine geheimen Zusatzprotokolle. Eine Dokumentation, in: Osteuropa, 39 (1989), S. 413ff.

26 Protokoll des VII. Weltkongresses S. 928ff., 1005ff.

27 Grunddaten bei St. Merl, Rußland und die Sowjetunion 1914–1980, in: Handbuch der europäischen Wirtschafts- und Sozialgeschichte Bd. 6, Stuttgart 1987, S. 640ff.

28 Für den Gesamtzusammenhang vgl. H. Altrichter/H. Haumann (Hgg.), Die Sowjetunion. Von der Oktoberrevolution bis zu Stalins Tod. Dokumente, 2 Bde., München 1986/87.

29 Groß herausgestellt wurde dabei die Gruppe Aleksej Stachanovs, der mit seiner Gruppe in einer Zeche des Donecbeckens im Sommer 1935 das Dreizehnfache der Norm förderte. Dazu L. H. Siegelbaum, Stakhanovism and the Politics of Productivity in the USSR, 1935–1941, New York/New Rochelle/Melbourne/Sydney 1988; R. Maier, Die Stachanov-Bewegung 1935–1938, phil. Diss. Marburg 1989.

30 Dazu sowie zur schwierigen Frage der Hintergründe kontrovers R. Conquest, Am Anfang starb Genosse Kirov. Säuberungen des Sowjetregimes unter Stalin, Düsseldorf 1970; J. A. Getty, Origins of the Great Purges. The Soviet Communist Party reconsidered 1933–1938, Cambridge 1985.

31 John Erickson, The Soviet High Command, 1918–1941, New York

1962, S. 504 ff.; P. Gosztony, Die Rote Armee. Geschichte und Aufbau der sowjetischen Streitkräfte seit 1917, Wien 1980, S. 141 ff.

32 Moscow News No. 3, 1989 März; D. Volkogonov, dessen neue große Stalin-Biographie in diesem Jahr erscheinen soll, gab dabei an, daß nach seinen Berechnungen die Rote Armee während des Zweiten Weltkrieges etwa 600 Generale verlor; Stalin habe dagegen zwischen 1937 und 1939 dreimal so viele Militärs „ausgelöscht, die (im Rang) dieser Personengruppe gleichzustellen seien" (Generalsränge gab es damals noch nicht).

33 Moscow News No. 1, 1989 Januar; siehe auch S. Rosefielde, An assessment of the sources and uses of Gulag forced labour 1929–56, in: Soviet Studies 33 (1981), S. 51 ff.; sowie S. G. Wheatcroft, On assessing the size of forced concentration camp labour in the Soviet Union, 1929–56, in: ebd. S. 265 ff.

34 Vgl. dazu nur B. Pietrow, Deutschland im Juni 1941 – ein Opfer sowjetischer Aggression? Zur Kontroverse über die Präventivkriegsthese, in: Geschichte und Gesellschaft 14 (1988), S. 116 ff.; W. Wette, Verteidigungslügen. Warum die Mär vom deutschen Präventivkrieg gegen Rußland neubelebt wird, in: Die Zeit, No. 28, 8. Juli 1988, S. 16.

35 Für Hitler war die Rote Armee (im Dezember 1940) „nicht mehr als ein Witz", und er rechnete wenige Wochen vor Beginn des ‚Unternehmens Barbarossa' mit einer Kriegsdauer von höchstens drei Monaten, ein Urteil, in dem ihn übrigens auch führende Militärs bestärkten; vgl. u. a. ADAP, Serie D, Bd. XI, 2, Dok. 438; W. A. Boelcke (Hg.), Wollt Ihr den totalen Krieg? Die geheimen Goebbels-Konferenzen 1939 bis 1943, München 1969, S. 236; A. Hillgruber, Das Rußlandbild der führenden deutschen Militärs vor Beginn des Angriffs auf die Sowjetunion, in: Deutschland, Rußland, Amerika. Festschrift für F. T. Epstein, Wiesbaden 1978, S. 296 ff.; Belege dafür auch in: Kriegstagebuch des Oberkommandos der Wehrmacht, Bd. I und II (zusammengestellt von H.-A. Jacobsen), Frankfurt 1965.

Julian Bullard: „Muß es sein? Es muß sein!" Großbritannien und der Kriegsausbruch

1 Vgl. Neville Chamberlain, Briefe an seine Schwestern, unveröffentlichtes Material in der Universitätsbibliothek Birmingham, Briefe vom 20. Oktober und 6. November 1938.

2 Vgl. Brief vom 11. Dezember 1938.

3 Hansard, 5th series, vol. 351, col. 292.

4 Vgl. Documents on British Foreign Policy 1919–39 (DBFP), hg. von E. L. Woodward/R. Butler, Third Series, London 1949–55, Vol. IV, No. 137.

5 DBFP, THIRD SERIES, Vol. I, No. 109.

6 DBFP, THIRD SERIES; Vol. IV, No. 545.

7 Brief vom 2. Juli 1939.
8 Vgl. beispielsweise DBFP, THIRD SERIES; Vol. IV, No. 103, 194.
9 Vgl. beispielsweise DBFP, THIRD SERIES; Vol., I, No. 164; II, No. 1093; III, No. 325.
10 Siehe dazu u.a. DBFP, THIRD SERIES, Vol. II, No. 1146, 1150, 1160; III, No. 122, 189.
11 Vgl. DBFP, THIRD SERIES, Vol. II, No. 1093.
12 Vgl. DBFP, THIRD SERIES, Vol. IV, No. 555.
13 Vgl. DBFP, THIRD SERIES, Vol. IV, No. 596.
14 Vgl. DBFP, THIRD SERIES, Vol. IV, No. 359.
15 Vgl. DBFP, THIRD SERIES, Vol. III, No. 78, 87, 396.
16 Vgl. DBFP, THIRD SERIES, Vol. III, No. 120; IV, No. 243, 295.
17 Vgl. DBFP, THIRD SERIES, Vol. IV, No. 75.
18 DBFP, THIRD SERIES, Vol. IV, No. 608.
19 Brief vom 19. September 1938.
20 Brief vom 2. Oktober 1938.
21 Vgl. DBFP, THIRD SERIES, Vol. II, No. 1228.
22 Vgl. DBFP, THIRD SERIES, Vol. IV, No. 171.
23 Vgl. DBFP, THIRD SERIES, Vol. IV, No. 188.
24 Siehe dazu beispielsweise DBFP, THIRD SERIES, Vol. I, No. 121, 613.
25 DBFP, THIRD SERIES, Vol. IV, No. 288.
26 Briefe vom 26. März, 9. April und 29. April 1939.
27 Vgl. dazu auch Keith Feiling, The Life of Neville Chamberlain, London 1946.
28 Vgl. DBFP, THIRD SERIES, Vol. I, No. 44.
29 DBFP, THIRD SERIES, Vol. IV, No. 279.
30 Vgl. DBFP, THIRD SERIES, Vol. I, No. 54.
31 Vgl. Brief vom 23. Juli 1939.
32 Siehe dazu z. B. DBFP, THIRD SERIES, Vol. I, No. 551.
33 DBFP, THIRD SERIES, Vol. II, No. 793.
34 DBFP, THIRD SERIES, Vol. IV, No. 162.
35 Vgl. DBFP, THIRD SERIES, Vol. I, No. 121.
36 Vgl. DBFP, THIRD SERIES, Vol. IV, No. 335.
37 Zit. nach Sir Nevile Henderson, Failure of a Mission, London 1941, S. 294f.
38 Vgl. Brief vom 15. Juli 1939.
39 DBFP, THIRD SERIES, Vol. I, No. 425.
40 Zit. nach A. J. P. Taylor, English History 1914–1945, Oxford 1965, S. 408.
41 Radioansprache vom 27. September 1938.
42 DBFP, THIRD SERIES, Vol. III, No. 515.
43 DBFP, THIRD SERIES, Vol. I, No. 57.
44 DBFP, THIRD SERIES, Vol. III, No. 285.
45 DBFP, THIRD SERIES, Vol. II, Appendix IV, Brief vom 19. August 1938.

René Girault: Der Kriegseintritt einer uneinigen Nation: Frankreich

1 Charles Rist, Une Saison Gâtée, Journal de la guerre et de l'occupation, 1939–1945, Paris 1983.

2 Ebd., S. 39.

3 Jules Jeanneney, Journal Politique, septembre 1939–juillet 1942, Paris 1972, S. 12.

4 Zit. nach Jean Baptiste Duroselle, La Décadence 1932–1939, 3. Aufl., Paris 1985, S. 471.

5 DDF 1932–1939, 2ième Série, Bd. XIX, Paris, S. 233.

6 Zit. nach Duroselle, La Décadence, S. 481.

7 Yves Beauvois, Les relations franco-polonaises pendant „la drôle de guerre", Paris 1989, S. 48.

8 Vgl. dazu: Duroselle, La Décadence, S. 462, und René Girault/Robert Frank, Turbulente Europe et nouveaux mondes, 1914–1941, Paris 1988.

9 François Bedarida, La gouvernante anglaise, in: Edouard Daladier, Chef de gouvernement, hrg. von R. Remond und J. Bourdin, Paris 1980, S. 228.

10 Zit. nach Duroselle, La Décadence, S. 472, 477, 479.

11 Vgl. François Paulhac, Les accords de Munich et les origines de la guerre de 1939, Paris, Lib. Ph. J. Vrin, S. 240.

12 Vgl. Le Pacifisme de 1920 à nos jours, in: Relations Internationales, Nr. 53, Herbst 1988.

13 Vgl. Girault/Frank, Turbulente Europe, S. 84.

14 Zit. nach Jean Lacouture, Léon Blum, Paris 1977, S. 253.

15 Zit. ebd., S. 428.

16 Jean François Sirinelli, Génération intellectuelle, Khâgneux et Normaliens dans l'entre deux guerres, Paris 1988.

17 Ebd., S. 589.

18 R. Girault, Les relations franco-soviétiques à la veille de la seconde guerre mondiale, in: Revue des Etudes Slaves, L/3, S. 417.

19 Vgl. Elisabeth du Reau, E. Daladier, seine Biographie, Dissertation 1988.

20 Vgl. Jean Pierre Azema, De Munich à la Libération 1938–1944, Paris 1981, und Daladier, Chef de Gouvernement.

21 Zit. nach Serge Berstein/Jean Jacques Becker, Histoire de l'Anticommunisme en France, Bd. 1, 1917–1940, Paris 1987, S. 335.

22 Ebd., S. 278.

23 Ebd., S. 331.

24 Rist, Une Saison Gâtée, S. 145 (14. März 1941).

25 Vgl. Stéphane Courtois, Le P. C. F. pendant la guerre, Paris 1980; Le Parti Communiste français des années sombres, hrg. von J. P. Azema/Antoine Prost/J.P. Rioux, Paris 1986.

26 Vgl. Français et Britanniques pendant la drôle de guerre, Actes du Colloque (1975), Paris 1977.

27 Gespräch mit M. Osusky am 17. Dezember 1936 in Paris, DDF, 1932–1939, 2ième Série, Bd. IV, S. 270.

28 Vgl. Girault/Frank, Turbulente Europe, S. 225, 237; s. auch The Fascist Challenge and the Policy of Appeasement, hrg. von Wolfgang Mommsen/Lothar Kettenacker, London 1983.

29 Vgl. Charles Robert Ageron, France coloniale ou parti coloniale?, Paris 1977; Jacques Marseille, Empire colonial et capitalisme français, histoire d'un divorce, Paris 1983.

30 Zit. ebd., S. 237.

31 La Puissance en Europe 1938–1940, hrg. von R. Girault/R. Frank, Paris 1984; s. auch Relations Internationales, Nr. 33 (Herbst 1983); Revue Historique des Armées, Nr. 1, 3, 1983; Revue française d'Outremer, 1982; Revue d'Histoire moderne et contemporaine, 1984.

32 Zit. nach Girault/Frank, Turbulente Europe, S. 235.

33 Vichy 1940–1944, Quaderni e Documenti inediti di Angelo Tasca, Kriegsarchiv von Angelo Tasca, verwaltet von Denis Peschanki, Milano 1986, S. 234.

Jens Petersen: Die Stunde der Entscheidung. Das faschistische Italien zwischen Mittelmeerimperium und neutralistischem Niedergang

1 Die wichtigste Literatur zu dem behandelten Thema: F. Siebert, Italiens Weg in den Zweiten Weltkrieg, Frankfurt/M., Bonn, 1962; F. W. Deakin, Die brutale Freundschaft. Hitler, Mussolini und der Untergang des italienischen Faschismus, Köln 1962; M. Toscano, The Origins of the Pact of Steel, Baltimore 1967; R. De Felice, Mussolini il duce, Bd. 2: Lo Stato totalitario 1936–1940, Torino 1981; M. Knox, Mussolini Unleashed 1939–1941. Politics and Strategy in Fascist Italy's Last War, Cambridge 1982; sowie: Das Deutsche Reich und der Zweite Weltkrieg. Bd. 3: Der Mittelmeerraum und Südosteuropa von der „non-beligeranza" Italiens bis zum Kriegseintritt der Vereinigten Staaten, Stuttgart 1984 (hier die neueste Bibliographie).

2 G. Ciano, Diario 1939–1943, Milano 1963, Eintrag vom 13. 5. 1939.

3 Toscano, Pact of Steel, S. 291.

4 J. Petersen, Gesellschaftssystem, Ideologie und Interesse in der Außenpolitik des faschistischen Italien, in: Quellen und Forschungen aus italienischen Archiven und Bibliotheken, Bd. 54 (1974), S. 428–470.

5 Opera Omnia di Benito Mussolini, Bd. 28, Firenze 1959, S. 248–253.

6 R. De Felice, Beobachtungen zu Mussolinis Außenpolitik, in: Saeculum-Jahrbuch 24 (1973), S. 314–327.

7 D. C. Watt, The Rome–Berlin Axis, 1936–1940. Myth and Reality, in: Review of Politics 22 (1960), S. 519–543.

8 J. Petersen, Die Entstehung des Totalitarismusbegriffs in Italien, in: M. Funke (Hg.), Totalitarismus, Düsseldorf 1978, S. 105–128.

9 M. Michaelis, Mussolini and the Jews. German-Italian Relations and the Jewish Question in Italy 1922–1945, Oxford 1978; R. De Felice, Storia degli ebrei italiani sotto il fascismo, Torino ^{4}1988.

10 Als letzte eindrückliche Dokumentation N. Caracciolo (Hg.), Gli ebrei e l'Italia durante la guerra 1940–45, Roma 1986.

11 J. Petersen, Vorspiel zu „Stahlpakt" und Kriegsallianz: Das deutsch-italienische Kulturabkommen vom 23. November 1938, in: Vierteljahrshefte für Zeitgeschichte 1988, S. 41–77.

12 G. Bottai, Diario 1935–1944, Milano 1982, S. 123f.

13 R. Michels, Italien von heute, Zürich, Leipzig 1930, S. 370f.

14 G. A. Borgese, Der Marsch des Faschismus, Amsterdam 1938, S. 354.

15 De Felice, Stato totalitario.

16 Deakin, Brutale Freundschaft, S. 23.

17 Knox, Mussolini Unleashed, S. 286.

18 So die Bezeichnung bei De Felice, Stato totalitario, passim.

19 Aufschlußreiche Überlegungen zu den innenpolitischen Rückwirkungen der außenpolitischen Option finden sich bei A. Lyttleton, The Seizure of Power. Fascism in Italy 1919–1929, London 1973, S. 432ff.

20 P. Calamandrei, Diario 1939–1945, Firenze 1982, Bd. 1, S. 85.

21 G. Gonella, Verso la 2ª guerra mondiale. Cronache politiche. ‚Acta diurna' 1933–1940, Bari 1979; A. De Gasperi, Scritti di politica internazionale 1933–1938, 2 Bde., Città del Vaticano 1981.

22 Ein eindrucksvolles Porträt jetzt in: K. Voigt, Zuflucht auf Widerruf. Exil in Italien 1933–1945, Bd. 1, Suttgart 1989.

23 L. Jollos-Mazzucchetti (Hg.), Die andere Achse. Italienische Resistenza und geistiges Deutschland, Hamburg 1964.

24 Calamandrei, Diario.

25 J. Petersen, Jugend und Jugendprotest im faschistischen Italien, in: D. Dowe (Hg.), Jugendprotest und Generationenkonflikt in Europa im 20. Jahrhundert, Bonn 1986, S. 199–208.

26 Documenti Diplomatici Italiani, Serie 5: 1914–1918, Bd. III, Roma 1985, S. 472.

27 O. Meißner, Staatssekretär unter Ebert–Hindenburg–Hitler, Hamburg 1950, S. 354.

28 G. Castellan. Le réarmement clandestin du Reich 1930–1935, Paris 1954, S. 463f.

29 G. Schreiber, Revisionismus und Weltmachtstreben. Marineführung und deutsch-italienische Beziehungen 1919–1944, Stuttgart 1978.

30 Documenti Diplomatici Italiani, Serie 8: 1935–1939, Bd. 13, S. 430–444.

31 J. Petersen, Hitler–Mussolini. Die Entstehung der Achse Berlin–Rom 1933–1936, Tübingen 1973, S. 23.

32 ADAP, Serie D, Bd. IV, Nr. 411.

33 M. Boveri, Das Weltgeschehen am Mittelmeer, Zürich ^{4}1939, S. 473, 476.

34 ADAP, Serie D, Bd. I, S. 31.

35 Siebert, Italiens Weg, S. 170.

36 M. Luciolli, Palazzo Chigi: anni roventi. Ricordi di vita diplomatica italiana dal 1933 al 1948, Milano 1976, S. 71.

37 D. Grandi, Il mio paese. Ricordi autobiografici, Bologna 1983, S. 423.
38 E. von Rintelen, Mussolini als Bundesgenosse, Tübingen 1951, S. 53 ff.
39 J. Petersen, Deutschland, Italien und Südtirol 1938–1940, erscheint demnächst in einem von H. Steininger herausgegebenen Sammelband.
40 H. A. Jacobsen, Karl Haushofer. Leben und Werk, 2 Bde., Boppard/Rh. 1979, Bd. 2, S. 379 f.
41 C. F. Latour, Südtirol und die Achse Berlin–Rom 1938–1945, Stuttgart 1962, S. 34.
42 Ebd.
43 G. Bocca, Storia d'Italia nella guerra fascista 1940–1943, Bari 1969, S. 60 f.
44 J. Petersen, Mussolini: Wirklichkeit und Mythos eines Diktators, in: K.-H. Bohrer (Hg.), Mythos und Moderne, Frankfurt/M. 1983, S. 242–260.
45 De Felice, Stato totalitario, S. 72 f., 300.
46 U. Alfassio Grimaldi, G. Bozzetti, Dieci giugno 1940. Il giorno della follia, Bari 1974.
47 A. Gambino, Storia del PNF, Milano 1962, S. 173.
48 Ciano, Diario, Eintragung vom 2. 4. 1940.

Walther L. Bernecker: Neutralität wider Willen. Spaniens verhinderter Kriegseintritt

1 Beide Zitate nach Victor Morales Lezcano, Las causas de la no-beligerancia española, reconsideradas, in: Revista de Estudios Internacionales Bd. V, Nr. 3, 1984, S. 609–631, hier S. 609 f.
2 Aufzeichnung über eine Unterredung zwischen Hitler und Ciano am 28. September 1940, Berlin 29. September 1940, in: ADAP, Serie D, Bd. XI, 1: Die Kriegsjahre, Bonn 1964, S. 182.
3 So etwa der philofranquistische Hellmuth Günther Dahms, Francisco Franco. Soldat und Staatschef, Göttingen 1972; der extrem konservative Brian Crozier, Franco. Biographie, München 1967; der offiziöse Historiker des Franquismus Ricardo de la Cierva, Hendaya – punto final. Barcelona 1981.
4 Ramón Serrano Suñer, Zwischen Hendaye und Gibraltar. Feststellungen und Betrachtungen, angesichts einer Legende, über unsere Politik während zweier Kriege, Zürich 1948 (spanisches Original: Entre Hendaya y Gibraltar. Noticia y reflexión, frente a una leyenda, sobre nuestra política en dos guerras, Madrid 1947); später hat Serrano Suñer seine damalige Haltung ausführlich gerechtfertigt. Ders., Entre el silencio y la propaganda, la Historia como fue. Memorias, Barcelona 1977; vgl. auch Heleno Saña, El franquismo sin mitos. Conversaciones con Serrano Suñer, Barcelona 1982.
5 Für die kommunistische Literatur vgl. Otfried Dankelmann, Franco

zwischen Hitler und den Westmächten. Berlin-Ost 1970; dessen Position ist zusammengefaßt in ders., Zur spanischen „Nichtkriegführung" im Zweiten Weltkrieg, in: Zeitschrift für Militärgeschichte H. 9, 1970, S. 683–692. Die neueste spanische Forschung wird repräsentiert durch José Mario Armero, La política exterior de Franco, Barcelona 1978; Victor Morales Lezcano, Historia de la no-beligerancia española durante la segunda guerra mundial, Las Palmas 1980; ders., Las causas de la no-beligerancia; Matthias Ruiz Holst, Neutralität oder Kriegsbeteiligung? Die deutsch-spanischen Verhandlungen im Jahre 1940, Pfaffenweiler 1986; El impacto de la II Guerra Mundial en Europa y en España, hg. von der Asamblea de Madrid, Madrid 1986.

6 Hierzu sowie allgemein zur Situation Spaniens nach 1939 vgl. Walther L. Bernecker, Spaniens Geschichte seit dem Bürgerkrieg, München 1988, S. 55 und passim.

7 Hierzu Donald S. Detwiler, Hitler, Franco und Gibraltar. Die Frage des spanischen Eintritts in den Zweiten Weltkrieg, Wiesbaden 1962, S. 17–19; vgl. auch Andreas Hillgruber, Hitlers Strategie. Politik und Kriegführung 1940–1941, Frankfurt 1965, S. 137.

8 Staatssekretär von Weizsäcker an den Reichsaußenminister, 19. 6. 1940, in: ADAP, Serie D, Bd. IX, S. 513 f.

9 Weitere Beispiele bei Armero, La política exterior, S. 113–117.

10 Vgl. Detwiler, Hitler, Franco und Gibraltar, S. 25.

11 Hillgruber, Hitlers Strategie, S. 184. Zur englischen Politik 1940/41 grundlegend Denis Smyth, Diplomacy and Strategy of Survival. British Policy and Franco's Spain, 1940–41, Cambridge 1986. Vgl. auch Herbert Feis, The Spanish Story. Franco and the Nations at War, New York 1948, sowie neuerdings (enttäuschend) Willard L. Beaulac, Franco. Silent Ally in World War II, Carbondale 1986. Von Interesse sind auch die Memoiren des britischen und des US-amerikanischen Botschafters: Sir Samuel Hoare, Ambassador on Special Mission, London 1946; Carlton Hayes, Wartime Mission in Spain, 1942–1945, New York 1946.

12 ADAP, Serie D, Bd. X, S. 365; das Zitat aus Halders Kriegstagebuch nach Hillgruber, Hitlers Strategie, S. 185; die Zahlen des spanischen Handelsministeriums nach Dankelmann, Franco, S. 117. Zur Rolle Canaris' vgl. Léon Papeleux, L'admiral Canaris entre Franco et Hitler. Le rôle de Canaris dans les relations germano-espagnoles (1915–1944), o. O. 1977.

13 Zu den Berliner Septemberverhandlungen vgl. die Dokumente in ADAP Serie D, Bd. XI, 1 sowie Antonio Marquina Barrio, La relative neutralité espagnole, in: Louis-Edouard Roulet (Hg.), Les états neutres européens et la Seconde Guerre Mondiale, Neuchâtel 1985, S. 109–123; Fernando García Lahiguera, Ramón Serrano Suñer. Un documento para la Historia, Barcelona 1983, S. 156–165; Ramón Garriga Alemany, Franco – Serrano Suñer. Un drama político, Barcelona 1986, S.

76–82; Charles B. Burdick, Germany's Military Strategy and Spain in World War II, New York 1968.

14 ADAP, Serie D, Bd. XI, 1, S. 72–79.

15 Zum Spitzengespräch von Hendaye vgl. (außer der bereits zitierten Literatur) die Zusammenfassung in ADAP, Serie D, Bd. XI, S. 315–319 sowie Paul Schmidt, Statist auf diplomatischer Bühne 1923–45, Bonn 1968, S. 499–503; Cierva, Hondaya; Detwiler, Hitler, Franco und Gibraltar, S. 51–66; Gerhard Krebs, Japan und Spanien 1936–1945. Tokyo 1988, S. 12–16.

16 ADAP, Serie D, Bd. XI, 2, S. 618.

17 Ebd., S. 681.

18 Ebd., S. 688.

19 Klaus-Jörg Ruhl, Spanien im Zweiten Weltkrieg. Franco, die Falange und das „Dritte Reich", Hamburg 1975; Krebs, Japan und Spanien.

20 Zur ‚Blauen Division' vgl. Raymond Proctor, Agonía de un neutral, (Las relaciones hispano-alemanas durante la segunda guerra mundial y la División Azul), Madrid 1972; Gerald R. Kleinfeld/Lewis A. Tambs, Hitler's Spanish Legion: The Blue Division in Russia. London 1979; Ruhl, Spanien im Zweiten Weltkrieg, vgl. auch David Wingeate Pike, Franco and the Axis Stigma, in: Journal of Contemporary History 17, 3, 1982, S. 369–407.

Helmut Meyer: Bauern auf dem Schachbrett: Die baltischen Staaten

1 Nebelspalter vom 27. 10. 1939, S. 7.

2 Zur Entstehung des Nichtangriffspaktes vgl. vor allem Philipp W. Fabry, Der Hitler-Stalin-Pakt 1939–1941, Darmstadt 1962.

3 Ausführlich Georg von Rauch, Geschichte der baltischen Staaten, Stuttgart 1970, S. 177ff. In Lettland wurden 25000, in Litauen 20000 Sowjetsoldaten stationiert.

4 Zit. bei Dietrich A. Loeber (Hg.), Diktierte Option. Die Umsiedlung der Deutsch-Balten aus Estland und Lettland 1939–41, Neumünster 1972, S. 41, Anm. 2.

5 Von Rauch, Geschichte der baltischen Staaten, S. 178; Seppo Myllyniemi, Die baltische Krise 1938–41 (Schriften der Vierteljahrshefte für Zeitgeschichte 38), Stuttgart 1979, S. 65.

6 Karl Selter, Die Sowjetpolitik und das Baltikum, in: Auswärtige Politik 11 (1944), S. 202.

7 Myllyniemi, Die baltische Krise, S. 18.

8 Hans Rothfels, Das Baltikum als Problem der internationalen Politik, in: Zeitgeschichtliche Betrachtungen, Göttingen 1959, S. 224; Alexander Dallin, The Baltic States between Nazi Germany and Soviet Russia, in: The Baltic States in Peace and War 1917–1945, hg. von V. Stanley Vardys and Romuald J. Misiunas, Pennsylvania Univ. Press 1978, S. 99f.

9 Osteuropa 13 (1937/38), S. 709.
10 Vgl. vor allem Georg Vigrabs, Die Stellungnahmen der Westmächte und Deutschlands zu den baltischen Staaten im Frühling und Sommer 1939, in: Vierteljahrshefte für Zeitgeschichte 7 (1959), S. 261 ff.
11 Myllyniemi, Die baltische Krise, S. 42.
12 Ebd., S. 80.
13 Edgars Andersons, Latvijas vesture 1920–1940, Bd. 2, Stockholm 1984, S. 692 f.
14 Loeber, Diktierte Option, S. 7.
15 Hans-Erich Volkmann, Ökonomie und Machtpolitik. Lettland und Estland im politisch-ökonomischen Kalkül des Dritten Reiches (1933–40), in: Geschichte und Gesellschaft 2 (1976), S. 491 ff.
16 Hans von Rimscha, Die Baltikumpolitik der Großmäche, in: HZ (1954), S. 281 f.; Myllyniemi, Die baltische Krise, S. 28.
17 Georg von Rauch, Halders Besuch in Estland im Juni 1939, in: Reval und die baltischen Länder, Festschrift für Hellmuth Weiss, Marburg 1980, S. 181 ff.
18 Vgl. vor allem Fabry, Der Hitler-Stalin-Pakt, S. 32 ff.; von Rimscha, Die Baltikumpolitik, S. 289 f.
19 Myllyniemi, Die baltische Krise, S. 52.
20 Loeber, Diktierte Option, S. 648 f.
21 Leonas Sabaliunas, Lithuania in Crisis. From Nationalism to Communism 1939–1940, Bloomington 1972, S. 67.
22 Gert von Pistohlkors, Estland, Lettland und Litauen 1920–1940, in: Handbuch der europäischen Wirtschafts- und Sozialgeschichte 6, Stuttgart 1987, S. 743.
23 John A. Swettenham, The Tragedy of the Baltic States, London 1952, S. 59; Osteuropa 12 (1936/37), S. 134.
24 Osteuropa 12 (1936/37), S. 663, ebd. 14 (1938/39), S. 585 ff. (1 Litas = ca. 0,1 Dollar; 1 Lat = ca. 0,2 Dollar, 1 Krone = ca. 0,18 Dollar).
25 The Smaller Nations in World's Economic Life, London 1944, zit. nach Selter, Die Sowjetpolitik, S. 210.
26 Neue Zürcher Zeitung vom 25. 10. 1939.
27 V. Stanley Vardys, The Rise of the Authoritarian Rule in the Baltic States, in: Vardys/Misiunas, The Baltic States, S. 77 f.
28 Janis Jurmalnieks, Die Einverleibung Lettlands in die Sowjetunion – deren Vor- und Nachspiel, in: Acta Baltica 17 (1977), S. 160.
29 Karl Siilivask, Die bürgerlich-nationalistische Diktatur in Estland 1920–1940, in: Zeitschrift für Geschichtswissenschaft 22 (1974), S. 805.
30 Osteuropa 13 (1937/38), S. 328 ff. und 494 f.
31 Myllyniemi, Die baltische Krise, S. 40.
32 Sabaliunas, Lithuania in Crisis, S. 25 ff.; Werner Essen, Litauen, ein europäisches Erschütterungsgebiet, in: Osteuropa 11 (1935/36), S. 248 ff.
33 Zur ganzen Entwicklung Sabaliunas, Lithuania in Crisis, S. 113 ff.
34 Vardys, The Rise of the Authoritarian Rule, S. 67.

35 Edgar Anderson, Die militärische Situation der baltischen Staaten, in: Acta Baltica 8 (1969), S. 136f.; Walter Meder, Werdegang und Ende der baltischen Staaten, in: Zeitschrift für osteuropäisches Recht 7 (1940/41), S. 146.

36 Osteuropa 14 (1938/39), S. 672. Ähnliche Äußerungen des estnischen und des lettischen Außenministers ebd. S. 672 und 777.

37 Von Rauch, Geschichte der baltischen Staaten, S. 156.

38 ADAP, Serie D, Bd. V, S. 387.

39 Myllyniemi, Die baltische Krise, S. 33.

40 ADAP Serie D, Bd. 6, S. 544. Eine ähnliche Äußerung Munters' zit. Wipert von Blücher, Gesandter zwischen Diktatur und Demokratie, Wiesbaden 1951, S. 104. Vgl. dazu Jürgen von Hehn, Die außenpolitische Lage Lettlands, in: Zeitschrift für Ostforschung 31 (1982), S. 593ff.

41 Loeber, Diktierte Option, S. 69ff.

42 Dallin, The Baltic States, S. 100.

43 Anderson, Militärische Situation, S. 144f.; Myllyniemi, Die baltische Krise, S. 35f.

44 Baltische Hefte 13 (1937), S. 330 (Rezension von Edgars Krievinš, Vieñas Dienas, Melbourne 1966); Myllyniemi, Die baltische Krise, S. 54.

45 Fabry, Der Hitler-Stalin-Pakt, S. 194f.

46 Anderson, Militärische Situation, S. 131ff.; Kurt Passow, Taschenbuch der Heere, München/Berlin 1939; L. Léontin, Les armées des pays baltes, Paris 1934; Jürg Meister, Was kostet die Freiheit?, in: Allgemeine Schweizerische Militärzeitschrift Nr. 12, Jg. 137 (1971), S. 865ff.

47 Anderson, Militärische Situation, S. 131ff.

48 Andersons, Latvijas vesture, S. 688.

49 Zum Verlauf Selter, Die Sowjetpolitik, S. 40; Myllyniemi, Die baltische Krise, S. 59f.; Boris Meissner, Die Beziehungen zwischen der Sowjetunion und den baltischen Staaten von der deutsch-sowjetischen Interessenabgrenzung bis zum sowjetischen Ultimatum, in: Zeitschrift für Ostforschung 3 (1954), S. 165ff.

50 Myllyniemi, Die baltische Krise, S. 59f.

51 Loeber, Diktierte Option, S. 635f.; Selter, Die Sowjetpolitik, S. 203; Jurmalnieks, Die Einverleibung Lettlands, S. 133.

52 Sabaliunas, Lithuania in Crisis, S. 131.

53 Loeber, Diktierte Option, S. 25. Vgl. ferner Adolfs Šilde, Latvijas vesture 1914–1940, Stockholm 1976, rez. in: Jahrbuch für die Geschichte Osteuropas 26 (1978), S. 608ff.

54 Myllyniemi, Die baltische Krise, S. 60f.

55 Ebd., S. 69f.

56 Oskar Angelus, Konstantin Päts – der verschleppte Präsident Estlands, in: Osteuropa NF 10 (1960), S. 30.

57 Loeber, Diktierte Option, S. 637f.; Oskar Angelus, Die Umsiedlung der Estlanddeutschen 1939/40, in: Baltische Hefte 15 (1969), S. 131.

58 Von Hehn, Die außenpolitische Lage Lettlands, S. 593ff.

59 Zit. nach der Neuen Zürcher Zeitung vom 7. 10. 1939.
60 Sabaliunas, Lithuania in Crisis, S. 153ff.
61 Myllyniemi, Die baltische Krise, S. 71ff.: Max Jakobson, Diplomatie im finnischen Winterkrieg 1939/40, Düsseldorf 1970, S. 129.
62 Wilhelm Baron Wrangell, Die Vorgeschichte der Umsiedlung der Deutschen aus Estland, in: Baltische Hefte 4 (1957/58), S. 156.
63 Carl Gustav von Mannerheim, Erinnerungen, Zürich 1952, S. 321ff.; Osteuropa 14 (1938/39), S. 582f.
64 Albin T. Anderson, Origins of the Winter War. A Study of Russo-Finnish Diplomacy, in: World Politics 6 (1953/54), S. 169ff.
65 Neue Zürcher Zeitung vom 13. 10. 1939.
66 Jurmalnieks, Die Einverleibung Lettlands, S. 157f.
67 Myllyniemi, Die baltische Krise, S. 98ff.; Andersons, Latvijas vesture, S. 692f.
68 Rothfels, Das Baltikum als Problem, S. 219.

Walther Hofer: Neutraler Kleinstaat im europäischen Konfliktfeld: Die Schweiz

1 Edgar Bonjour, Geschichte der schweizerischen Neutralität, Bde. III–VI, Basel 1967–70; L.-E. Roulet (Hg.), Les Etats neutres européens et la Seconde guerre mondiale, Colloque international organisé par les Universités de Neuchâtel et de Berne, Neuchâtel 1985; R.L. Bindschedler/H.R. Kurz u.a. (Hg.), Schwedische und schweizerische Neutralität im Zweiten Weltkrieg, Basel 1985.
2 Georg Kreis, in: Sollen wir die Armee abschaffen? – Blick auf eine bedrohliche Zeit, hrsg. v. Walter Schaufelberger, Frauenfeld 1988, S. 20.
3 Einige diesbezügliche Urteile von deutscher Seite sind jetzt abgedruckt in den Documents Diplomatiques Suisses (Diplomatische Dokumente der Schweiz), so von Moltke, Bismarck und Wilhelm II. Vgl. Band III, Nr. 183, 318, 331 und 389 sowie Band V, Nr. 214, 232 und 327.
4 Hans Senn, Die Schweiz in der militärischen Planung ihrer Nachbarmächte zwischen den beiden Weltkriegen, in: Neue Zürcher Zeitung, Nr. 26, 1986.
5 Ders., in: Sollen wir die Armee abschaffen? S. 42.
6 Krieg und Gebirge. Der Einfluß der Alpen und des Juras auf die Strategie im Laufe der Jahrhunderte, Revue Internationale d'Histoire Militaire, No. 65, 1988.
7 Ebd., S. 251. Zum Problem des Irredentismus: Kurt Huber, Drohte dem Tessin Gefahr? Der italienische Imperialismus gegen die Schweiz (1912–1943), Aarau 1954. Katharina Spindler, Die Schweiz und der italienische Faschismus (1922–1930), Basel 1976.
8 Handbuch der schweizerischen Außenpolitik, hrsg. v. Alois Riklin u. a., Bern und Stuttgart 1975, S. 111ff.

9 Vgl. dazu meinen Aufsatz: Die Schweiz, das deutsche Reich und der Völkerbund (1919–1926), in: Deutsche Frage und europäisches Gleichgewicht, Festschrift für Andreas Hillgruber zum 60. Geburtstag, Köln, Wien 1985, S. 111 ff.

10 Vgl. dazu meinen Aufsatz: Die Schweiz und die Entstehung der Bundesrepublik Deutschland, in: Demokratie und Diktatur, Festschrift für Karl Dietrich Bracher, Düsseldorf 1987, S. 331 ff.

11 Handbuch der schweizerischen Außenpolitik, S. 115.

12 René Flury, Deutsch-schweizerische Wirtschaftsbeziehungen von 1926–1939, Diplomarbeit der phil.-hist. Fakultät der Universität Bern 1980, Manuskript.

13 Edgar Köppel, Die Problematik der schweizerischen Kriegsmaterialexporte 1939–1945, Diplomarbeit der Universität Bern 1983, Manuskript.

14 Bernhard Stettler, Die Stellung der Schweiz zum Sanktionssystem des Völkerbundes, Dissertation Universität Bern 1977.

15 Ungedruckte Dokumente aus dem Bundesarchiv Bern (Signatur E 27/3434, J. I. 108/165, 8).

16 Vgl. Handbuch der schweizerischen Außenpolitik, S. 117.

17 Jürg Saurer, Genf als Sitz des Völkerbundes, Diplomarbeit Universität Bern 1982, S. 112 ff., Manuskript.

18 Gerd Padel, Die politische Presse der deutschen Schweiz und der Aufstieg des Dritten Reiches 1933–1939, Phil. Diss. Zürich 1951;
Fred Luchsinger, Die Neue Zürcher Zeitung im Zeitalter des Zweiten Weltkrieges 1930–1945, Zürich 1955.

19 Regula Hadorn, Pressefreiheit und Außenpolitik in der Zwischenkriegszeit, Diplomarbeit Universität Bern 1987, Manuskript.

20 Bonjour, Geschichte der schweizerischen Neutralität, Bd. III, S. 125 ff.

21 Es handelt sich um einen gewissen Ernst Hermann Bockhoff, der im Winter 1938/39 in verschiedenen Zeitungen und Zeitschriften insgesamt fünf Artikel publizierte. Es kam deswegen sogar zu einer diplomatischen Intervention der Schweiz. Ein entsprechender Bericht des schweizerischen Gesandten über eine Unterredung mit Staatssekretär von Weizsäcker findet sich in den Akten des Bundesarchivs (E 2001 1/5).

22 Kriegspropaganda 1939–1941. Geheime Ministerkonferenzen im Reichspropagandaministerium, hrsg. u. eingel. v. Willi A. Boelcke, Stuttgart 1966, S. 288, Notiz vom 17. 1. 1940.

23 Bericht des schweizerischen Gesandten in Rom im Bundesarchiv Bern (E 2300 Rom/39).

24 Rolf Zaugg, Die Schweiz im Kampf gegen den Anschluß Österreichs an das Deutsche Reich 1918–1938, Bern 1982.

25 Andreas Heller, Die Krisenjahre 1938/39. Militärische Maßnahmen der Schweiz. Historisches Institut der Universität Bern 1983, Manuskript.

26 Über die Entwicklung des Nachrichtendienstes und seine Bedeutung für die schweizerische Verteidigungspolitik vgl. jetzt das grundlegende Werk von Pierre Braunschweig, Geheimer Draht nach Berlin – Die

Nachrichtenlinie Masson–Schellenberg und der schweizerische Nachrichtendienst im Zweiten Weltkrieg, Phil. Diss. Bern, Zürich 1989.
27 Bundesblatt 1938, I, S. 626.
28 Protokoll der Sitzung vom 16. 3. 1938. Bundesarchiv Bern, EMD, E 27/149, Bd. 1.
29 Bundesblatt 1938, I, S. 857.
30 Bundesarchiv Bern, EMD, E 27/3439.
31 Christoph Graf, Die Schweiz in den 1930er Jahren. Bericht über ein Forschungsseminar, in: Studien und Quellen, Nr. 9, 1983, hrsg. v. Schweizerischen Bundesarchiv Bern, S. 127–142.
32 Bonjour, Geschichte der schweizerischen Neutralität, Bd. III, S. 402 ff. Ferner: Peter Maurer, Anbauschlacht. Landwirtschaftspolitik, Plan Wahlen, Anbauwerk, 1937–1945, Phil. Diss. Bern, Zürich 1985.
33 Luchsinger, Die Neue Zürcher Zeitung im Zeitalter des Zweiten Weltkrieges, S. 193 ff.
34 Bundesratsbeschluß betr. Maßnahmen gegen staatsgefährliche Umtriebe und zum Schutze der Demokratie vom 5. Dezember 1938. Guido Bossert, Die Haltung der Bundesbehörden gegenüber den rechtsextremen Organisationen in den dreißiger Jahren, Lizentiatsarbeit Bern 1986, Manuskript.
35 Für die militärischen Aspekte stütze ich mich vor allem auf Informationen und Manuskripte, die mir freundlicherweise von Hans Senn, früherem Generalstabschef der Schweizer Armee und Projektleiter für die offizielle Geschichte des schweizerischen Generalstabes, zur Verfügung gestellt wurden. Bisher erschienen die Bände I–III (1789–1874) sowie V (1907–1924), Basel 1983 ff. Die Bände VI–VIII (1925–1950) sind in Vorbereitung.
36 Bonjour, Geschichte der schweizerischen Neutralität, Bd. IV, S. 19 ff. Für die internationale Entwicklung, die zum Zweiten Weltkrieg geführt hat, darf ich auf mein Buch verweisen: Die Entfesselung des Zweiten Weltkrieges, Darstellung und Dokumente, Düsseldorf 1984.

Erich Angermann: Die Amerikaner und die Ausweitung der europäischen und asiatischen Kriege zum Zweiten Weltkrieg

1 Die Raumknappheit erlaubt nur die Anführung weniger besonders hilfreicher Titel. Allgemein sei verwiesen auf die bibliographischen Angaben bei E. Angermann, Die Vereinigten Staaten seit 1917, München [7] 1983; und D. Junker, Kampf um die Weltmacht. Die USA und das Dritte Reich, Düsseldorf 1988; in dieser vorzüglich getroffenen und eingeleiteten Quellenauswahl auch die meisten Zitate im Text. Zur japanischen Seite ohne Einseitigkeit A. Iriye, Power and Culture. The Japanese-American War, 1941–1945, Cambridge, MA 1981; und Herde (Anm. 2).

2 Aus einer unüberschaubaren Literatur am besten wohl R. Wohlstetter, Pearl Harbor: Warning and Decision, Stanford, CA 1962 (dt. Übers. Erlenbach-Zürich 1966); und P. Herde, Pearl Harbor, 7. Dezember 1941. Der Ausbruch des Krieges zwischen Japan und den Vereinigten Staaten und die Ausweitung des europäischen Krieges zum Zweiten Weltkrieg, Darmstadt 1980. Für die *Revisionists* u. a. C. C. Tansill, Back Door to War, Chicago 1952 (dt. Übersetzung: Die Hintertür zum Kriege, Düsseldorf 1956).

3 Allgemein F. Trommler (Hg.), Amerika und die Deutschen. Bestandsaufnahme einer 300jährigen Geschichte, Opladen 1986; und M. Knapp, W. Link, H.-J. Schröder und K. Schwabe, Die USA und Deutschland 1918–1975. Deutsch-amerikanische Beziehungen zwischen Rivalität und Partnerschaft (Beck'sche Schwarze Reihe 177), München 1978. Zur Handelsrivalität bes. L. C. Gardner, Economic Aspects of New Deal Diplomacy, Madison, WI 1964; H.-J. Schröder, Deutschland und die Vereinigten Staaten 1933–1939. Wirtschaft und Politik in der Entwicklung des deutsch-amerikanischen Gegensatzes, Wiesbaden 1970; auch ders., in: Knapp u. a., Die USA, S. 107–152; und D. Junker, Der unteilbare Weltmarkt. Das ökonomische Interesse in der Außenpolitik der USA 1933–1941, Stuttgart 1975. Neuestens J. H. Stiller, George S. Messersmith, Diplomat of Democracy, Chapel Hill, NC 1988.

4 Die derzeit beste Gesamtdarstellung ist unstreitig R. Dallek, Franklin D. Roosevelt and American Foreign Policy, 1932–1945, New York 1979; für die Gegenseite W. S. Cole, Roosevelt and the Isolationists, 1932–1945, Lincoln, NE 1983; s. a. die Literatur zur Biographie und zum New Deal, namentlich W. E. Leuchtenburg, F. D. Roosevelt and the New Deal, 1932–1940, New York 1963.

5 Zit. nach R. Gregory, America 1941. A Nation at the Crossroads, New York/London 1989, S. 17.

6 Vgl. die zahlreichen bei Junker, Kampf um die Weltmacht, abgedruckten Äußerungen Hitlers, namentlich auch die Reichstagsrede vom 11. 12. 1941; „Judenstämmling" S. 163.

7 A. Hillgruber, Der Zenit des Zweiten Weltkrieges, Juli 1941, Wiesbaden 1977; sowie bes. Der Faktor Amerika in Hitlers Strategie 1938–1941, in ders., Deutsche Großmacht- und Weltpolitik im 19. und 20. Jahrhundert, Düsseldorf 1977, S. 197–222; ders., Der Zweite Weltkrieg 1939–1945. Kriegsziele und Strategien der großen Mächte, Stuttgart 1982; Gerhard L. Weinberg, World in the Balance. Behind the Scenes of World War II, Hannover, NH 1981; zahlreiche andere Arbeiten von Weinberg, K. Hildebrand, E. Jäckel u. a. können hier nicht genannt werden. Immer noch von Interesse das Buch des ‚Insiders' H. Feis, Churchill, Roosevelt, Stalin. The War they Waged and the Peace they Sought, Princeton 1957. Nicht mehr heranziehen konnte ich P. J. Hearden, Roosevelt Confronts Hitler. America's Entry into World War II, DeKalb, IL 1988.

8 Zit. nach Junker, Kampf um die Weltmacht, S. 56.
9 Ebd. S. 162.
10 Ebda. S. 144; bezeichnend für diese Vorstellungen etwa auch die hervorragende Analyse des Publizisten Walter Lippmann, The Economic Consequences of a German Victory, in: Life (22. 7. 1940), S. 64–69, abgedruckt bei Junker, ebd. S. 122–127. Neuestens sehr gut W. Heinrichs, Threshold of War. Franklin D. Roosevelt and American Entry into World War II, New York, Oxford 1988.
11 Die Kaminplauderei im Auszug bei Junker, Kampf um die Weltmacht, S. 130–132; Taft zit. nach Gregory, America 1941, S. 20.
12 Vgl. F. Knipping, Die amerikanische Rußlandpolitik in der Zeit des Hitler-Stalin-Pakts, Tübingen 1974; zur russ. Haltung im November 1940 Weinberg, World in the Balance, S. 15. Zuletzt A. Read und D. Fisher, The Deadly Embrace. Hitler, Stalin, and the Nazi-Soviet Pact, 1939–1941, New York 1989.
13 Ein gutes Bild der Vorstellungen und Erfahrungen der Amerikaner zu Beginn und während des Krieges geben R. Polenberg, War and Society. The United States 1941–1945, Philadelphia 1972; J. M. Blum, V Was for Victory. Politics and American Culture during World War II, New York 1976; und R. Gregory, America 1941.
14 A. de Tocqueville, Über die Demokratie in Amerika, übersetzt von H. Zbinden, Bd. 1, Stuttgart 1959; vgl. a. Hitler am 2. 4. 1945: „Nach einer Niederlage des Reiches wird es... nur noch zwei Mächte in der Welt geben, die einander ebenbürtig gegenübertreten können: die Vereinigten Staaten und Sowjetrußland. Durch die Gesetze der Geschichte und der geographischen Lage ist es diesen beiden Kolossen bestimmt, ihre Kräfte zu messen, sei es auf militärischem, sei es auch nur auf wirtschaftlichem und ideologischem Gebiet...", zit. nach Junker, Kampf um die Weltmacht, S. 164.
15 D. C. Watt, Succeeding John Bull. America in Britain's Place, 1900–1975, Cambridge 1984.
16 Nach Gregory, America 1941, S. 22–24.
17 Hitlers Äußerung zu dem Gesandten Walter Hewel 1941 zit. nach Hillgruber, Zenit, S. 40; die Stelle aus dem ‚Politischen Testament' 1945 nach Junker, Kampf um die Weltmacht, S. 162.

Eberhard Jäckel: Der Weg Japans in den Zweiten Weltkrieg

Da es sich um einen Vortrag handelt, enthält er keine Fußnoten. Da die Leser aber erfahren sollen, wie der Verfasser zu seinen Aussagen gelangte, werden hier die wichtigsten Quellen genannt. Zum langen Weg sei die jüngste Veröffentlichung erwähnt, die auch die frühere Literatur nennt: W. G. Beasley, Japanese Imperialism 1894–1945, London 1987. Für den kurzen Weg waren zunächst die Prozeßunterlagen des Internationalen Militärgerichtshofes für den Fernen Osten maßgeblich. Sie wurden erstmals wissenschaftlich ausgewertet von Herbert Feis, The Road to Pearl Harbor, The Coming of the War between the United States and Japan, Princeton 1950. Auf seitdem erschienene Literatur stützte sich Robert J. C. Butow, Tojo and the Coming of the War, Princeton 1961. Doch erst das siebenbändige Sammelwerk von Tsunoda Jun (Hg.), Taiheiyō sensō e no michi, kaisen gaikō shi (Der Weg zum Pazifischen Krieg, eine diplomatische Geschichte der Kriegsursachen) 1962/63, beruhte auf der Kenntnis aller Akten und Erinnerungen. Der Verfasser, der dazu sprachlich keinen unmittelbaren Zugang hat, konnte damals den Herausgeber und einige Autoren befragen; vgl. Eberhard Jäckel, Beobachtungen zur japanischen Zeitgeschichtsforschung, in: Geschichte in Wissenschaft und Unterricht 18 (1967), S. 542ff. Diese unsichere Grundlage ist seither durch eine Auswahlübersetzung befestigt worden. Von den fünf geplanten Bänden sind zwei erschienen, und davon ist der wichtigste: James William Morley (Hg.), The Fateful Choice. Japan's Advance into Southeast Asia, 1939–1941, New York 1980. Genannt sei auch der andere Band: Ders. (Hg.), Deterrent Diplomacy, Japan, Germany, and the USSR, 1935–1940, New York 1976.

Weitere Literatur (Auswahl): Roberta Wohlstetter, Pearl Harbor, Warning and Decision, Stanford, CA 1962; Hubertus Lupke, Japans Rußlandpolitik von 1939 bis 1941, Frankfurt 1962. Zur amerikanischen Politik: Detlef Junker, Der unteilbare Weltmarkt, Das ökonomische Interesse in der Außenpolitik der USA 1933–1941, Stuttgart 1975, und Robert Dallek, Franklin D. Roosevelt and American Foreign Policy, 1932–1945, New York 1979. Die jüngste Zusammenfassung in deutscher Sprache: Peter Herde, Pearl Harbor, 7. Dezember 1941, Darmstadt 1980.

Die Schlußüberlegungen habe ich näher ausgeführt in meinem Beitrag: Der gleichzeitige Eintritt in die Weltpolitik, in: Arnulf Baring und Masamori Sase (Hg.), Zwei zaghafte Riesen? Deutschland und Japan seit 1945, Stuttgart 1977, wiederabgedruckt in: Eberhard Jäckel, Umgang mit Vergangenheit, Stuttgart 1989.

Karten

(Abdruck erfolgt mit freundlicher Genehmigung der genannten Verlage)

Abb. 2: Die Feldzüge in Polen, Dänemark, Norwegen, Holland, Belgien, Frankreich 1939/40 (Quelle: dtv-Atlas zur Weltgeschichte, Band 2, München 1966, S. 198)

Abb. 1: Europäische Grenzen 1919–1937 (Quelle: Fischer Weltgeschichte, Band 34, Das Zwanzigste Jahrhundert I, Europa 1918–1945, Frankfurt a. M. 1967, S. 45)

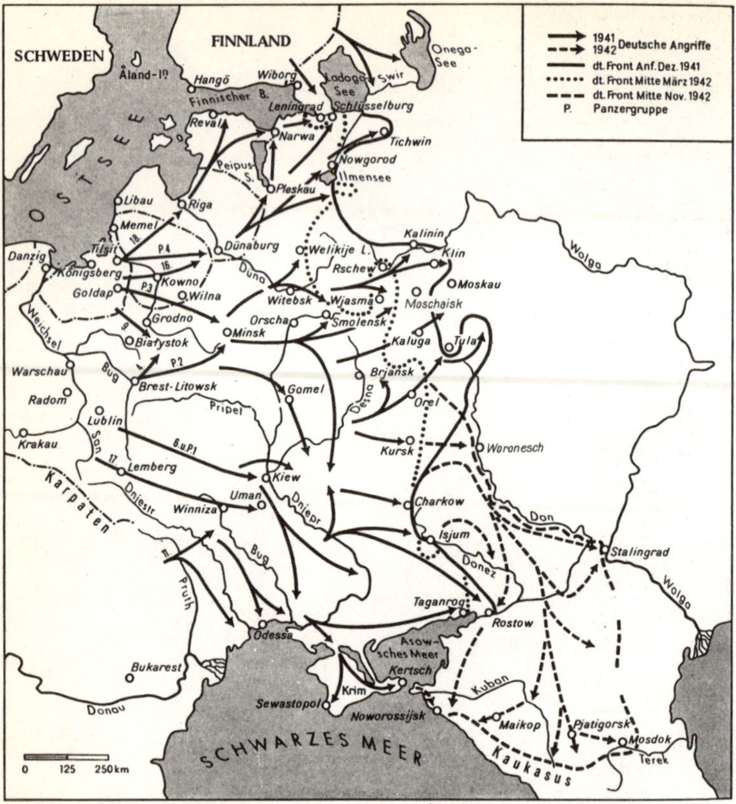

Abb. 3: Der Ostfeldzug 1941/42 (Quelle: Brockhaus Enzyklopädie, 20. Band, Wiesbaden 1974, S. 196)

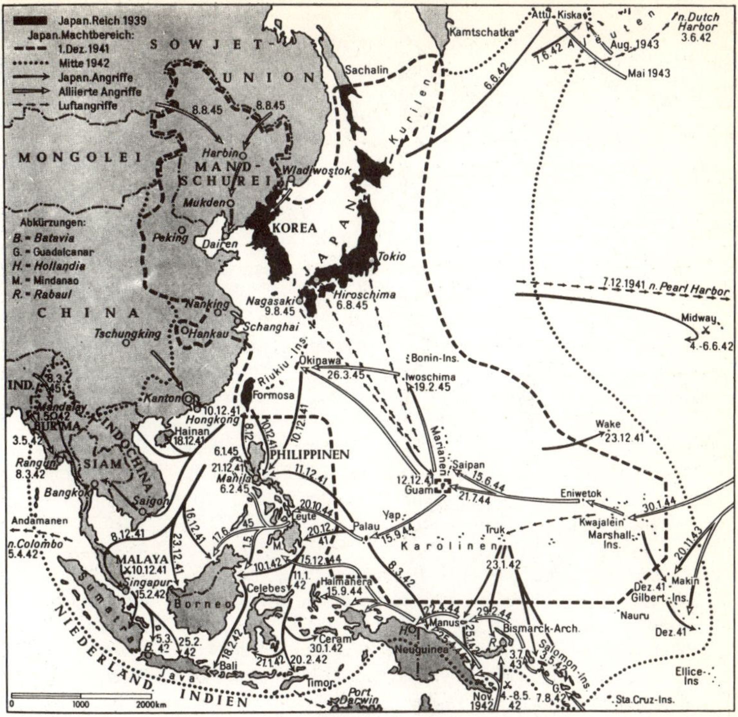

Abb. 4: Der Krieg in Ostasien (Quelle: Brockhaus Enzyklopädie, 20. Band, Wiesbaden 1974, S. 197)

Die Autoren

Altrichter, Helmut, geb. 1945; Studium der Germanistik, Geschichte, Politischen Wissenschaft und des Russischen; Staatsexamen 1970; Promotion 1974; Habilitation 1982; danach Privatdozent in Erlangen; ab 1985 Heisenberg-Stipendiat der Deutschen Forschungsgemeinschaft; seit Wintersemester 1985/86 Professor für Neuere und Osteuropäische Geschichte an der Universität Augsburg; mehrfach ‚Austauschwissenschaftler' an der Akademie der Wissenschaften / Moskau; Veröffentlichungen zur deutschen, russischen und sowjetischen Geschichte des 19. und 20. Jahrhunderts u. a. ‚Konstitutionalismus und Imperialismus. Der Reichstag und die deutsch-russischen Beziehungen' (1977); ‚Staat und Revolution in Sowjetrußland' (1981); ‚Die Bauern von Tver' (1984).

Angermann, Erich, geb. 1927; Promotion 1952; Habilitation 1961; danach Privatdozent in München; 1963 Ruf auf den Lehrstuhl für Anglo-Amerikanische Geschichte an der Universität Köln; 1970/71 Gastprofessor am St. Antony's College, Oxford; seit 1971 Mitglied der Historischen Kommission bei der Bayerischen Akademie der Wissenschaften; 1982/83 Stipendiat des Historischen Kollegs München; 1987 Vorsitzender des Wissenschaftlichen Beirats des Deutschen Historischen Instituts Washington; Veröffentlichungen zur deutschen und amerikanischen Geschichte des 19. und 20. Jahrhunderts u. a. ‚Robert von Mohl, 1799–1875' (1962); ‚Vereinigte Staaten von Amerika', in der dtv-Reihe Weltgeschichte des 20. Jahrhunderts (^{7}1983).

Bartoszewski, Władysław, geb. 1922; Zeithistoriker, Schriftsteller, Ehrendoktor der Philosophie der Freien Polnischen Universität in London (1981) und der Geisteswissenschaften des Baltimore Hebrew College in Baltimore/USA (1984); Gastprofessor für Zeitgeschichte an der Katholischen Universität Lublin/Polen 1973–1982 und 1984/85; Gastprofessor für Politische Wissenschaft an den Universitäten München, Eichstätt und Augsburg 1983–1989; Generalsekretär des Polnischen P.E.N.-Zentrums 1972–1988; Friedenspreis des Deutschen Buchhandels 1986; 20 Bücher und etwa 400 Beiträge in polnischer, deutscher und englischer Sprache zu Themen des Zweiten Weltkrieges, der Widerstandsbewegung, der polnisch-jüdischen und der polnisch-deutschen Beziehungen.

Becker, Josef, geb. 1931; Studium der Geschichte, Germanistik und Romanistik in Freiburg, München, Paris und Heidelberg; Promotion in Heidelberg 1957; Habilitation in Erlangen 1969; seit 1973 ordentlicher Professor für Neuere und Neueste Geschichte an der Universität Augsburg; seit 1983 Präsident der Universität Augsburg; 1976 John F. Kennedy Fellow der Harvard University; 1981 Dr. h. c. der Universität Metz; zahlreiche Veröffentlichungen zur deutschen Geschichte und zur Entwicklung der internationalen Beziehungen im 19. und 20. Jahrhundert u.a. ‚Liberaler Staat und Kirche in Baden 1860–1976' (1973); ‚Vorgeschichte der Bundesrepublik Deutschland' (zus. mit Th. Stammen und P. Waldmann, 1979, ^{2}1987); ‚Internationale Beziehungen in der Weltwirtschaftskrise' (zus. mit K. Hildebrand, 1980); ‚Power in Europe?' (zus. mit F. Knipping, 1986).

Bernecker, Walther L., geb. 1947; Studium der Geschichte, Germanistik und Hispanistik in Erlangen; Promotion 1976; Akademischer Rat an der Universität Augsburg 1976–1984; University of Chicago 1984/85; Habilitation 1986; seit 1988 Professor für Neueste Geschichte an der Universität Bern; Herausgeber der Reihen ‚Forschungen zu Spanien' (Saarbrücken) und ‚Iberoamericana' (Frankfurt); zahlreiche Veröffentlichungen zur spanischen, lateinamerikanischen und deutschen Geschichte des 19. und 20. Jahrhunderts u.a. ‚Anarchismus und Bürgerkrieg in Spanien 1936–1939' (1978, spanisch 1982); ‚Spaniens Geschichte seit dem Bürgerkrieg' (1984, ^{2}1988); ‚Industrie und Außenhandel Mexikos im 19. Jahrhundert' (1987); ‚Die Handelskonquistadoren' (1988).

Bullard, Sir Julian, geb. 1928 als Sohn eines britischen Diplomaten, der im Zweiten Weltkrieg in Teheran war; 1946–1950 Studium in Oxford, Hauptfach: Philosophie; 1950–1952 Militärdienst in Celle, Niedersachsen; 1953 Eintritt in den britischen diplomatischen Dienst; 1979–1984 Politischer Direktor im Foreign and Commonwealth Office; 1984–1988 britischer Botschafter in Bonn; wohnt jetzt in Oxford, England; Fellow des All Souls College und Honorary Fellow des St. Antony's College; Pro-Chancellor der University of Birmingham.

Girault, René, geb. 1929; Assistenzprofessor 1955; Habilitation in Geschichte 1971; Professor an den Universitäten Lille, Paris-Vincennes, Paris-Nanterre, Paris I Panthéon-Sorbonne; Inhaber des Lehrstuhls für die ‚Geschichte der zeitgenössischen internationalen Beziehungen'; Präsident der internationalen Kommission für die ‚Geschichte der internationalen Beziehungen'; Ritter der Ehrenlegion; 1982–1984 Beauftragter für die Reform des Geschichts- und Geographieunterrichts in Frankreich; Veröffentlichungen u.a. ‚Emprunts russes et investissements français en Russie' (1973); ‚De la Russie à l'U.R.S.S.' (^{3}1989); ‚Diplomatie européenne et impérialismes 1870–1914' (1979); ‚Turbulente Europe et nouveaux mondes 1914–1941' (1988); ‚L'Impérialisme à la française, 1914–1960' (1988).

Hofer, Walther, geb. 1920; Studium in Bern und Zürich; 1947 Promotion, danach Assistenzprofessor und Dozent an der Universität und ETH Zürich; 1950–1960 Gast- und Privatdozent, außerordentlicher und ordentlicher Professor für die Wissenschaft von der Politik, insbesondere Geschichte und Theorie der auswärtigen Politik, an der FU Berlin; seit 1960 ordentlicher Professor für Allgemeine Neuere Geschichte an der Universität Bern; seit 1963 (16 Jahre lang) Mitglied des Schweizer Parlaments; seit 1967 (12 Jahre) Mitglied des Europarates; 1984 ausgezeichnet mit dem Großen Verdienstkreuz des Verdienstordens der Bundesrepublik Deutschland; von den zahlreichen Veröffentlichungen seien hier nur erwähnt die (in mehrere Sprachen übersetzten) Bücher ‚Die Entfesselung des II. Weltkrieges' (NA 1984); ‚Der Nationalsozialismus' (NA 1983) sowie die von ihm mitherausgegebene Dokumentation ‚Der Reichstagsbrand' (1972 ff.).

Jäckel, Eberhard, geb. 1929; Dr. phil., Professor für Neuere Geschichte und Direktor des Historischen Instituts der Universität Stuttgart; Studium in Göttingen, Tübingen, Freiburg i. Br., Gainesville (Florida, USA) und Paris; Promotion 1955; Habilitation 1961, danach Dozent in Kiel; Gastprofessor in Chandigarh (Indien), Oxford (England) und Tel Aviv (Israel); seit 1966 Ordinarius in Stuttgart; zahlreiche Veröffentlichungen zur Neuesten Geschichte und Zeitgeschichte, u. a. ‚Frankreich in Hitlers Europa' (1966, übers. ins Franz.); ‚Hitlers Weltanschauung' (1969, Neuausgabe 1981, übers. auch ins Engl., Franz., Ital. u. Polnische); ‚Hitlers Herrschaft' (1986); ‚Umgang mit Vergangenheit' (1989); Hg. von ‚Hitler. Sämtliche Aufzeichnungen 1905–1924' (1980).

Meyer, Helmut, geb. 1943; Studium der Geschichte und der Germanistik; Promotion 1968 an der Universität Zürich; derzeit Gymnasiallehrer und Lehrbeauftragter für Didaktik des Geschichtsunterrichtes an der Universität Zürich; Autor von Lehrmitteln; darüber hinaus Forschungen und Veröffentlichungen zur Reformationsgeschichte, zur schweizerischen Geschichte und zur baltischen Geschichte.

Petersen, Jens, geb. 1934; Promotion 1972 in Kiel; seit 1972 wissenschaftlicher Mitarbeiter am Deutschen Historischen Institut in Rom, seit 1988 dessen stellvertretender Direktor; Herausgeber der Zeitschriften ‚Bibliographische Informationen zur italienischen Geschichte im 19. und 20. Jahrhundert' (seit 1974) sowie ‚Storia e Critica. Die italienische Zeitgeschichte im Spiegel der Tages- und Wochenpresse (seit 1979); Übersetzer von: Renzo De Felice ‚Der Faschismus. Ein Interview' (1977); außerdem zahlreiche Veröffentlichungen zur neuesten Geschichte, bes. zu den italienisch-deutschen Beziehungen, u. a. ‚Hitler–Mussolini. Die Entstehung der Achse Berlin–Rom' (1973, ital. 1975).

Widerstand und Verfolgung

Wolfgang Benz (Hrsg.)
Die Juden in Deutschland 1933–1945
Leben unter nationalsozialistischer Herrschaft
2. unveränderte Auflage 1989. 779 Seiten. Gebunden

Else R. Behrend-Rosenfeld
Ich stand nicht allein
Eine Jüdin in Deutschland 1933–1944
Mit einem Nachwort von Marita Kraus
1988. 280 Seiten. Paperback
(Beck'sche Reihe Band 351)

Christabel Bielenberg
Als ich Deutsche war 1934–1945
Eine Engländerin erzählt
Nachdruck 1988 der 5. Aufl. der Originalausgabe.
320 Seiten. Paperback
(Beck'sche Reihe Band 326)

Adam Czerniakow
Im Warschauer Getto
Tagebuch des Adam Czerniakow 1939–1942
1986. XXVI, 303 Seiten. Gebunden

Ger van Roon
Widerstand im Dritten Reich
Ein Überblick
4. erweiterte Auflage 1987.
272 Seiten. Paperback
(Beck'sche Reihe Band 191)

Helmuth James von Moltke
Briefe an Freya 1939–1945
Hrsg. von Beate Ruhm von Oppen
1988. 632 Seiten mit 10 Abb.
und 1 Faksimile. Leinen

Verlag C.H. Beck München